Wegweiser durch dein Bio-Buch

Aus deinem Buch kannst du dir Informationen beschaffen, du kannst mit ihm arbeiten und lernen. Zum besseren Zurechtfinden sind die Seiten unterschiedlich gestaltet.
Es gibt Informations- und Sonderseiten.
Die Sonderseiten sind durch farbige Rahmen und Schriftbalken an den Rändern gekennzeichnet.

Informationsseiten

Die Informationen zu einem Thema finden sich gewöhnlich auf einer Doppelseite.
Begriffe, die du dir merken sollst, sind fett gedruckt.
Fotos und Zeichnungen veranschaulichen Inhalte des Textes oder erweitern ihn.
Mit den Aufgaben am Schluss des Textes kannst du die erworbenen Kenntnisse überprüfen und anwenden.

Wie überstehen unsere Säugetiere den Winter?

Wie können Tiere in der heißen Wüste überleben?

Der erste Aufschlag eines Kapitels nennt das Thema und soll dir anhand von zusammenfassenden Abbildungen einen kurzen Überblick geben. Eingeblendete Fragen deuten darauf hin, mit welchen Themen das Kapitel sich beschäftigt.

Aus dem Leben der Pflanzen

A4 Warum besuchen Bienen Obstbäume, jedoch keine Haselsträucher? Erkläre.

A5 Die männlichen Blüten eines Haselstrauches müssen sehr viel mehr Pollen bilden als eine Kirsch- oder Apfelblüte. Wieso?

A6 Beschreibe, was bei der Kirschblüte zwischen Bestäubung und Befruchtung passiert.

– zweihäusig – Insektenbestäubung
– einhäusig

A9 Abgebildet ist ein Samen der Feuerbohne. Ordne den Ziffern die richtigen Begriffe zu.

A10 Im Jahr 1859 gelangte eine weibliche Pflanze der Wasserpest nach Europa. Obwohl es nie männliche Pflanzen in europäischen Gewässern gab, hat sie sich hier massenhaft vermehrt. Wie konnte sich die Wasserpest ausbreiten?

A1 a) Ordne den Ziffern in der Schemazeichnung die richtigen Begriffe zu.
b) Nenne die Aufgaben der Pflanzenteile.

A11 Nenne vier verschiedene Arten von Frühblühern und ihre Überwinterungsorgane.

A12 Zwiebel und Sprossknolle haben für Frühblüher die gleiche Bedeutung. Welcher grundsätzliche Unterschied besteht jedoch im Bau dieser unterirdischen Pflanzenorgane?

Hier hast du Gelegenheit, das Gelernte durch Beantwortung von Fragen, Lösung von Aufgaben oder Erläuterung von Skizzen und Schemazeichnungen zu überprüfen.
Du kannst auch testen, ob du dein erworbenes Wissen anwenden und auf erweiterte Inhalte anwenden kannst.

A3 a) Die Blütenstände welcher Pflanze sind hier abgebildet?
b) Beschreibe die Art ihrer Fortpflanzung. Benutze dabei die richtigen Begriffe aus folgender Auswahl: Zwitterblüten – getrenntgeschlechtlich

A8 Bei den abgebildeten Früchten handelt es sich um Ulme, Birke, Ahorn, Linde und Weißbuche. Ordne die Namen den Abbildungen richtig zu.
b) Wie werden diese Früchte und Samen verbreitet?

A13 In der Schemazeichnung findest du eine aufgeschnittene Kastanienknospe. Benenne die mit Ziffern gekennzeichneten Teile.

Bau und Leistungen des men[schlichen Körpers]

Knochen

- Knochen bilden das Skelett des menschlichen Körpers. Es gliedert sich in Kopf, Rumpf und Gliedmaßen und gibt unserem Körper Halt.
- Die Wirbelsäule bildet die Hauptachse des Skeletts. Sie ist doppelt s-förmig gebogen und ermöglicht so den aufrechten Gang.
- Die Wirbelsäule setzt sich aus Halswirbeln, Brustwirbeln, Lendenwirbeln, Kreuzbeinwirbeln und Steißbeinwirbeln zusammen.

Gelenke und Muskeln

- Gelenke ermöglichen zusammen mit den Sehnen und Muskeln die Bewegungen unseres Körpers.
- Ein einfaches Gelenk besteht aus einem Gelenkkopf und einer Gelenkpfanne, die von einer Gelenkkapsel umgeben sind.
- Aufgrund ihrer Form – z. B. Scharnier- oder Kugelgelenk – ermöglichen verschiedene Gelenktypen unterschiedliche Bewegungsmöglichkeiten.
- Zur Bewegung eines Gelenkes sind immer ein Beuge- und ein Streckmuskel notwendig.

Atmung

- Sauerstoff wird beim Atmen über die Lunge aufgenommen, Kohlenstoffdioxid wird abgeben.
- Durch Heben und Senken des Brustkorbs erfolgt die Brustatmung.
- Durch Heben und Senken des Zwerchfells erfolgt die Bauchatmung.

Ernährung und Verdauung

- Kohlenhydrate, Fette und Eiweißstoffe sind die Nährstoffe für unseren Körper.
- Kohlenhydrate und Fette liefern dem Körper die Lebensenergie.
- Neben den Nährstoffen benötigt der Körper noch Wasser, Mineralstoffe, Vitamine und Ballaststoffe.
- In den Verdauungsorganen werden die Nährstoffe in ihre Bestandteile

Rauchen ist ungesund

- Mund, Nase, Rachen, Kehlkopf, Luftröhre, Bronchien und Lungenbläschen sind Stationen der Rauchstraße.
- Schadstoffe im Tabakrauch sind z. B. Kondensat, Nikotin und Kohlenstoffmonooxid.
- Rauchen schädigt die Atemwege und mindert die Leistungsfähigkeit.
- Rauchen macht süchtig.

Am Ende eines Kapitels werden die wesentlichen Erkenntnisse in kurzen, zusammenfassenden Sätzen dargestellt. Sie dienen dir zur Wiederholung, Erinnerung und Festigung des gelernten Stoffes.

Dünndarm — Körperzelle — Nieren
Verdauung — Nährstoffe — Ausscheidung

BIOLOGIE
HEUTE 1
aktuell

Ein Lehr- und Arbeitsbuch

Schroedel

Mit Beiträgen von
Joachim Dobers, Horst Groth, Dr. Uwe Katzenmaier,
Axel Knippenberg, Uwe Leiding, Helga Lorbach,
Klaus Ruppersberg, Tanja Schulz, Siegfried Schulz

Unter Mitarbeit der Verlagsredaktion

© 2011 Bildungshaus Schulbuchverlage
Westermann Schroedel Diesterweg
Schöningh Winklers GmbH, Braunschweig
www.schroedel.de

Das Werk und seine Teile sind urheberrechtlich geschützt.
Jede Nutzung in anderen als den gesetzlich zugelassenen Fällen
bedarf der vorherigen schriftlichen Einwilligung des Verlages.
Hinweis zu § 52a UrhG: Weder das Werk noch seine Teile dürfen
ohne eine solche Einwilligung gescannt und in ein Netzwerk
eingestellt werden. Dies gilt auch für Intranets von Schulen
und sonstigen Bildungseinrichtungen.
Auf verschiedenen Seiten dieses Buches befinden sich Verweise (Links)
auf Internet-Adressen. Haftungshinweis: Trotz sorgfältiger inhaltlicher
Kontrolle wird die Haftung für die Inhalte der externen Seiten ausgeschlossen.
Für den Inhalt dieser externen Seiten sind ausschließlich deren Betreiber
verantwortlich. Sollten Sie bei dem angegebenen Inhalt des Anbieters
dieser Seite auf kostenpflichtige, illegale oder anstößige Inhalte treffen,
so bedauern wir dies ausdrücklich und bitten Sie, uns umgehend
per E-Mail davon in Kenntnis zu setzen, damit beim Nachdruck
der Verweis gelöscht wird.

Druck A [1] / Jahr 2011
Alle Drucke der Serie A sind im Unterricht parallel verwendbar.

Illustrationen: Brigitte Karnath, Liselotte Lüddecke, Karin Mall,
Tom Menzel, Heike Möller, Ingrid Schobel

Gestaltung: Jesse Konzept & Text GmbH, Hannover
Satz: media service schmidt, Hildesheim
Reproduktion: westermann druck GmbH, Braunschweig
Druck und Bindung: westermann druck GmbH, Braunschweig

ISBN 978-3-507-**76791**-1

Kennzeichen der Lebewesen

1 **Menschen sind Lebewesen** 8
   EXKURS: Was ist Biologie 8
2 **Tiere sind Lebewesen** 10
   EXKURS: Die Schiege 11
3 **Sind Pflanzen auch Lebewesen?** 12
   EXKURS: Lebewesen bestehen aus Zellen ... 13
4 **Mit dem Mikroskop untersuchen wir den Feinbau von Lebewesen** 14
   METHODE: Mikroskopieren 15
   PRAKTIKUM: Mikroskopieren 16
   EXKURS: Basiskonzept „System" 18
   PRÜFE DEIN WISSEN:
   Kennzeichen der Lebewesen 19
   BIO KOMPAKT:
   Kennzeichen der Lebewesen 19

Aus dem Leben der Pflanzen

1 **Samenpflanzen zeigen einen gemeinsamen Bauplan** 20
2 **Wie kommt der Traubenzucker in die Rübe?** 22
   EXKURS: Oberflächenvergrößerung 25
3 **Blüten dienen der Fortpflanzung** 26
3.1 Blüten bestehen aus umgewandelten Blättern 26
   PRAKTIKUM: Blüten 27
3.2 Blüten werden bestäubt 28
3.3 Von der Bestäubung zur Befruchtung 30
3.4 Nach der Befruchtung bilden sich Früchte und Samen 31
4 **Entwicklung und Wachstum** 32
   EXKURS: Keimung von Orchideen 33
   PRAKTIKUM: Keimung und Wachstum ... 35
   PRAKTIKUM: Wachstum von Pflanzen ... 36
   BIOSKOP: Besonderheiten im Wachstum der Pflanzen 37
5 **Ungeschlechtliche Vermehrung bei Pflanzen** 38
6 **Verbreitung von Samen und Früchten** ... 40
7 **Mensch und Pflanze** 42
7.1 Der Mensch nutzt verschiedene Pflanzenteile ... 42
   BIOSKOP: Nutzpflanzen aus fremden Ländern 43
7.2 Die Kartoffel – eine wichtige Nutzpflanze 44
   EXKURS: Wie die Kartoffel in Europa heimisch wurde 45
7.3 Gräser, die der Ernährung dienen 46
   BIOSKOP: Getreidearten 47
8 **Samenpflanzen sind den Jahreszeiten angepasst** 48
8.1 Das Jahr einer Rosskastanie 48
8.2 Wo sind die Frühblüher im Sommer, Herbst und Winter? 50
   PRÜFE DEIN WISSEN:
   Aus dem Leben der Pflanzen 52
   BIO KOMPAKT
   Aus dem Leben der Pflanzen 53

Menschen halten Tiere

1 **Mensch und Tier** 54
1.1 Haustiere 56
1.2 Artgerechte Tierhaltung in Tierparks und Zoos ... 58
   EXKURS: Tierliebe? 59
   METHODE: Projektarbeit 60
2 **Der Hund** 62
2.1 Der Hund – ein Hetzjäger 62
2.2 Wölfe – Vorfahren der Hunde 64
2.3 Hunde säugen ihre Jungen 66
   METHODE: Einen kurzen Vortrag halten ... 68
   BIOSKOP: Hunderassen 69
3 **Die Katze** 70
3.1 Die Katze – ein Schleichjäger 70
3.2 Die Abstammung der Hauskatze 72
   BIOSKOP: Katzen 73
4 **Das Pferd – ein Nutztier im Wandel** 74
5 **Das Rind** 76
5.1 Das Rind hat für den Menschen eine große Bedeutung 76
5.2 Das Rind stammt vom Auerochsen ab 77
5.3 Das Rind – ein Pflanzenfresser 78
6 **Das Huhn – ein Vogel als Nutztier** 80
7 **Nutztierhaltung** 82
   METHODE: Einen Steckbrief erstellen 84
   BIOSKOP: Auswirkungen der Massentierhaltung 85
   PRÜFE DEIN WISSEN:
   Menschen halten Tiere 86
   BIO KOMPAKT:
   Menschen halten Tiere 87

Bau und Leistungen des menschlichen Körpers

1 **Wir lernen unseren Körper kennen** 90
2 **Haltung und Bewegung** 92
2.1 Viele Knochen ergeben ein Skelett 92
2.2 Die Wirbelsäule – Hauptachse des Skeletts ... 93

	EXKURS: Haltungsschäden lassen sich vermeiden	94
	METHODE: Arbeit mit Modellen	95
2.3	Gelenke und Muskeln ermöglichen Bewegungen	96
	PRAKTIKUM: Muskeltraining	98
	PRAKTIKUM: Bewegung und Stabilität	99
3	Atmung	100
3.1	Wie wir atmen	100
3.2	Gefährlicher Qualm	102
	PRAKTIKUM: Gefahren des Rauchens	103
	METHODE: Eine Mindmap erstellen	104
	METHODE: Rollenspiel: Rauchen – nein danke!	105
	METHODE: Ein Informationsplakat erstellen	105
4	Blut	106
4.1	Unser Blut strömt in einem Kreislauf	106
4.2	Das Blut hat wichtige Aufgaben	108
	PRAKTIKUM: Blutkreislauf und Ausdauer	109
5	Unsere Haut – ein Organ mit vielsigen Aufgaben	110
	PRAKTIKUM: Haut und Hautpflege	111
6	Ernährung und Verdauung	112
6.1	Unsere Nahrungsmittel enthalten lebenswichtige Stoffe	112
	METHODE: Einen Versuch planen, durchführen und protokollieren	114
	PRAKTIKUM: Wir weisen Nährstoffe nach	115
6.2	Wie ernähren wir uns richtig?	116
	EXKURS: Skorbut – eine Krankheit der Seefahrer	117
	PRAKTIKUM: Gesunde Ernährung	118
	EXKURS: Körper und Körpergefühl	120
	EXKURS: Basiskonzept „Struktur und Funktion"	121
6.3	Zähne zerkleinern die Nahrung	122
6.4	Verdauungsorgane verarbeiten unsere Nahrung	124
	BIOSKOP: Zusatzstoffe in der Nahrung	126
	EXKURS: Missbrauch von Alkohol	227
7	Wahrnehmung	128
7.1	Die Sinne – unser Fenster zur Welt	128
	EXKURS: Wahrnehmung bei Tieren	129
7.2	Wahrnehmung und Wirklichkeit	130
	EXKURS: Optische Täuschungen	131
7.3	Nerven und Gehirn	132
	PRÜFE DEIN WISSEN: Bau und Leistungen des menschlichen Körpers	134
	BIO KOMPAKT: Bau und Leistungen des menschlichen Körpers	135

Pubertät – Zeit der Veränderungen

1	Auf dem Weg zum Erwachsenwerden	138
2	Jungen entwickeln sich zu Männern	140
2.1	Das männliche Erscheinungsbild	140
2.2	Die männlichen Geschlechtsorgane	141
	EXKURS: Tipps zur Körperpflege	141
3	Mädchen entwickeln sich zu Frauen	142
3.1	Das weibliche Erscheinungsbild	142
3.2	Die weiblichen Geschlechtsorgane	143
4	Liebe und Freundschaft in der Pubertät	145
5	Empfängnis, Schwangerschaft und Geburt	146
	BIOSKOP: Verhütungsmittel	148
	EXKURS: Basiskonzept „Entwicklung"	149
6	Nicht mit mir - mit mir nicht!	150
	PRÜFE DEIN WISSEN: Pubertät – Zeit der Veränderungen	152
	BIO KOMPAKT: Pubertät – Zeit der Veränderungen	153

Lebensräume

1	Lebensräume für Pflanzen	156
	PRAKTIKUM: Anlegen einer Blättersammlung	158
	METHODE: Bestimmung von Laubbäumen	159
2	Hecken sind wichtige Lebensräume	160
3	Der Wald	162
3.1	Artenreich und wandelbar im Laufe der Jahreszeiten	162
3.2	Der Stoffkreislauf im Wald	166
4	Jäger und Gejagte leben in einem Gleichgewicht	167
5	Gewässer sind wichtige Lebensräume	168
5.1	Gewässer unterscheiden sich	168
5.2	Eine Exkursion an einen Bach	170
5.3	Der Teich - ein Lebensraum	172
	BIOSKOP: Pflanzen am und im Teich	174
	BIOSKOP: Tiere am und im Teich	175
	METHODE: Bestimmung häufiger wirbelloser Tiere des Süßwassers	176
	PRAKTIKUM: Biologische Untersuchung der Gewässergüte	177
	PRAKTIKUM: Wassereigenschaften	178
	PRAKTIKUM: Sauberes Wasser für unsere Gewässer	179
	PRAKTIKUM: Bestimmung der Gewässergüte	180
6	Gefährdete Lebensräume	182
6.1	Eingriffe des Menschen	182
6.2	Veränderte Lebensräume - neues Leben	184

7 Natur- und Landschaftsschutz –
eine Aufgabe für uns alle! 186
PRÜFE DEIN WISSEN: Lebensräume 188
BIO KOMPAKT: Lebensräume 189

Überleben in harten Zeiten

1 Säugetiere im Winter 192
   BIOSKOP: Gleichwarme Wirbeltiere
   im Winter 194
   BIOSKOP: Wechselwarme Tiere im Winter .. 195
2 Viele Vögel ziehen im Winter fort 196
   BIOSKOP: Zugvögel 198
3 Vögel, die im Winter bei uns bleiben 200
   PRAKTIKUM: Hilfen für Vögel 201
4 Leben in extremen Lebensräumen 202
4.1 Leben in der Wüste 202
4.2 Leben unter dem Gefrierpunkt 204
   PRÜFE DEIN WISSEN:
   Überleben in harten Zeiten 206
   BIO KOMPAKT:
   Überleben in harten Zeiten 207

Register 208
Bildquellenverzeichnis 212

Kennzeichen der Lebewesen

Was ist hier passiert?

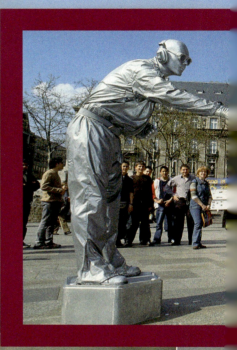

Warum müssen Tiere fressen?

Warum brauchen Katzen Junge?

Lebendig oder nicht?

Wird er eines Tages so groß wie seine Mutter?

1 „Familienfotos". **A** Dummies; **B** Menschen

1 Menschen sind Lebewesen

Um herauszufinden, ob ein neues Fahrzeug genügend Sicherheit für die Insassen bietet, werden Unfälle mit lebensgroßen Puppen durchgeführt. An diesen Crash-Test-Dummies werden die Auswirkungen von Unfällen auf den menschlichen Körper erforscht. Ein Mensch wäre für solche Tests nicht geeignet. Was unterscheidet eigentlich das Lebewesen Mensch von unbelebten Gegenständen wie diesen Puppen?

Wie du sehen kannst, haben alle Menschen einen Körper. Er besteht aus Kopf, Rumpf und Gliedmaßen. Man spricht auch von der **Gestalt** des Menschen. Anhand seiner Gestalt ist ein Mensch zu erkennen. Genauso kann man Tiere und Pflanzen anhand ihrer Gestalt unterscheiden. Auch die Dummies in Abbildung 1A haben eine Gestalt. Sie sind aber keine Lebewesen. Es muss also weitere Kennzeichen geben.

Wenn sich ein Mensch bewegt, kannst du ihn gut von einer Puppe unterscheiden. Die Puppe kann sich nicht bewegen, da sie keine Muskeln hat. **Bewegung** ist also ein weiteres Kennzeichen. Manche Puppen können sich aber doch bewegen. In ihnen sind Motoren eingebaut. Dennoch sind sie keine Lebewesen.

Eine Puppe nimmt ihre Umwelt nicht wahr. Menschen dagegen nehmen Reize aus ihrer Umwelt auf und können darauf reagieren. Wenn du zum Beispiel an eine Ampel kommst, nimmst du deren Licht als Reiz wahr. Du reagierst darauf: Bei „Rot" hältst du an und bei

EXKURS

Was ist Biologie?

Michael und Christina sehen sich eine Fernsehsendung über die Erforschung von Krankheitserregern an. Eine Biologin hantiert mit komplizierten Apparaten, die dem Züchten und Untersuchen von Bakterien dienen. Außer der Biologin ist nichts Lebendes zu sehen, denn die winzigen Bakterien sind mit bloßem Auge nicht zu erkennen. Michael und Christina haben sich die Arbeit von Biologen ganz anders vorgestellt. Was tun Biologen eigentlich? Im Lexikon finden sie die abgebildete Erklärung: Biologen befassen sich demnach mit Lebewesen, also auch mit Bakterien. Überwiegend sind das aber Pflanzen, Pilze, Tiere und der Mensch. Biologen untersuchen den Aufbau der Lebewesen und die Vorgänge, die sich in ihnen abspielen. Das Verhalten von Tieren und das Zusammenspiel von Lebewesen in ihrer Umwelt wird ebenso erforscht wie die Vererbung von Merkmalen und Eigenschaften sowie die Entwicklung des Lebens in vielen Millionen Jahren.

Biologie
Wissenschaft vom Leben und den Lebewesen. Das Wort kommt aus dem Griechischen, wo „bios" „Leben" bedeutet und „logos" „(die) Kunde" oder „Wort" heißt.

Ausschnitt aus einem Lexikon

Kennzeichen der Lebewesen

2 In Bewegung   **3** Bei „Rot" stehen bleiben   **4** Beim Frühstück

„Grün" gehst du weiter. Die **Reizbarkeit** ist ein weiteres Kennzeichen von Lebewesen. Allerdings reagieren auch manche Dinge auf ihre Umwelt. Viele Türen in Supermärkten öffnen sich automatisch, wenn jemand hindurchgehen möchte. Es fehlen also noch weitere Kennzeichen von Lebewesen.

Wenn du längere Zeit nicht gegessen hast, wirst du bald Hunger bekommen. Alle Lebewesen brauchen Nahrung, wandeln diese um und scheiden nicht verwertbare Stoffe aus. Beim Atmen ist es ähnlich. Du atmest Luft ein, veränderst sie in deinem Körper und atmest die veränderte Luft wieder aus. Dieses Kennzeichen der Lebewesen wird als **Stoffwechsel** bezeichnet. Etwas Ähnliches findet man auch bei nicht lebenden Dingen: Ein Auto verbraucht Treibstoff und gibt Abgase ab. Also reicht auch diese Eigenschaft noch nicht aus, um ein Lebewesen eindeutig als solches zu kennzeichnen.

Wenn du alte Fotos anschaust, merkst du, dass du heute ganz anders aussiehst als noch vor einem Jahr. Du wirst größer und dein Gesicht verändert sich. Während du älter wirst, zeigt dein Körper eine ständige **Entwicklung.** Am Ende jeder Entwicklung steht der Tod. Gegenstände können sich nicht entwickeln und sie sterben auch nicht. Eine alte Puppe mag abgenutzt aussehen, aber sie ist im Laufe der Zeit nicht größer geworden und hat sich auch sonst kaum verändert.

Es gibt aber auch unbelebte Dinge, die wachsen: Tropfsteine werden im Laufe der Zeit größer und auch Kristalle können wachsen.

Ein Kennzeichen der Lebewesen fehlt also immer noch: die **Fortpflanzung.** Ein Mensch stammt immer von Menschen ab. Dagegen stammt eine Puppe nicht von anderen Puppen ab. Sie kann sich nicht fortpflanzen, sondern wird aus Einzelteilen zusammengebaut.

1. Menschen sind Lebewesen.
   a) Schreibe die Eigenschaften der Lebewesen in dein Heft.
   b) Welche Eigenschaften der Lebewesen sind in den Bildern zu erkennen? Erläutere.
2. Worin unterscheiden sich eine Schaufensterpuppe und Mensch und was haben sie gemeinsam? Fertige eine Tabelle an.
3. Ist ein ferngesteuertes Flugzeug lebendig? Begründe deine Aussage.

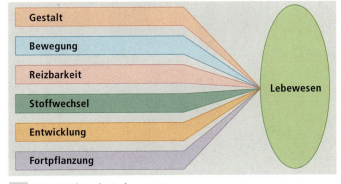

5 Kennzeichen der Lebewesen

2 Tiere sind Lebewesen

Frank und Lena sind mit ihren Eltern in den Tierpark gefahren. Den ganzen Tag spazieren sie zwischen den Gehegen umher und beobachten die vielen verschiedenen Tiere. Besonders haben es ihnen die jungen Bären angetan. „Sie sehen so süß aus", meint Lena und denkt an ihren Teddy zuhause. Doch schnell merkt sie, dass ihr Teddy außer der Gestalt kaum Ähnlichkeiten mit den echten Bären aufweist. Sie beobachtet, wie die jungen Bären im Gehege umherlaufen, miteinander spielen und balgen. So könnte sich ihr Teddy natürlich nie bewegen.

Ein Schild am Gehege informiert Frank und Lena, dass Bären bei der Geburt winzig sind und nur 350 bis 500 g wiegen – viel weniger als ein Menschenbaby. Sie sehen erwachsenen Bären zunächst auch gar nicht ähnlich. Die jungen Bären bleiben mindestens zwei bis drei Jahre bei ihrer Mutter. Sie säugt die Jungen und bringt ihnen später bei, sich selbst zu ernähren. Bären sind Allesfresser, d. h. sie fressen sowohl Fleisch und Fisch als auch pflanzliche Nahrung und sogar Honig. Aus den winzigen Jungtieren entwickeln sich so im Laufe der Jahre bis zu drei Meter große und bis zu 350 kg schwere Raubtiere.

Die Mutter beschützt die Jungen vor allen Gefahren. Kommt jemand ihrem Nachwuchs zu nahe, greift sie an. Wilde Bären sind meist sehr scheu und flüchten sofort, wenn sich Menschen nähern. Sie reagieren also auf ihre Umwelt.

Obwohl Bären wegen ihrer massigen Gestalt ziemlich plump erscheinen, können sie sehr schnell laufen und sogar auf Bäume klettern. Wenn man sie erschreckt oder wenn sie ihre Scheu vor Menschen verlieren, können sie auch gefährlich werden.

Bären werden wegen ihres Felles gejagt. Bären waren auf der ganzen Nordhalbkugel der Erde verbreitet. Heute sind sie in vielen Ländern ausgerottet oder stehen unter strengem Schutz.

1 Bären in verschiedenen Lebenslagen. **A** in Bewegung; **B** beim Fressen; **C** mit Nachwuchs

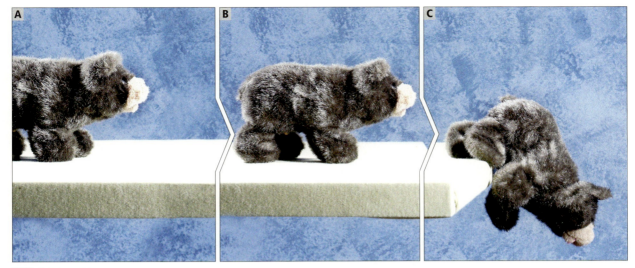

2 Spielzeugbär

1. Beobachte bei einem Besuch im Tierpark zwei verschiedene Tierarten. Welche Eigenschaften von Lebewesen kannst du in ihrem Verhalten erkennen? Schreibe diese Eigenschaften auf und beschreibe das Verhalten der Tiere.
2. Stelle anhand der Abbildung 2 fest, über welche Eigenschaften der Lebewesen der abgebildete Spielzeugbär verfügt. Begründe, warum er trotzdem kein Lebewesen ist.
3. Suche dir ein Tier aus (z. B. ein Heimtier oder einen Vogel im Garten) und beobachte es eine Weile. Beschreibe wie im abgebildeten Protokoll, welche Verhaltensweisen das Tier zeigte. Schreibe auf, welche Eigenschaften der Lebewesen du erkennen konntest.

Die Schiege

Schaf und Ziege sind nahe verwandte Tierarten. Paart sich ein Schafbock mit einer Ziege, kann sich in seltenen Fällen Nachwuchs einstellen. Dieser zeigt Merkmale beider Tierarten. Man nennt ein solches Tier **Schiege**. Diese Mischlinge zwischen den beiden Tierarten können selbst keinen Nachwuchs bekommen: Ihnen fehlt die Fähigkeit zur Fortpflanzung. Dennoch sind sie zweifellos Lebewesen und keine Sachen. Nicht alle Lebewesen verfügen also über alle Eigenschaften des Lebendigen. Es gibt noch einige andere Beispiele dafür. So haben z. B. auch Maultiere und Maulesel sowie die meisten Bienen eines Bienenstocks und Ameisen eines Ameisenhaufens nicht die Fähigkeit zur Fortpflanzung.

EXKURS

3 Beobachtungsprotokoll

Schiege

Kennzeichen der Lebewesen

1 Venusfliegenfalle. **A** Pflanze; **B** mit gefangener Fliege

3 Sind Pflanzen auch Lebewesen?

Pflanzen sehen anders aus als Tiere und scheinen sich nicht zu bewegen. Sind sie Lebewesen? Um diese Frage zu beantworten, müssen wir nach den Kennzeichen der Lebewesen suchen.

Dazu betrachten wir die Venusfliegenfalle, eine tierfangende Pflanze aus Nordamerika. Wenn ein Insekt, z.B eine Fliege, spezielle Haare auf der Oberfläche eines Fangblattes berührt, klappen diese Blätter zusammen und halten das Insekt fest. Die Venusfliegenfalle kann sich also **bewegen.** Sie ist außerdem **reizbar,** denn sie reagiert auf die Berührung. Ähnliches kann man bei der tropischen Mimose beobachten. Bei Berührung klappt sie ihre Blattfiedern schnell zu. Auch andere Pflanzen bewegen sich, nur viel langsamer. Viele Blumen öffnen ihre Blüten am Morgen und schließen sie am Abend oder bei schlechtem Wetter.

Die gefangenen Insekten werden von der Venusfliegenfalle verdaut und geben der Pflanze Mineralstoffe. Diese braucht sie, um auf feuchten, mineralstoffarmen Sandböden – ihrem natürlichen Lebensraum – überleben zu können.

Auch andere Pflanzen benötigen Mineralstoffe und Wasser. Beides nehmen sie in der Regel über die Wurzeln auf. Über die Blätter können sie Gase aufnehmen, verarbeiten und abgeben. Pflanzen haben also einen **Stoffwechsel.**

Die Venusfliegenfalle ist aus einem winzigen Samen entstanden. Sie wächst heran bis sie etwa so groß ist wie eine Hand. Wie alle Lebewesen benötigt sie während ihres **Wachstums** einen Teil der aufgenommenen Stoffe zum Aufbau des Körpers. Nach einiger Zeit wird sie sich dann selbst **fortpflanzen** und Nachkommen haben. Schließlich hat die Venusfliegenfalle auch eine **Gestalt,** die sie von anderen Pflanzen unterscheidet.

1. Nenne Kennzeichen des Lebendigen bei Venusfliegenfalle und Mimose. Vergleiche mit den Abbildungen.
2. Betrachte eine Pflanze in deiner Umgebung, z. B. ein Gänseblümchen morgens, mittags und abends.
   a) Notiere deine Beobachtungen.
   b) Welche Kennzeichen des Lebendigen kannst du feststellen?

2 Mimose. **A** offene Blattfiedern; **B** geschlossene Blattfiedern

Kennzeichen der Lebewesen

Lebewesen bestehen aus Zellen

Im Jahr 1665 beobachtete der Forscher ROBERT HOOKE Rinde der Korkeiche unter einem *Mikroskop*. Er stellte fest, dass diese Rinde aus kleinen Kammern aufgebaut ist, die Bienenwaben ähneln. Er nannte diese Kammern **Zellen**.

Durch die Weiterentwicklung des Mikroskops konnte man in den folgenden Jahrhunderten immer genauere Einzelheiten über den Aufbau von Lebewesen erkennen. Man stellte fest, dass sich in den Zellen noch kleinere Strukturen, die **Zellorganellen**, befinden. Diese übernehmen bestimmte Aufgaben.

Der Aufbau von Zellen zeigt bei allen Lebewesen Gemeinsamkeiten. Zellen von *Tieren*, *Menschen* und von *Pflanzen* werden nach außen durch eine **Zellmembran** abgegrenzt. Sie sind mit einer zähflüssigen Substanz, dem **Zellplasma** gefüllt. Meist kann man mit einem Mikroskop gut ein helles, rundliches Gebilde, den **Zellkern**, erkennen. Er enthält die Erbinformation und steuert die Lebensvorgänge der Zelle.

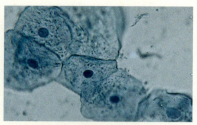

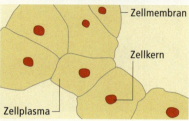

Bei den Zellen von *Pflanzen*, wie der Wasserpest, kann man einige Besonderheiten feststellen. Nach außen werden sie zusätzlich durch eine feste **Zellwand** begrenzt. Den Großteil des Zellinneren nimmt ein mit Flüssigkeit erfüllter Raum ein, die **Vakuole**. Daneben sind eine Menge grüner Körnchen, die **Chloroplasten**, sichtbar. Sie geben den grünen Pflanzen die Farbe.

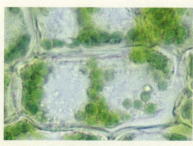

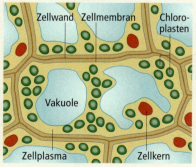

Naturforscher entdeckten, dass alle Lebewesen aus Zellen aufgebaut sind. Dies ist ein wesentliches Kennzeichen von Lebewesen.

Die **Vielzeller** bestehen aus einer großen Anzahl an verschiedenen Zellen, die auch ganz unterschiedliche Aufgaben erfüllen.

Manche Lebewesen, z. B das Pantoffeltierchen, bestehen nur aus einer einzigen Zelle. Bei diesen **Einzellern** übernimmt diese einzige Zelle alle lebensnotwendigen Aufgaben. Auch Bakterien, manche Algen und Hefepilze gehören zu den einzelligen Lebewesen.

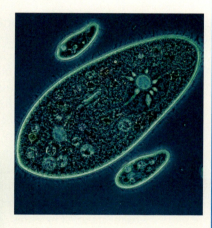

Lebewesen wachsen und vermehren sich, indem sich Zellen teilen. Bei Einzellern entstehen durch die Teilung einer Zelle zwei neue Lebewesen. Vielzeller wachsen dadurch, dass sich die Anzahl der Zellen in ihrem Körper durch Teilung und anschließendem Wachstum der Tochterzellen erhöht.

1 Die Blätter der Wasserpest betrachtet. **A** mit bloßem Auge; **B** mit der Lupe; **C** mit dem Mikroskop

4 Mit dem Mikroskop untersuchen wir den Feinbau von Lebewesen

Mithilfe eines Vergrößerungsglases, einer **Lupe**, kannst du das Blatt einer Wasserpest bis zu 20fach vergrößert betrachten. Dann entdeckst du Einzelheiten, die du mit bloßem Auge nicht genau siehst. Du erkennst deutlich die Blattadern oder entdeckst „buckelartige" Unebenheiten der Blattoberfläche.

Eine noch stärkere Vergrößerung erzielst du, indem du zwei Lupen übereinander legst. Nur erscheint dann das Bild meist verschwommen oder unscharf. Lupen enthalten gewölbte und geschliffene Gläser, die *Linsen*. Zwei in einem bestimmten Abstand übereinander befestigte Linsen ergeben ein einfaches **Mikroskop**. So waren vor 300 Jahren die ersten Mikroskope gebaut.

Als **Okular** bezeichnet man die Linse, die sich beim Mikroskopieren unmittelbar vor dem Auge befindet, das lateinisch „oculus" heißt. Die andere Linse ist das **Objektiv**, da sie dem zu beobachtenden Gegenstand, dem *Objekt*, zugewandt ist. Auf dem Okular und dem Objektiv findest du jeweils eine Zahl. Sie gibt dir die Vergrößerung der einzelnen Linse an. Auf einem zehnfach vergrößernden Okular steht 10x (x = mal), auf einem vierzigfach vergrößernden Objektiv 40x. Beim Arbeiten mit dem Mikroskop interessiert uns aber eher die **Gesamtvergrößerung**. Um sie zu ermitteln, multiplizierst du die Vergrößerungszahlen von Okular und Objektiv. Die Gesamtvergrößerung des Mikroskops aus dem Beispiel oben ist dann also 400x.

Mit einfach gebauten Mikroskopen konnte der Holländer VAN LEEUWENHOEK schon im 17. Jahrhundert etwa 300fache Vergrößerungen erreichen. Mit modernen Mikroskopen lassen sich heute Objekte bis zu 2000fach vergrößern. Stelle dir vor, man könnte einen 1 cm langen Fingernagel 2000fach vergrößern. Er wäre 20 Meter lang.

In modernen Mikroskopen bestehen sowohl Objektiv als auch Okular aus mehreren Linsen. Diese sind besonders gewölbt und geschliffen, um gute Bilder zu ermöglichen. Leider sind sie teuer und kratzempfindlich. Auch das Schülermikroskop ist ein modernes und teures Mikroskop. Bei der Bedienung müssen bestimmte Regeln eingehalten werden, um zum einen die Leistungsfähigkeit des Mikroskops auszunutzen und zum anderen zu vermeiden, dass es beschädigt wird.

Kennzeichen der Lebewesen

Mikroskopieren

Vorbereitung: Trage das Mikroskop immer am Stativ. Alle anderen Teile sind dazu nicht geeignet.

Stelle zu Beginn deiner Arbeit immer die kleinste Vergrößerung ein. Bewege den Objekttisch durch Drehen am Triebrad ganz nach unten und lege das Präparat auf dem Objektträger darauf. Lege immer ein Deckgläschen auf das Präparat, sonst können die Linsen im Objektiv leicht verschmutzen.

Wenn dein Mikroskop einen Spiegel hat, schau durch das Mikroskop und stelle den Spiegel so ein, dass du ein möglichst helles Feld siehst. Wenn dein Mikroskop eine Lampe hat, schalte sie ein.

Erstes Scharfstellen: Wenn du nun durch das Mikroskop schaust, wirst du ein helles, aber unscharfes Bild sehen. Mit dem Triebrad kannst du das Bild scharf stellen. Dabei wird der Abstand zwischen dem Objekttisch und dem Objektiv verringert. Reguliere gegebenenfalls mit der Blende Helligkeit und Kontrast.

Bewegen des Objektes: Bewege den Objektträger nur sehr vorsichtig, sonst rutscht das Präparat aus dem Blickfeld. Das mikroskopische Bild ist seitenverkehrt, das heißt eine Bewegung des Objektes nach links bedeutet eine Verschiebung des Bildes nach rechts.

Wechseln der Vergrößerung: Wenn du eine besonders interessante Stelle gefunden hast, kannst du nach Absprache mit dem Lehrer auch eine größere Vergrößerung einstellen. Bewege dazu den Objekttisch etwas nach unten. Drehe dann vorsichtig am Revolver, bis das nächst größere Objektiv auf das Objekt gerichtet ist. Fahre den Objekttisch durch Drehen am Triebrad vorsichtig wieder nach oben. Achte aber darauf, dass sich Objekt und Objektiv nicht berühren! Je größer die eingestellte Vergrößerung, desto näher muss das Objekt am Objektiv sein, um ein scharfes Bild zu bekommen. Dabei besteht die Gefahr, dass sie sich berühren und beschädigt oder verschmutzt werden.

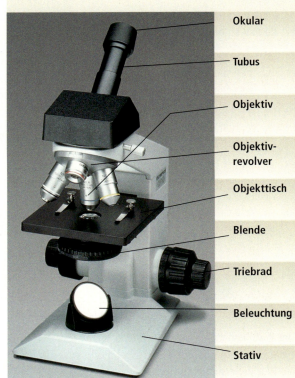

Okular	Das Okular ist die dem Auge zugewandte Linse. Es ist auswechselbar und vergrößert wie eine Lupe: zum Beispiel 5x, 10x, 15x.
Tubus	Der Tubus ist eine Röhre, die Okular und Objektiv in richtiger Lage und richtigem Abstand hält.
Objektiv	Das Objektiv ist dem Objekt zugewandt. Es vergrößert zum Beispiel 10 x, 45x, 100x.
Objektivrevolver	Hier sind verschiedene Objektive eingeschraubt, die durch Drehen des Objektrevolvers verwendet werden können.
Objekttisch	In der Mitte des Objekttisches befindet sich eine Öffnung, über die das Objekt auf einen Objektträger gelegt wird.
Blende	Mit der Blende können Helligkeit und Bildkontrast reguliert werden.
Triebrad	Mit dem Grobtrieb und auch mit dem Feintrieb kann das Objekt scharf eingestellt werden.
Beleuchtung	Sie kann entweder aus der Mikroskopierlampe oder aus einem Spiegel bestehen.
Stativ	Am Stativ sind alle wesentlichen Teile des Mikroskops befestigt.

1 Ein Schulmikroskop, seine Teile und deren Funktion

Mikroskopieren

V1 Wir untersuchen ein Haar

Material: Objektträger; Deckglas; Pinzette; Lupe; Mikroskop; Zeichenmaterial; menschliches Haar

Durchführung: Ziehe mit einem kurzen Ruck ein oder zwei Kopfhaare aus.

Aufgaben:
a) Lege die Haare auf ein weißes Blatt Papier. Betrachte ein Haar mit der Lupe. Fertige eine Zeichnung an.
b) Lege ein Haar auf einen Objektträger. Gib einen Tropfen Wasser darauf und decke ein Deckglas über das Objekt. Mikroskopiere bei kleinster Vergrößerung. Zeichne das Haar.

V2 Wir untersuchen unsere Mundschleimhaut

Material: Objektträger; Deckglas; Filterpapier; Pipette; Pinzette; Teelöffel; verdünnte Methylenblau-Lösung

Durchführung: Bringe mit einer Pipette (vorsichtig!) einen Tropfen der verdünnten Methylenblau-Lösung in die Mitte des Objektträgers. Schabe mit dem Teelöffel über die Innenseite deiner Wangen. Verfahre dann mit der abgeschabten Haut wie in den Abbildungen von V4 dargestellt.

Aufgabe: Mikroskopiere und zeichne einige Zellen bei mittlerer Vergrößerung. Beschrifte.

V3 Wir untersuchen Insektenflügel

Material: Objektträger, Pinzette; Lupe; Mikroskop; Zeichenmaterial; Flügel verschiedener Insekten (Stubenfliege, Biene, Schmetterling). Verwende für deine Untersuchungen nur tote Insekten.

Durchführung: Zupfe mit einer Pinzette einen Flügel von einer Stubenfliege, Biene und einem Schmetterling ab.

Aufgaben:
a) Lege den Flügel der Stubenfliege auf ein weißes Blatt Papier. Betrachte ihn mit der Lupe und zeichne.
b) Wiederhole die Untersuchung mit der Lupe bei den Flügeln von Biene und Schmetterling. Fertige jeweils eine Zeichnung an.
c) Lege einen Flügel von Stubenfliege, Biene und Schmetterling jeweils auf einen Objektträger. Mikroskopiere bei kleinster Vergrößerung. Fertige jeweils eine Zeichnung an.

V4 Wir mikroskopieren ein Blatt der Wasserpest

Material: Objektträger; Deckglas; Filterpapier; Becherglas mit Wasser; Pipette; Pinzette; Mikroskop; Zeichenmaterial; Spross einer Wasserpest

Durchführung: Zupfe mit einer Pinzette ein Blättchen von dem Spross der Wasserpest ab. Präpariere dann wie folgt:

1. Gib mit der Pipette einen Tropfen Wasser auf die Mitte des Objektträgers. Lege das Objekt in den Tropfen ohne es zu falten.

2. Setze das Deckgläschen seitlich an den Tropfen und lege es vorsichtig auf, ohne Luftblasen einzuschließen.

3. Halte einen Streifen Filterpapier in das unter dem Deckglas hervorquellende Wasser. Das Wasser wird abgesaugt und dein Präparat ist fertig.

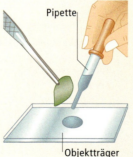

Aufgabe: Lege das Präparat auf den Objekttisch deines Mikroskops. Betrachte das Objekt zunächst bei kleinster Vergrößerung. Fertige bei mittlerer Vergrößerung eine Zeichnung einer Blattzelle an. Beschrifte.

V5 Wir untersuchen ein Zwiebelhäutchen

Material: Messer; Rasierklinge mit Korkhalterung; Pinzette; Objektträger; Deckglas; Filterpapier; Becherglas mit Wasser; Mikroskop; Zeichenmaterial; Küchenzwiebel

Durchführung: Bereite die Zwiebel wie in den Abbildungen gezeigt vor.

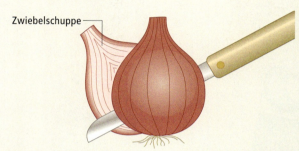

1. Schneide die Zwiebel längs durch und trenne eine Zwiebelschuppe ab.

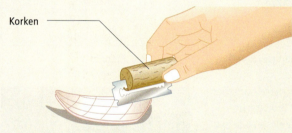

2. Schneide mit der Rasierklinge ein Gittermuster in das innen gelegene Häutchen der Schuppe.

3. Löse mit der Pinzette ein Stück des zarten Häutchens aus dem Gitterfeld. Verfahre anschließend mit dem Stückchen Zwiebelhaut wie in den Abbildungen von V 4 dargestellt.

Aufgabe: Mikroskopiere das Frischpräparat des Zwiebelhäutchens zunächst bei kleinster Vergrößerung. Zeichne bei mittlerer Vergrößerung. Beschrifte deine Zeichnung.

V6 Warum ist das Bild manchmal unscharf?

Vielleicht hast du dich beim Mikroskopieren über das oft teilweise unscharfe Bild gewundert.
Der folgende Modellversuch zeigt, wie es dazu kommt.

Material: durchsichtige Plastikbehälter; Tischtennisball; Folienstift; ein Tageslichtprojektor

Durchführung:
Schreibe mit dem Folienstift die Worte „oben" auf den Deckel und „unten" auf den Boden des Plastikbehälters. Lege den Tischtennisball in den Behälter. Stelle das Ganze auf den Tageslichtprojektor und versuche es scharf auf die Leinwand zu projizieren.

Aufgaben:
a) Beschreibe den Versuchsaufbau in deinem Heft und fertige eine Skizze an. Beschreibe auch deine Beobachtungen beim Verstellen der Schärfe.
b) Bei diesem Versuch stehen die verschiedenen Teile stellvertretend für Teile, die beim Mikroskopieren vorkommen. Wofür steht der durchsichtige Behälter und wofür steht der Projektor?
c) Was ist bei dem Versuch mit dem Projektor ähnlich wie beim Mikroskop und was ist anders?
d) Stell dir vor, man würde auf und neben den Plastikkasten noch mehrere weitere Kästen stellen. Wie würde sich dann das Bild auf der Leinwand verändern?
e) Stelle unter Berücksichtigung deiner Antwort aus Aufgabenteil d) eine begründete Vermutung auf, warum beim Mikroskopieren immer mit sehr dünnen Präparaten gearbeitet wird.

Kennzeichen der Lebewesen

Basiskonzept „System"

EXKURS

Unser Körper ist aus Milliarden von Zellen aufgebaut. Je nach Aufgabe, die sie im Körper erfüllen, gibt es verschiedene Typen von Zellen. Übernehmen viele gleichartige Zellen dieselbe Aufgabe, bezeichnet man diesen Zellverband als **Gewebe**. Ein solches Gewebe besteht zum Beispiel aus *Drüsenzellen*, die bestimmte Stoffe abgeben. Man nennt es dann Drüsengewebe. Im Magen gibt es Drüsengewebe, die helfen, unsere Nahrung zu verdauen.

Damit im Magen Verdauungsvorgänge stattfinden, muss das Drüsengewebe mit weiteren Arten von Geweben zusammenwirken. Eine solche Zusammenlagerung verschiedener Gewebe nennt man **Organ**. Der Magen ist ein solches Organ. Es stellt ein System aus einer Reihe verschiedener Gewebearten dar.

Doch der Magen allein ist nicht in der Lage, unsere Nahrung vollständig zu verdauen. Dazu gehören noch weitere Organe wie Mund, Speiseröhre, Dünndarm, Dickdarm und After. Im Mund wird die Nahrung zerkleinert und die Speiseröhre führt sie in den Magen. Dort und im Darm wird die Nahrung verdaut. Die verwertbaren Stoffe gehen ins Blut und die unverdaulichen Reste werden über den After ausgeschieden. Zusammen bilden diese Organe ein **Organsystem**, *das Verdauungssystem*.

Mit unserem Körper können wir neben dem Verdauen von Nahrung noch viele andere Dinge tun. Wir können atmen, laufen, mit den Händen greifen, denken und vieles mehr. Für die unterschiedlichen Aufgaben unseres Körpers haben wir unterschiedliche Organsysteme, die für diese Aufgaben zuständig sind. In der Biologie bezeichnet man ein Lebewesen wie den Menschen auch als Organismus. Dein Körper ist ein solcher **Organismus**, in dem alle Organsysteme zusammenwirken, um die notwendigen Funktionen des Lebens zu bewältigen.

Beispiele für ein Zusammenwirken von Einzelteilen, die als ein größeres Ganzes funktionieren, findet man bei allen Lebewesen. Man spricht von dem **Basiskonzept „System"**.

Lebewesen sind Bestandteile von noch größeren Systemen, z. B. eines *Ökosystems*. In einem Ökosystem leben viele verschiedene Lebewesen unter bestimmten Umweltbedingungen zusammen.

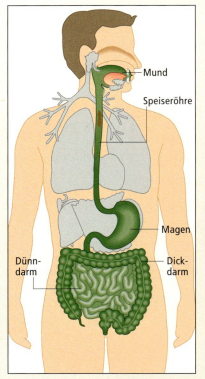

Organsystem „Verdauungssystem"

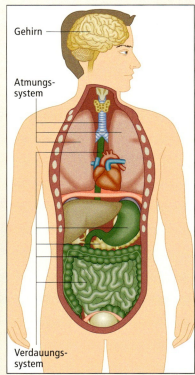

Organismus „Mensch"

Ökosystem (Hecke)

1. Beschreibe den Zusammenhang zwischen Zelle, Gewebe, Organ, Organsystem und Organismus.
2. Nenne weitere Beispiele für Organsysteme, die diesem Basiskonzept entsprechen.
3. Nenne größere Systeme, zu denen wir Menschen gehören.

Kennzeichen der Lebewesen

A1 Fußballroboter können richtige Turniere gegeneinander spielen. Trotz dieser Fähigkeiten sind sie keine Lebewesen.
a) Nenne die Merkmale von Lebewesen, die sie haben.
b) Welche Merkmale fehlen?

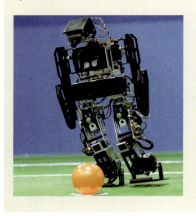

A2 Welche Merkmale der Lebewesen kannst du in der Abbildung entdecken?

A3 „Pflanzen können sich nicht bewegen. Deshalb sind sie keine Lebewesen." Nimm Stellung.

A4 Die Abbildung zeigt das Schema einer Zelle. Ist dies eine Pflanzenzelle oder eine Tierzelle?

a) Begründe deine Antwort.
b) Beschrifte.

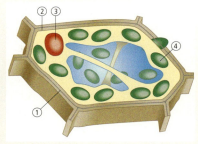

A5 Ordne folgende Begriffe von „groß" nach „klein": Organ, Zelle, Organismus, Gewebe, Organsystem.

A6 Erläutere die Aussage: Der menschliche Körper ist ein System.

PRÜFE DEIN WISSEN

Kennzeichen der Lebewesen

Beobachten von Tieren

Untersuchen von Pflanzen

Biologin bei der Arbeit

- Die Biologie befasst sich mit Lebewesen.
- Neben Tieren, Pflanzen und dem Menschen gehören auch Bakterien und Pilze zu den Lebewesen.
- Lebewesen bestehen aus Zellen

- Lebewesen sind gekennzeichnet durch gemeinsame Merkmale:
  – Gestalt
  – Bewegung
  – Reizbarkeit
  – Stoffwechsel
  – Entwicklung
  – Fortpflanzung

- Durch genaues Beobachten und durch Erfahrung kann man erkennen, ob es sich um ein Lebewesen handelt oder nicht.
- Zum Untersuchen von kleinen Objekten benutzt man Lupe, Binokular oder Mikroskop.
- Beobachtungen werden in einem Protokoll festgehalten.

BIO KOMPAKT

Aus dem Leben der Pflanzen

Wie ernähren sich Pflanzen?

Was haben Bienen mit der Fortpflanzung von Pflanzen zu tun?

Wie entsteht aus einem kleinen Samen eine große Pflanze?

Was nutzt der Klette das Kletten?

Warum brauchen wir so viel Getreide?

Warum werfen Bäume im Herbst ihr Laub ab?

1 Pflanzen und ihre Wuchsformen. **A** Baum, **B** Strauch, **C** Kraut

1 Samenpflanzen zeigen einen gemeinsamen Bauplan

Die Pflanzen, die du auf dem Bild erkennst, sehen unterschiedlich aus. Biologen sprechen von unterschiedlichen **Wuchsformen** und unterscheiden *Bäume, Sträucher* und *Kräuter*.

Bäume haben einen *Stamm* aus Holz. Erst hoch über dem Boden verzweigt er sich. Die dort abzweigenden Äste bilden die *Krone* mit Blättern.

Sträucher verfügen ebenfalls über einen Stamm. Dieser ist jedoch dünner und viel kürzer als bei Bäumen. Die Äste zweigen nahe dem Boden ab. Der Unterschied zwischen Bäumen und Sträuchern besteht also in der Wuchsform und der Länge des Stammes.

Kräuter sehen hingegen völlig anders aus: Sie besitzen keinen Stamm. Solche *krautigen* Pflanzen haben einen *Stängel*, der dünner und kürzer ist als der Stamm bei Bäumen. Außerdem ist der Stängel nicht verholzt. Viele Blumen, Gräser und Küchenkräuter sind Kräuter.

Die unterirdisch gelegene **Wurzel** hält die Pflanze im Boden fest. Ihren Bau kann man nur erkennen, wenn man die Pflanze aus der Erde holt. Beim Raps z. B. sind neben der dicken *Hauptwurzel* zahlreiche davon abzweigende dünnere *Nebenwurzeln* zu sehen. Mit der Lupe werden die feinen *Wurzelhaare* sichtbar. Dies sind feine Auswüchse der Wurzel, mit denen die Pflanze engen Kontakt zur Erde herstellt. So kann sie mit der Wurzel das lebenswichtige Wasser mit darin enthaltenen Mineralstoffen aus dem Boden ziehen.

Trotz ihrer Verschiedenheit besitzen Kräuter, Sträucher und Bäume aber auch gemeinsame Merkmale. Sie werden deshalb zu einer Gruppe zusammengefasst. Eine Gemeinsamkeit ist die Fortpflanzung über *Blüten*, die *Samen* bilden. Man nennt sie daher **Samenpflanzen.**

Alle Samenpflanzen sind aus ähnlichen „Bauteilen" oder *Organen* aufgebaut, die bestimmte Aufgaben erfüllen.

Die oberirdischen Pflanzenteile bilden zusammen den **Spross.** Wie die Wurzel ist auch der Spross verzweigt. Von einem Haupttrieb, der *Sprossachse,* zweigen dünnere *Seitentriebe* ab. Sowohl der Spross als auch die Wurzel sind von Leitungsbahnen durchzogen, über die Wasser und darin gelöste Stoffe in der ganzen Pflanze verteilt werden. Diese Leitungsbahnen kannst du an den **Blättern** sogar sehen, denn dort bilden sie die *Blattadern*. Über die Blattadern gelangt Wasser in die Blätter, wo es zum Beispiel für die Bildung von Nährstoffen verwendet wird. Die Leitungsbahnen verteilen diese dann wiederum in der ganzen Pflanze.

Die **Blüten** dienen der Fortpflanzung der Pflanze. Oft sind sie auffällig gestaltet, enthalten süßen *Nektar* und Duftstoffe. So locken sie Insekten an, die bei der Fortpflanzung der Pflanze helfen. Aus den Blüten entwickeln sich dann *Samen* oder *Früchte*, aus denen später neue Pflanzen entstehen.

1. Fertige in deinem Heft einfache Skizzen von einem Kraut, einem Strauch und einem Baum an. Zeige dann (z. B. durch gleiche Farben), welche Teile der Pflanzen sich jeweils entsprechen.
2. Stelle Pflanzenorgane, ihren Bau und ihre Aufgabe übersichtlich in einer Tabelle zusammen.
3. Überlege dir einen Versuch, mit dem du zeigen kannst, dass die Pflanzen in ihrem Stängel Wasser nach oben zu den Blättern und Blüten leitet.
   Tipp: Verwende für deinen Versuch weiß blühende Pflanzen wie z. B. ein Fleißiges Lieschen.
4. Hier siehst du einen Versuchsaufbau, mit dem die Verdunstung von Wasser bei einer Pflanze nachgewiesen werden kann. Baue den Versuch nach und stelle den Aufbau an einen hellen Standplatz im Klassenzimmer. Beobachte den Versuch einige Tage und halte fest, was sich verändert hat. Erkläre deine Beobachtungen.

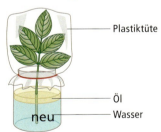

5. Die Wurzeln der Waldkiefern ragen pfahlartig tief in den Boden. Die Wurzeln der Fichte dagegen sind weit verzweigt, reichen aber nicht tief ins Erdreich.
   a) Welche Vor- und Nachteile hat dieses für die Pflanzen?
   b) Was wird mit Kiefern bzw. mit Fichten bei einem schweren Sturm geschehen? Begründe deine Antwort.

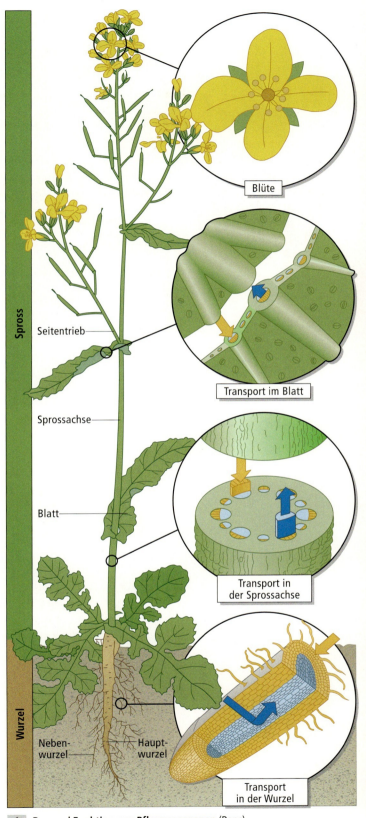

1 **Bau und Funktion von Pflanzenorganen** (Raps)

Aus dem Leben der Pflanzen

2 Wie kommt der Traubenzucker in die Rübe?

Rübenzucker wird aus Zuckerrüben gewonnen. Wo kommt der Zucker her und wie kommt er in die Rübe?

Die Quelle des Rübenzuckers ist eine Art „chemischer Fabrik" in den Blättern. Die Pflanze nutzt das Sonnenlicht, um aus Wasser und dem Gas Kohlenstoffdioxid Traubenzucker herzustellen. Dazu benötigt sie den grünen Blattfarbstoff *Chlorophyll*. Diesen Vorgang nennt man **Fotosynthese.** Das dazu benötigte Wasser nimmt die Pflanze mit der Wurzel auf und leitet es über die Leitungsbahnen zu den Blättern. Das benötigte Kohlenstoffdioxid nehmen die Blätter aus der Luft auf.

Der in den Blättern gebildete Traubenzucker wird in der Pflanze verteilt und dient allen Pflanzenteilen als Nährstoff. Häufig legen die Pflanzen aber auch einen Vorrat an, um in Zeiten zu überleben, in denen sie keine Fotosynthese betreiben können. Dazu wird der Traubenzucker in Speicherstoffe wie Rübenzucker, Stärke oder Fett umgewandelt. Die Reservestoffe werden z. B. in Rüben oder Kartoffeln, aber auch in Nüssen, Getreidekörnern und vielen anderen Samen und Früchten gespeichert.

Als „Nebenprodukt" der Fotosynthese entsteht Sauerstoff. Dieses für uns lebenswichtige Gas gibt die Pflanze tagsüber an die Luft ab. Anders als viele annehmen, können Pflanzen im Dunkeln aber keinen Sauerstoff herstellen, sondern verbrauchen dann sogar einen Teil des tagsüber hergestellten Sauerstoffes.

Wenn du atmest, nimmst du den von Pflanzen hergestellten Sauerstoff auf. Wenn du isst, nimmst du Nährstoffe auf, die von Pflanzen stammen. Denn auch das Fleisch eines Tieres stammt letztlich aus dem Verzehr von Pflanzen. Grüne Pflanzen bilden mit Hilfe von Sonnenlicht Nährstoffe. Sie stellen außerdem den für alle Tiere und den Menschen lebenswichtigen Sauerstoff her. Daher sind sie in doppelter Hinsicht die Grundlage des Lebens auf der Erde.

1 Eine 2200 g schwere Zuckerrübe enthält ca. 430 g Zucker.

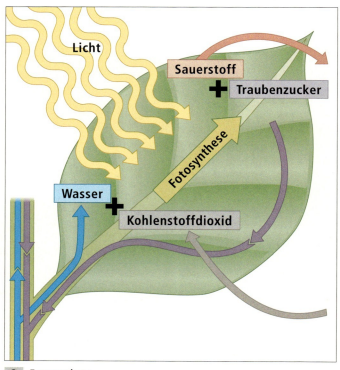

2 Fotosynthese

Aus dem Leben der Pflanzen

1. „Alle Lebewesen der Erde würden ohne das Licht der Sonne verhungern." Stimmt dies Aussage?
2. Beschreibe und erkläre den Vorgang der Fotosynthese anhand der Abbildungen und des Informationstextes.
3. Suche geeignete Pflanzenteile (z. B. einen Apfel und eine Kartoffel) und führe den Traubenzuckernachweis und den Stärkenachweis durch. Du findest beide im Kapitel „Ernährung und Verdauung" beschrieben. Beschreibe und erläutere das Ergebnis.
4. An sonnigen Tagen kann man auf flachen Stellen von Teichen oder Seen Wasserpflanzen sehen, die einen Saum aus „Luftblasen" aufweisen. Woraus bestehen diese Blasen wohl?
5. Um zu überprüfen, ob eine von euch gewählte Pflanze Stärke in den Blättern gespeichert hat, könnt ihr folgenden Versuch durchführen: Umwickelt ein Blatt der Pflanze an einer Stelle mit Alufolie. Stellt die Pflanze über Nacht dunkel. Belichtet das Blatt am nächsten Morgen mehrere Stunden lang. Geht dann weiter wie im folgenden Schema vor. Beschreibt das Blatt am Ende des Versuchs und erklärt das Versuchsergebnis.

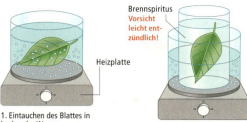

1. Eintauchen des Blattes in kochendes Wasser

2. Das Blatt wird in Brennspiritus gelegt. Dieser wird im Wasserbad erwärmt. Das Chlorophyll wird entzogen.

Brennspiritus
Vorsicht leicht entzündlich!

Heizplatte

3. Abspülen des entfärbten Blattes

4. Beträufeln des Blattes mit Iod-Kaliumiodid-Lösung. Das Blatt färbt sich blauviolett.

Oberflächenvergrößerung

EXKURS

Wie andere Lebewesen auch, brauchen Pflanzen Wasser. Sie holen es mit ihren Wurzeln aus der Erde. Es dringt durch die Oberfläche der Wurzeln ein und wird in Leitungsbahnen in die übrigen Teile der Pflanzen weiter transportiert.

Um genügend Wasser beschaffen zu können, brauchen die Wurzeln eine sehr große Oberfläche. Nur so kann genügend Wasser eindringen. Nun kann eine Pflanze ihre Wurzeln aber nicht beliebig lang wachsen lassen. Wie entsteht aber trotzdem eine ausreichend große Oberfläche? Betrachtet man die Wurzeln einer Pflanze, so sieht man, dass aus einer dicken Hauptwurzel dünnere Nebenwurzeln entspringen. Diese verzweigen sich weiter bis hin zu winzig kleinen Wurzelhärchen, die mit dem bloßen Auge nicht mehr wahrzunehmen sind. Durch diese immer feineren Aufteilungen entsteht eine riesige Oberfläche, die bei vielen Pflanzen größer ist als die ihrer oberirdischen Teile wie Stängel und Blätter. Man bezeichnet diese Erweiterung der Oberfläche durch Aufteilung als das **Prinzip der Oberflächenvergrößerung.**

1. Man kann sich das Prinzip der Oberflächenvergrößerung an einem Modell verdeutlichen. Zeichne dazu einen Quader von 12 x 9 x 9 cm (Länge x Breite x Höhe).
a) Berechne die gesamte Oberfläche des Quaders.
b) Wie viele Würfel von 3 cm Kantenlänge passen in diesen Quader?
c) Berechne die Oberfläche eines Würfels und dann die aller Würfel zusammen. Vergleiche die Gesamtoberfläche aller Würfel mit der des Quaders.

1 Wurzeln. **A** Wurzelsystem, **B** Wurzelhaare

Aus dem Leben der Pflanzen

1 **Kirschblüten.** A Kirschzweig, B Schema

3 Blüten dienen der Fortpflanzung

3.1 Blüten bestehen aus umgewandelten Blättern

Blüten verschiedener Pflanzen können sehr unterschiedlich aussehen. Dennoch gibt es bei ihnen manche Übereinstimmung.

Sehen wir uns einmal Kirschblüten genauer an. Hier fallen sofort die fünf weißen Blütenblätter auf. Man nennt sie auch **Kronblätter.** Sie locken Insekten an und schützen bei geschlossener Blüte die inneren Blütenteile.

Die Kronblätter werden dabei von den fünf grünen Kelchblättern umhüllt. Sie sitzen am Rande des kelchförmigen Blütenbodens und schützen ebenfalls das Innere der Blüte. Die Ähnlichkeit der **Kelchblätter** mit einem Laubblatt deutet auf ihre Herkunft hin: Kelchblätter sind umgewandelte Laubblätter. Dies trifft auch für die Kronblätter zu. Bei genauer Betrachtung kannst du sogar Blattadern erkennen.

Im Inneren der Blüte findest du ein „Büschel" von über 30 **Staubblättern.** Jedes Staubblatt besteht aus dem *Staubfaden* und dem *Staubbeutel.*

Der Staubbeutel enthält gelben Blütenstaub, den Pollen. Er wird in den vier *Pollensäcken* des Staubbeutels gebildet. Pollen besteht aus mikroskopisch kleinen *Pollenkörnern.* Aus ihnen entwickeln sich die männlichen Geschlechtszellen. Die Staubblätter sind die *männlichen Blütenorgane.* Auch die Staubblätter bestehen aus umgewandelten Laubblättern.

Aus den Staubblättern ragt in der Mitte das **Fruchtblatt** hervor. Es ist ebenfalls ein umgewandeltes Blatt. Deutlich erkennt man die klebrige *Narbe,* den *Griffel* und den verdickten *Fruchtknoten.* Er enthält die Samenanlage mit der Eizelle. Das Fruchtblatt, auch *Stempel* genannt, ist also das *weibliche Blütenorgan.*

Blüten, die wie bei der Kirsche sowohl männliche als auch weibliche Blütenorgane enthalten, nennt man **Zwitterblüten.**

Aus dem Leben der Pflanzen

Blüten

V 1 Längsschnitt einer Kirschblüte

Fertige von dem abgebildeten Längsschnitt einer Kirschblüte eine Zeichnung an. Kennzeichne die verschiedenen Teile der Blüte mit unterschiedlichen Farben. Orientiere dich an Abb. 1B.

V 2 Untersuchen von verschiedenen anderen Blüten

Apfel

Wiesenschaumkraut

Raps

Buschwindröschen

Untersuche die Blüten anderer Pflanzen. Beginne z. B. mit einer Apfelblüte. Notiere die gefundenen Blütenteile und vergleiche mit dem Legebild einer Kirschblüte. Beschreibe Ähnlichkeiten und Unterschiede.

V 3 Zergliedern einer Kirschblüte

Kirschblüte

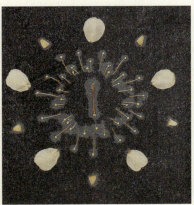
Legebild einer Kirschblüte

Blütendiagramm der Kirsche

Material: Kirschblüte; Lupe; Pinzette; ein Stück durchsichtige Klebefolie (ca. 10 cm x 10 cm); schwarzer Zeichenkarton

Durchführung: Betrachte zuerst den Bau der Kirschblüte mit der Lupe und suche die einzelnen Blütenteile. Lege dann die Klebefolie mit der Klebeseite nach oben auf den Tisch. Zupfe nun von der Blüte mit der Pinzette zuerst die Kronblätter, dann die Kelchblätter, die Staubblätter und zuletzt den Stempel ab. Lege die Blütenteile so auf die Klebefolie, wie du es in der mittleren Abbildung oben siehst. Drücke sie leicht an. Lege nun den Zeichenkarton darauf und drücke ihn an. Drehe das Ganze um. Du hast jetzt ein *Legebild* der Kirschblüte erstellt. Stellt man die Anordnung der Blütenteile vereinfacht dar, erhält man ein *Blütendiagramm*.

Aufgabe: Zähle die einzelnen Blütenteile und gib ihre Aufgaben an. Lege für deine Antwort eine Tabelle an.

1 Insektenbestäubung bei der Kirsche

3.2 Blüten werden bestäubt

Stehst du unter einem blühenden Kirschbaum, kannst du beobachten, wie Bienen von Blüte zu Blüte fliegen. Angelockt werden sie von dem Duft der Blüten. Er kommt von einem zuckerhaltigen Saft, dem *Nektar*. Dieser wird von den *Nektardrüsen* am Blütenboden gebildet und dient Bienen und vielen anderen Insekten als Nahrung. Sie saugen ihn mit ihrem Rüssel auf. Beobachten wir eine Biene beim Besuch einer Kirschblüte.

Bei *Kirschblüten* sind Staubbeutel und Stempel selten gleichzeitig reif. Landet die Biene in einer älteren Blüte mit reifen Staubblättern, so drückt sie diese beiseite, um an den Nektar zu gelangen. Aus den aufgeplatzten Staubbeuteln bleiben viele klebrige Pollenkörner in ihrem Haarpelz hängen. Die Biene fliegt zur nächsten Blüte. Ist dies eine junge Blüte, sind die Staubbeutel noch geschlossen. Der Stempel dagegen ist reif und hat eine klebrige Narbe. Bei der Nektarsuche bleiben einige Pollenkörner aus dem Haarpelz darauf haften. Die Übertragung von Pollenkörnern auf die Narbe nennt man **Bestäubung.** Erfolgt sie durch ein Insekt, spricht man von **Insektenbestäubung.** Bei der Kirsche gelangt bei der Bestäubung immer der Pollen einer anderen Blüte auf die Narbe. Dies nennt man **Fremdbestäubung.**

Ganz anders erfolgt die Bestäubung bei der *Salweide*. Die goldgelben „Kätzchen" sind *Blütenstände*, da sie aus vielen einzelnen Blüten bestehen. Untersuchst du die einzelnen Blüten genauer, entdeckst du nur Staubblätter. Immer zwei Staubblätter bilden zusammen mit einem Tragblatt und einer Nektardrüse die *männliche Blüte*. An einer gelb blühenden Weide findest du nie weibliche Blüten. Diese findet man an Weiden mit grau-grünen Kätzchen. Ein *weiblicher* Blütenstand setzt sich aus vielen *Stempelblüten* zusammen. Angelockt durch den Nektarduft der Blüten bestäuben Insekten die klebrigen Narben mit Pollenkörnern. Im Gegensatz zu den *Zwitterblüten* der Kirsche enthalten Weidenblüten nur weibliche oder nur männliche Blütenorgane. Sie sind *getrenntgeschlechtlich*. Außerdem hat eine Weide entweder nur Blüten mit weiblichen oder nur mit männlichen Blütenorganen. Weibliche und männliche Blüten „wohnen" sozusagen in „zwei Häusern". Solche Pflanzen heißen *zweihäusig*.

Auch die im zeitigen Frühjahr blühende *Hasel* hat getrenntgeschlechtliche Blüten. Männliche und weibliche Blüten wachsen jedoch an demselben Strauch – „in einem Haus". Die Hasel ist *einhäusig*. Die gelben Kätzchen sind die männlichen Blütenstände. Die weiblichen Blütenstände erkennt man an den roten, pinselartigen Narben. Sie sind unscheinbar und werden von Bienen nicht besucht. Bei warmem, trockenem Wetter fallen die Pollenkörner auf die Deckschuppe der darunter liegenden Blüte. Durch Wind werden sie fortgeweht und gelangen so zu den weiblichen Blüten. Eine solche Bestäubung nennt man **Windbestäubung.**

2 Insektenbestäubung bei der Salweide

3 Windbestäubung bei der Hasel. **A** Pollenblüte; ① Staubbeutel; ② Deckschuppe; **B** Bestäubung; **C** Stempelblüten; ③ Narbe; ④ Fruchtknoten

1. Beschreibe den Vorgang der Bestäubung einer Kirschblüte.
2. In welchem Jahr gibt es wohl die beste Kirschernte? Begründe.
   2000: Der Frühling ist warm, aber sehr regnerisch und windig.
   2001: Der Frühling ist warm. In der Zeit der Kirschblüte gibt es aber mehrere Nächte mit starkem Frost.
   2002: Der Frühling ist warm und der Wind nur schwach.
3. Vergleiche die Bestäubung bei der Salweide mit der Bestäubung bei der Hasel.
4. Die Hasel ist eine getrenntgeschlechtliche, einhäusige Pflanze. Erkläre diese Aussage.
5. Beim Haselstrauch entwickeln sich die Blüten bereits im Frühjahr. Die Laubblätter erscheinen erst später. Begründe, warum diese zeitliche Abfolge für die Pflanze sinnvoll ist.
6. Schlüsselblumen haben unterschiedlich gebaute Blüten. Manche Blüten haben kurze Griffel und Staubblätter, die oben in der Blüte sitzen. Andere haben lange Griffel und ihre Staubblätter sitzen tief unten in der Blüte. Durch diese Blüteneinrichtungen wird die Fremdbestäubung gesichert. Beschreibe die Fremdbestäubung bei der Schlüsselblume mithilfe der Abb. 4.

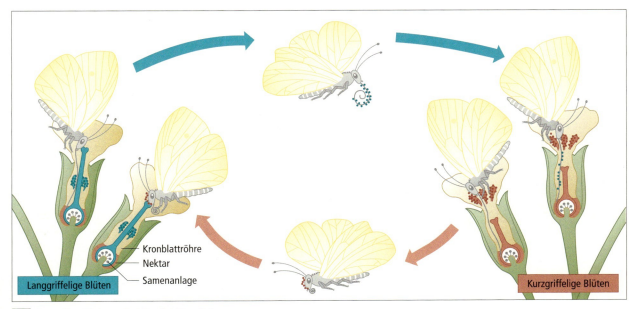

4 Fremdbestäubung bei der Schlüsselblume

Aus dem Leben der Pflanzen

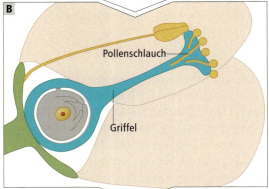
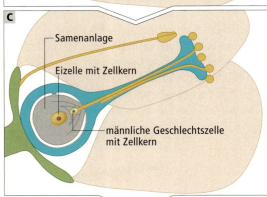
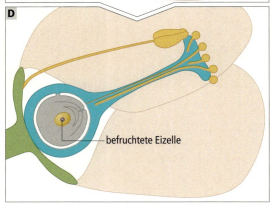

1 Ablauf der Befruchtung. **A** Bestäubung; **B** keimende Pollenkörner; **C** Pollenschlauch kurz vor der Befruchtung der Eizelle; **D** befruchtete Eizelle

3.3 Von der Bestäubung zur Befruchtung

Beim Besuch der Biene auf einer Kirschblüte sind einige Pollenkörner auf der klebrigen Narbe haften geblieben. Was geschieht damit nun?

Bis zu 50 Pollenkörner findet man auf der Narbe einer Kirschblüte. Schaut man sich die Fruchtblätter einer bestäubten Blüte im Längsschnitt zu unterschiedlichen Zeitpunkten an, kann man folgende Beobachtungen machen: Die Pollenkörner beginnen in der zuckerhaltigen Narbenflüssigkeit zu keimen. Aus jedem Pollenkorn wächst ein kleines, schlauchartiges Gebilde heraus. Man nennt es **Pollenschlauch.**

Die Pollenschläuche wachsen durch die Narbe in den Griffel hinein. Ein „Wettwachsen" beginnt. Ziel ist die *Eizelle* in der Samenanlage. Der Pollenschlauch, der am schnellsten wächst, dringt in die Samenanlage ein. Er öffnet sich und die *männliche Geschlechtszelle*, die sich am unteren Ende des Pollenschlauches befindet, wird frei. Jetzt erfolgt die **Befruchtung**: Die weibliche Eizelle und die männliche Geschlechtszelle verschmelzen miteinander. Beide Zellkerne vereinigen sich zu einem Zellkern.

Da die Befruchtung nun abgeschlossen ist, verschließt sich die Samenanlage. Keine weiteren Pollenschläuche können in die Eizelle eindringen. Nun beginnt die Entwicklung einer Kirsche, der Frucht des Kirschbaumes.

1. Erkläre am Beispiel der Kirschblüte den Unterschied zwischen Bestäubung und Befruchtung.
2. Nimm Stellung zu der Aussage: „Kirschblüten werden von Bienen befruchtet."
3. Welche Aufgaben erfüllen die Kelchblätter, Kronblätter, Staubblätter und der Stempel
   a) bei der Bestäubung?
   b) bei der Befruchtung?
4. Was zeigt die nebenstehende mikroskopische Aufnahme? Nimm Abbildung 1 zu Hilfe.

Aus dem Leben der Pflanzen

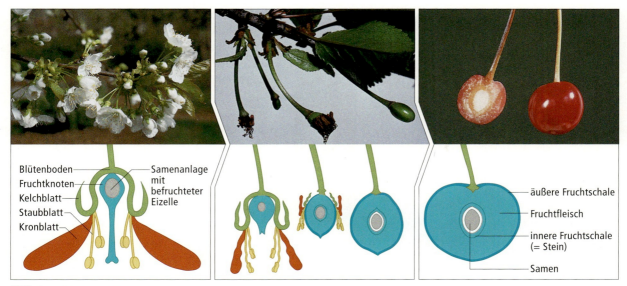

1 Eine Kirsche reift heran.

3.4 Nach der Befruchtung bilden sich Früchte und Samen

Nach der Befruchtung der Eizelle welken die Kronblätter und fallen ab. Auch der Griffel und die Narbe werden nicht mehr benötigt. Sie vertrocknen und fallen dann ab. Der Fruchtknoten dagegen schwillt an. Bald wird der kelchförmige Teil des Blütenbodens zu eng. Er zerreißt. Schließlich vertrocknet er und fällt ab. Aus der Wand des Fruchtknotens entwickelt sich die Fruchtwand. Sie besteht aus drei Schichten: Der glatten Außenhaut, dem saftigen, roten Fruchtfleisch und der steinharten Innenschale. Solche Fruchtformen nennt man **Steinfrüchte.** Im Inneren des Kirschsteins hat sich aus der Samenanlage mit der Eizelle der *Samen* gebildet.

1. Vergleiche Früchte von Kirsche und Heckenrose in Form einer Tabelle.

	Fruchttyp	Fruchtfleisch	Fruchtwand
Kirsche			
Hagebutte			

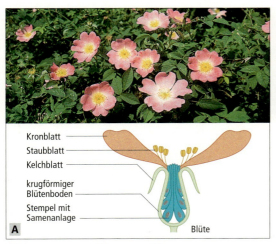
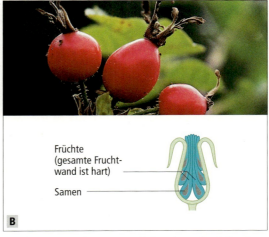

2 Heckenrose. **A** Blüten; **B** Früchte (Hagebutten). Die leuchtend roten Hagebutten entwickeln sich aus dem Blütenboden. Dieser umschließt die eigentlichen, winzig kleinen Früchte. Deren Fruchtwand ist insgesamt verhärtet. Solche Früchte nennt man Nüsse. Wegen ihres Aufbaus bezeichnet man die Hagebutte als Sammelnussfrucht.

1 **Feuerbohne.** Blüten und Früchte mit Samen

4 Entwicklung und Wachstum

Auch wenn du das vielleicht nicht erwartest: Der harte, trockene Samen einer Feuerbohne ist lebendig. Dies zeigt sich, wenn du eine Bohne näher untersuchst. Dazu legst du sie zunächst für einige Stunden in Wasser. Bald schon zeigen sich Veränderungen an der braunroten **Samenschale.** Zunächst faltet sich diese an mehreren Stellen. Wasser dringt in die Bohne ein. Sie wird größer und schwerer. Diesen Vorgang bezeichnet man als *Quellung.*

Schälst du die Samenschale ab, wird der **Embryo** sichtbar. Die beiden Bohnenhälften sind die *Keimblätter.* Klappst du sie auseinander, entdeckst du die *Keimwurzel* und Teile des *Keimsprosses.* An der Spitze des Keimstängels kannst du sogar die ersten Laubblätter als winzige, weiße Blättchen erkennen.

Ein Samen enthält also ein vollständiges, kleines Pflänzchen, den Embryo, der von einer Samenschale umgeben ist. Trocken können Samen für längere Zeit aufbewahrt werden. Während dieser Zeit zeigt der Embryo keine sichtbaren Veränderungen – er ruht.

Gibst du die Samen der Feuerbohne in feuchte Erde, nehmen sie Wasser auf, quellen und werden größer. Dadurch entsteht ein Druck, der das Erdreich lockert. Der Keimling kann beim Wachsen den Boden leichter durchdringen. Nach einigen Tagen platzt die Samenschale und die Keimwurzel wächst durch die *Keimpore.* Sie

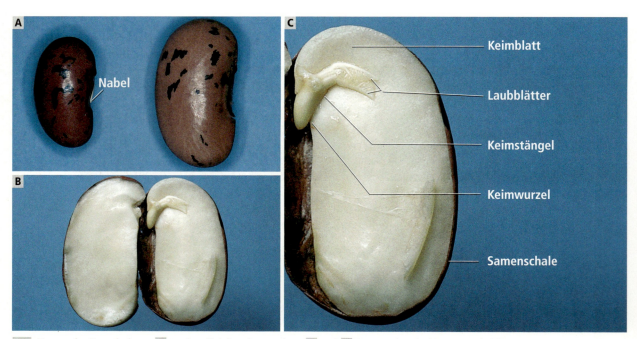

2 **Samen der Feuerbohne.** A trocken (links) und gequollen; B und C Samen mit aufgeklappten Keimblättern

Aus dem Leben der Pflanzen

3 Keimung der Feuerbohne. Samen der Feuerbohne werden in feuchter Erde zum Keimen gebracht. Nach einigen Tagen platzt die Samenschale und die Keimwurzel wächst durch die Keimpore. Anschließend werden die Keimlinge vorsichtig aus der Erde genommen. Mit wasserunlöslicher Tusche werden im Abstand von 1 mm Markierungsstriche angebracht. Anschließend werden die Keimlinge wieder in der ursprünglichen Lage eingepflanzt. Nach vier Tagen wird kontrolliert.

dringt senkrecht in die Erde ein. Dabei streckt sie sich in die Länge. Dieses *Streckungswachstum* findet an der Wurzelspitze statt. Bald wachsen Seitenwurzeln schräg nach unten.

Auch der hakig gebogene Keimstängel verlängert sich. Er durchbricht mit den Laubblättern die Erde. Über der Erde richtet er sich auf. Im Licht werden Stängel und Laubblätter grün. Gleichzeitig schrumpfen die Keimblätter und vertrocknen. Anders als zum Beispiel bei der Gemüsebohne bleiben die Keimblätter dabei die ganze Zeit im Boden.

Die Entwicklung von der Quellung der Samen bis zur Entfaltung der ersten Laubblätter nennt man **Keimung.** Die Pflanzen heißen jetzt *Keimpflanzen*.

Keimung von Orchideen

Die Blüten tropischer Orchideen sind oft außergewöhnlich geformt und prachtvoll gefärbt. Aufgrund dieses Formen- und Farbenreichtums sind Menschen bereit, Geld für Orchideen auszugeben. Dies lässt das Züchten von Orchideen interessant werden. Doch eine Besonderheit der Orchideensamen macht die Zucht schwierig. Die Samen sind sehr klein und leicht. Ihnen fehlt das Nährgewebe um die eigentliche Keimzelle, wie es z. B. bei Bohnensamen reichlich vorhanden ist. Eigentlich müssten sie bei der Keimung „verhungern". In der Natur helfen ihnen spezielle Pilze, denen die keimenden Orchideen die notwendigen Nährstoffe entnehmen. So wird die Keimung der Orchideensamen möglich. Zur Zucht gibt man die Samen deshalb auf künstliche Nährböden, die alle notwendigen Stoffe enthalten.

Auch einheimische Orchideen wachsen nur zusammen mit einem Pilz als Partner. Manche Menschen versuchen, die geschützten Orchideen auszugraben und in ihren Garten zu verpflanzen. Dies ist nicht nur verboten, sondern es führt auch dazu, dass die Orchideen zugrunde gehen, weil ihnen der Pilzpartner fehlt.

1. a) Beschreibe den Aufbau des Samens einer Feuerbohne.
   b) In der Einbuchtung der Bohne ist ein heller Fleck zu sehen, den man als Nabel bezeichnet. Um welche Stelle handelt es sich dabei? Suche ggfs. im Internet.
2. a) Beschreibe den Keimvorgang bei einer Feuerbohne mithilfe der Abbildung 3 auf der vorherigen Seite.
   b) Beschreibe die in Abb.2 markierten Wachstumszonen vom Keimwurzel und Keimstängel. Vergleiche.
3. Worin unterscheidet sich die Keimung der Gemüsebohne von derjenigen der Feuerbohne? Suche in diesem Kapitel nach Texten und Abbildungen, die dir helfen können.
4. Gib auf die Keimwurzel (A), die Keimblätter (B), und die Laubblätter (C) eines Embryos der Feuerbohne jeweils ein Tropfen Iodlösung.
   a) Beschreibe das Ergebnis.
   b) Erläutere das Ergebnis.
   Hinweis: Iodlösung färbt Stärke blau.
5. Was brauchen Samen, um keimen zu können? In der Abb. 4 siehst du die Ergebnisse von Versuchen, in denen überprüft wurde, welche der Bedingungen Erde, Wasser, Luft, Licht und Wärme für die Samenkeimung notwendig sind.
   a) Überlege, wie die einzelnen Versuche wohl aufgebaut wurden. Beschreibe.
   b) Beschreibe die Ergebnisse genau.
   c) Nenne die notwendigen Bedingungen für die Samenkeimung.

4 Keimungsversuche

Keimung und Wachstum

V1 Quellung von Samen

Material: Samen der Feuerbohne; zwei Bechergläser; Wasser; Küchenpapier; Waage; Lineal

Durchführung:
a) Miss die Länge eines Bohnensamens. Lege ihn ins Wasser. Miss am nächsten Tag seine Länge.
b) Wiege 100 Gramm trockene Bohnen ab und gib sie zusammen mit reichlich Wasser in ein Becherglas. Trockne die Bohnen nach 24 Stunden gut ab und wiege erneut.

Aufgabe: Deute jeweils deine Messungen.

V2 „Sprengung" mit Bohnen

Material: Samen der Feuerbohne; Plastikbecher; Schüssel; Gips; Wasser

Durchführung: Fülle einen leeren Plastikbecher etwa 2 cm hoch mit Gipsbrei. Gib einige Bohnensamen hinein. Bedecke anschließend die Bohnensamen vollständig mit Gipsbrei. Lasse den Gipsblock aushärten und lege ihn anschließend in eine wassergefüllte Schüssel.

Aufgabe: Beschreibe deine Beobachtungen. Welchen Vorteil haben Pflanzen durch die beobachtete Fähigkeit?

V3 Untersuchung von Pflanzenembryos

Material: Gequollene Samen der Feuerbohne; Küchenmesser; Nadel; Pinzette; Zeichenpapier; Bleistift; Lupe

Durchführung: Entferne mit dem Küchenmesser die Samenschale von einer gequollenen Feuerbohne. Klappe die Hälften auseinander.

Aufgabe: Zeichne die aufgeklappten Hälften. Beschrifte deine Zeichnung. Vergleiche mit Abbildung 2 auf Seite 32.

V4 Messen des Keimungswachstums

Material: Gequollene Samen der Gemüsebohne (z. B. Buschbohnen aus der Samenhandlung); Glasgefäß; Lineal; Blumenerde

Durchführung: Fülle das Glasgefäß mit Blumenerde. Drücke den gequollenen Samen am Rand des Glases etwa 4 cm tief in die Erde, so dass du ihn von außen sehen kannst. Stelle das Gefäß hell und warm auf. Halte die Erde feucht. Miss 14 Tage lang täglich die Längen von Keimwurzel und Keimstängel. Notiere.

Aufgaben:
a) Fertige mit den Werten deiner Beobachtungen ein Säulendiagramm an. Vergleiche das Wachstum von Keimwurzel und Keimstängel.
b) Worin unterscheidet sich die Keimung von Gemüsebohne und Feuerbohne? Nimm Abbildung 3 auf Seite 33 und die Abbildungen auf dieser Seite zu Hilfe.

V5 Bedeutung der Keimblätter

Material: Gequollene Samen der Gemüsebohne; Blumentöpfe; Blumenerde

Durchführung: Fülle drei Blumentöpfe mit Blumenerde. Stecke in jeden Blumentopf einen gequollenen Samen einer Gemüsebohne etwa drei Zentimeter tief in die Erde. Entnimm die Samen kurz nach Durchbruch des Keimsprosses aus der Erde. Entferne bei einer Bohne beide Keimblätter, bei einer zweiten Bohne ein Keimblatt. Lass die dritte Bohne unverändert. Gib die Bohnen zurück in die Erde.

Aufgabe: Notiere nach zwei weiteren Wochen deine Beobachtungen. Begründe das unterschiedliche Wachstum der Gemüsebohnen.

Wachstum von Gemüsebohnen.
A ohne Keimblätter; **B** mit einem Keimblatt; **C** mit zwei Keimblättern

Wachstum von Pflanzen

V1 Wir messen das Wachstum

Material: Blumentopf; Blumenerde; Samen der Gartenbohne; Metermaß; Zeichenmaterial

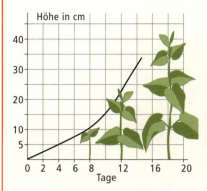

Durchführung: Bringe Samen der Gartenbohne zur Keimung. Setze die Keimlinge in einen Topf mit Blumenerde. Miss über einen Zeitraum von 3 Wochen die Größenzunahme der Keimpflanzen.

Aufgaben:
a) Zeichne auf kariertes Papier eine senkrechte und eine waagerechte Achse.
b) Trage auf der waagerechten Achse die Zahl der Tage ein und auf der senkrechten Achse die Länge der Pflanzen in Zentimetern.
c) Zeichne aus deinen Messwerten eine Wachstumskurve. Erkläre.

V2 Wachstum und Licht

Material: 2 Töpfe mit Keimpflanzen der Gartenbohne; 2 Pappschachteln; Schere

Durchführung: Ziehe in zwei Blumentöpfen einige Keimlinge heran.
a) Stülpe jeweils eine Pappschachtel über beide Blumentöpfe.
b) Schneide in eine dieser Pappschachteln seitlich ein Loch. Das durch diese Öffnung einfallende Licht sollte die Spitze der Keimpflanzen treffen.

Aufgabe: Beschreibe nach 14 Tagen das Aussehen der Keimlinge. Erkläre.

V3 „Schräges" Wachstum

Material: Blumentopf mit Keimpflanzen der Gartenbohne; Nylonstrumpf

Durchführung: Lege einen Blumentopf mit Keimlingen waagerecht hin. Mit Hilfe eines alten Nylonstrumpfs kannst du verhindern, dass Erde aus dem Topf herausfällt. Bei beginnendem Wachstum schneide ein Loch in den Strumpf. Gieße regelmäßig. Lege nach jedem Gießen den Topf wieder in die gleiche Position.

Aufgabe: Beschreibe nach 14 Tagen das Aussehen der Keimlinge. Erkläre.

V4 Wasserverdunstung beim Flieder

Material: 2 beblätterte Fliederzweige; 3 gleich große Marmeladengläser; 3 gleich große Plastiktüten (z. B. Gefrierbeutel); 3 Gummiringe; wasserfester Filzschreiber; Öl; Wasser

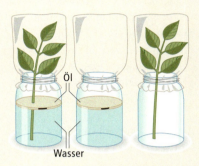

Durchführung: Fülle zwei Marmeladengläser gleich hoch mit Wasser. Markiere mit einem Filzstift die Füllhöhe. Gib in ein Glas einen Fliederzweig. Gieße etwas Salatöl in jedes Glasgefäß, sodass eine Ölschicht auf dem Wasser entsteht. Sie verhindert, dass Wasser aus den Gläsern verdunstet. Stelle den anderen Fliederzweig ohne Wasser in das dritte Gefäß. Stülpe nun über die drei Gläser jeweils eine Plastiktüte. Befestige sie am oberen Rand der Gefäße mit einem Gummiring. Stelle die Gefäße an einen hellen Ort.

Aufgaben:
a) Markiere den Wasserstand nach drei Tagen. Beschreibe das Aussehen der Pflanzen und die Veränderungen in den Plastikbeuteln.
b) Erkläre.

Besonderheiten im Wachstum der Pflanzen

Schnell wachsende Pflanzen

Der in tropischen Ländern heimische **Bambus** gehört mit zu den am schnellsten wachsenden Pflanzen. Das Gras kann pro Tag 50 cm und mehr wachsen und 25 bis 30 Meter hoch werden. Die hohlen Stängel sind von unten nach oben fast gleich dick und durch Querwände besonders stabil.
Bambus ist vielseitig verwendbar und dient den Einheimischen vor allem zum Haus- und Brückenbau, für Boote und Flöße sowie für Gegenstände des täglichen Lebens wie Möbel, Ess- und Trinkgefäße.

Die größten Blüten

Die größten bekannten Blüten bildet die **Rafflesia,** die in den tropischen Gebieten von Südost-Asien vorkommt. Die faulig riechende braunrote Blüte kann einen Durchmesser von bis zu einem Meter erreichen und bis zu 11 kg schwer werden.
Die Blütenblätter haben eine Dicke von bis zu 1,5 cm. Die Blüte ist der einzig sichtbare Teil der Pflanze. Sie ist ein Schmarotzer, auch Parasit genannt, die auf den Wurzeln von Weingewächsen lebt und von diesen die Nährstoffe zum Wachstum bezieht.

Die größten Blätter

Die größten Blätter besitzt die in den tropischen Gebieten Südamerikas vorkommende Seerose **Victoria.**
Die Schwimmblätter erreichen einen Durchmesser von 2 bis zu 4 Metern. Mit ihrem nach oben umgeschlagenen Blattrand gleichen sie riesigen Pfannen. Sie können sogar ein Kind tragen.
Die Blattnerven sind lufthaltig und halten ähnlich wie bei einem Schlauchboot das Blatt auf der Wasseroberfläche. Zusätzliche Stabilität verleihen die vielfach miteinander verstrebten Blattnerven.

Die größten und ältesten Bäume

Mammutbäume in den USA gehören zu den ältesten und mächtigsten Bäumen der Erde. Einzelne Exemplare erreichen eine Höhe von 135 Metern, andere einen Stammumfang von 35 Metern. Um einen solchen Stamm umfassen zu können, sind etwa 23 Erwachsene mit ausgestreckten Armen erforderlich. Manche Stämme erreichen einen Durchmesser von 11 Metern. Der älteste lebende Mammutbaum wird auf rund 4000 Jahre geschätzt.
Nur unter günstigen Bedingungen wie Feuchtigkeit, mineralstoffreichen und gut durchlüfteten Böden werden die Bäume so groß und alt.

Aus dem Leben der Pflanzen

1 Vermehrung durch Ausläufer. **A** Erdbeere; **B** Grünlilie

5 Ungeschlechtliche Vermehrung bei Pflanzen

Vielleicht hast du im Garten oder auf einem Erdbeerfeld schon einmal gesehen, dass im näheren Umkreis einer älteren Erdbeerpflanze kleine, junge Erdbeerpflanzen wachsen. Sie sind noch mit der Mutterpflanze verbunden. Wie haben sie sich entwickelt?

Blütenpflanzen können sich auf zwei Arten vermehren. Meistens entwickeln sie sich aus Samen. Diese entstehen nach der Befruchtung durch eine männliche Geschlechtszelle aus der Eizelle. Eine solche Vermehrung bezeichnet man als *geschlechtliche Fortpflanzung*. Einige Blütenpflanzen können sich jedoch auch ohne Samenbildung vermehren. Diese **ungeschlechtliche Vermehrung** erfolgt auf unterschiedliche Weise.

Bei der Erdbeerpflanze bilden sich im Sommer aus der Blattrosette der Mutterpflanze Seitensprosse, auch **Ausläufer** genannt. Sie wachsen oberirdisch und in gewissen Abständen entstehen Knospen. Aus diesen entwickeln sich Wurzeln und Blätter. Eine neue Tochterpflanze entsteht. Sie wird von der Mutterpflanze versorgt. Sobald sich die *Tochterpflanze* selbst ernährt, vertrocknet der Ausläufer.

Auch bei der Grünlilie, einer Zimmerpflanze, wachsen an den Enden von Ausläufern Jungpflanzen heran. Trennt man sie von der Mutterpflanze und stellt sie in ein Glas mit Wasser, bekommen sie Wurzeln. Jetzt kann man sie in einen Topf mit Blumenerde setzen.

Das Brutblatt bildet an seinen Blatträndern kleine Tochterpflanzen. Haben die Tochterpflanzen eine bestimmte Größe erreicht, fallen die **Ableger** ab und wachsen am Boden weiter.

Gärtner vermehren Zimmerpflanzen auch mithilfe von **Stecklingen.** Stellt man z. B. einen Weidenzweig in eine Vase mit Wasser oder steckt ihn in feuchte Erde, so bildet der Zweig nach kurzer Zeit Wurzeln. Auf diese Weise kann man auch aus jungen Seitentrieben von Geranien, Fuchsien und Begonien neue Jungpflanzen ziehen.

Bei Begonien und bei Usambaraveilchen ist eine Vermehrung auch über *Blattstecklinge* möglich. Blätter werden dazu von voll entwickelten Pflanzen abgeschnitten und vorsichtig in feuchte Erde gedrückt. Sie bilden dann sehr schnell Wurzeln und neue Pflanzen entwickeln sich.

1. Vergleiche die geschlechtliche und ungeschlechtliche Vermehrung in einer Tabelle und nenne jeweils zwei Beispiele.
2. Finde mithilfe dieses Buches heraus, auf welchem Wege sich Tulpen, Schneeglöckchen und Kartoffeln ungeschlechtlich vermehren.
3. Viele Pflanzen, z. B. Grünlilien, können über Ableger vermehrt werden. Aus solchen Ablegern kannst du leicht eigene Pflanzen heranziehen.
   a) Nimm dazu einen Ableger der Grünlilie (oder einer anderen Pflanze mit Ablegern) und stelle ihn für einige Tage in ein mit Wasser gefülltes Glas. Wenn du die Bildung von Wurzeln beobachten kannst, kannst du ihn in einen mit Erde gefüllten Blumentopf einpflanzen.
   Stelle den Topf auf einen Untersetzer und gieße regelmäßig.

   b) Stelle eine Liste mit den Lebensbedürfnissen einer Pflanze zusammen (z. B. Begonie, Veilchen, Ficus benjamini).
   Erkundige dich anhand der Liste in einer Gärtnerei oder im Internet nach den Bedürfnissen der von dir gewählten Pflanze. Pflege sie entsprechend.
   c) Beobachte die Pflanze über einen längeren Zeitraum (Wachstum, Wachstumsrichtung, Blattentwicklung …). Fertige eine Wachstumskurve an (siehe Praktikum „Wachstum von Pflanzen").
4. a) Fülle einen Blumentopf mit feuchter Erde. Lass oben etwa 2 cm frei. Schneide mit einem scharfen Messer einen jungen Seitenspross von einer Geranie oder Fuchsie ab. Stecke ihn in die Erde und drücke vorsichtig fest. Stülpe ein Einmachglas oder eine durchsichtige Plastiktüte über den Topf. Schaue nach einigen Tagen vorsichtig nach, ob die Sprosse Wurzeln gebildet haben. Entferne dann die Plastiktüte.

   b) Welche Art der ungeschlechtlichen Vermehrung hast du hier durchgeführt?
   c) Betrachte nach einem Tag die Plastiktüte. Wozu dient sie?
5. a) Stecke Blätter einer Begonie oder eines Usambaraveilchens in jeweils einen mit feuchter Erde gefüllten Blumentopf.
   Decke sie mit einem Einmachglas oder einer durchsichtigen Plastiktüte ab. Entferne nach einigen Tagen die Plastiktüte.
   b) Beobachte die Töpfe über einen längeren Zeitraum. Protokolliere deine Beobachtungen.
   c) Welche Art der ungeschlechtlichen Vermehrung hast du hier durchgeführt?

2 Brutblatt mit Ablegern

3 **Usambaraveilchen** (Blattstecklinge)

Aus dem Leben der Pflanzen

1 Löwenzahn. **A** Pflanze mit Blüten- und Fruchtstand; **B** junger Löwenzahn in einer Pflasterritze

6 Verbreitung von Samen und Früchten

Löwenzahnpflanzen findest du fast überall. Selbst in Pflasterritzen oder sogar in Dachrinnen wachsen sie. Wie kommen sie dorthin? Sicherlich hast auch du schon einmal eine „Pusteblume" gepflückt und auf die „Blume" gepustet. Viele kleine, fallschirmartige Gebilde fliegen dann durch die Luft. Sie schweben zu Boden oder werden vom Wind fortgetragen. Die „Pusteblume" bildet den **Fruchtstand** des Löwenzahns. An jedem „Fallschirm" hängt eine Nussfrucht mit einem Samen. Mit dem Wind kann sie bis zu 10 km weit fliegen. Sie ist eine **Flugfrucht.** Landet der *Schirmflieger*, wird die Frucht mit ihren Widerhaken verankert.

Auch viele Bäume nutzen den Wind zur Verbreitung ihre Früchte. Die Früchte der Erle und Birke besitzen dünne Flughäute. Diese wirken wie Gleitflügel. Bei der Ulme sitzen die Samen in der Mitte dieser Flügel. Während des Fluges drehen sie sich um die eigene Achse und verringern auf diese Weise die Fallgeschwindigkeit. Bei der Ahornfrucht befindet sich der Samen am Ende des Flügels. Fällt sie vom Baum, dreht sie sich schraubenförmig wie ein Propeller. So wird die Flugzeit verlängert und die Früchte können weit verbreitet werden. Auch

2 Flugfrüchte verschiedener Baumarten

3 Streufrucht des Klatschmohns

Aus dem Leben der Pflanzen

die Früchte von Hainbuche und Esche gehören zu diesen *Schraubenfliegern*.
Bei der Samenverbreitung des Mohns spielt der Wind ebenfalls eine wichtige Rolle. Am Ende eines langen Stiels schwankt die Mohnkapsel im Wind hin und her. Ist der Samen reif, bilden sich am oberen Rand der Kapsel kleine Löcher. Wie bei einer Streudose werden die leichten Samen beim Hin- und Herschwanken der Kapsel durch diese Poren mehrere Meter weit herausgeschleudert und vom Wind weitergetragen. Solche Früchte nennt man **Streufrüchte.**

Viele Früchte und Samen werden auch von Tieren verbreitet. An den Früchten der Klette findet man Hakenhaare, mit denen sie sich im Gefieder oder im Fell von Tieren verankern. Die **Klettfrüchte** werden als „blinde Passagiere" mitgeschleppt, bis sie irgendwo wieder abgestreift werden.

Die nahrhaften Anhängsel der Samen von Schneeglöckchen und Veilchen werden von Ameisen gefressen. Man nennt sie deshalb **Ameisenfrüchte.** Dabei sorgen die Ameisen für die Verbreitung der Samen, da sie beim Transport einige Samen verlieren.

Die Früchte von Eberesche, Holunder und der giftigen Tollkirsche heißen **Lockfrüchte.** Vögel werden durch sie angelockt, verzehren die Früchte und scheiden die unverdaulichen Samen mit dem Kot wieder aus.

1. Wie kommt der Löwenzahn auf das Dach? Schreibe eine Geschichte.
2. Mit einem Modell kannst du ausprobieren, wie Schirmflieger (z. B. die Früchte des Löwenzahns) funktionieren.
Du brauchst dazu: eine Stoppuhr, 5–6 Daunenfedern, Styroporchips, (z. B. aus Füllmaterial in Paketen), dünnen Blumendraht, Kneifzange, Schere, Klebstoff

Nimm einen Styroporchip als „Samen". Durchsteche den Chip vorsichtig mit einem etwa 7 cm langen Stück Draht, den du am unteren Ende zu einem Haken biegst. Klebe die Daunenfedern zusammen und befestige sie an einem Ende des Drahtes.
Lass die „Samen" nun einmal mit und einmal ohne Schirm aus einer festgelegten Höhe (z. B. Tafeloberkante, Tischkante, Treppengeländer) fallen. Miss mit der Stoppuhr die Fallzeit. Vergleiche die gemessenen Zeiten und erläutere das Ergebnis.
3. Nenne Lockfrüchte, die gern von Vögeln gefressen werden.
4. Früchte und Samen werden auch durch den Menschen verbreitet. Nenne Beispiele.

4 Fruchtstand der Klette

5 Veilchenfrucht (geöffnet mit Samen)

6 Fruchtstand der Eberesche

1 Obst und Gemüse auf einem Wochenmarkt

7 Mensch und Pflanze

7.1 Der Mensch nutzt verschiedene Pflanzenteile

Besuchst du einen Wochenmarkt, siehst du ein reichhaltiges Angebot an inländischem und ausländischem Obst und frischem Gemüse. Wir Menschen nutzen von den 400 000 bekannten Pflanzenarten etwa 20 000 Arten zur Ernährung, als Heilpflanze, als Kleidung oder als Baustoff. Aber welche Teile der Pflanzen werden tatsächlich genutzt?

Äpfel, Pflaumen, Himbeeren, Apfelsinen und Melonen sind **Früchte**. Sie wachsen meist auf Bäumen oder an Sträuchern. Aber auch krautige Pflanzen wie die Erdbeeren liefern Früchte. Von manchen Früchten nutzen wir nur die **Samen**. Hierzu gehören z. B. Erbsen, Linsen, Getreide- und Sesamkörner, Leinsamen, Mohn, Haselnuss- und Sonnenblumenkerne.

Bei den Gemüsepflanzen verwenden wir ganz unterschiedliche Pflanzenteile. Tomaten, Gurken und Zucchini sind Früchte. Vom Salat, Spinat und Grünkohl essen wir nur die **Blätter**, vom Rosenkohl und Kapernstrauch die **Blattknospen**. Die Blätter von Bohnenkraut und Basilikum dienen uns zum Würzen von Speisen. Bei Schwarzwurzeln, Möhren und Rettich nutzen wir die verdickten **Wurzeln**.

Wenn wir Spargel ernten, essen wir die im Boden wachsende **Sprossachse** der Spargelpflanze. Bei Kohlrabi und Radieschen sind es verdickte Teile der Sprossachse, die wir genießen. Auch die Stämme der Bäume sind Sprossachsen. Sie liefern uns Holz, das wir vielseitig als Baustoff, Möbelholz und zur Papierherstellung verwenden.

Auch **Blüten** werden vielfältig genutzt. Sie dienen nicht nur zur Dekoration, sondern z. B. bei der Kamille im Teeaufguss als *Heilpflanze*. Aus Blüten verschiedener Pflanzen gewinnt man Öle, die zur Herstellung von Duftwässern und Parfümen verwendet werden. Duftkissen enthalten getrocknete Blütenblätter von Lavendel oder Rosen.

1. Erstelle eine Tabelle mit folgenden Spalten: Früchte, Samen, Blätter, Sprossachse, Wurzel. Ordne dann Pflanzen, die du auf dem Wochenmarkt oder im Supermarkt findest, ein.
2. Entscheide: Welche Pflanzenteile nutzen wir bei Weißkohl, Feige, Bohne, Petersilie, Gemüsezwiebel, Rhabarber, Kürbis, Eiche?
3. Holz ist ein vielfältig genutztes Pflanzenprodukt.
   a) Nenne Möglichkeiten, wie man Holz verwendet.
   b) Erstelle zum Thema ein Plakat.
4. Schreibe einige Gewürze aus eurer Küche auf. Wenn möglich, schreibe auch auf, um welche Pflanzenteile es sich handelt.

Nutzpflanzen aus fremden Ländern

Baumwolle – eine Fasern liefernde Pflanze

Frucht der Baumwollpflanze

Die Baumwollpflanze wächst in allen feuchtwarmen Gebieten der Erde. Wenn deren Früchte reif sind, platzen sie auf. An den Samen sitzen lange Haare, die sich beim Öffnen der Kapsel zu einem dicken Flausch auflockern. Sie liefern wertvolle Fasern. Aus ihnen wird Garn gesponnen, aus dem man Unterwäsche, Jeanshosen, Jacken und andere Textilien herstellt. Aus Baumwolle werden aber auch Watte, Hygiene-Artikel, Verbände, Kunstseide und Geldscheine hergestellt.

Ingwer – eine Gewürzpflanze

Ingwer

Das scharf-aromatische Ingwergewürz gewinnt man aus dem knollig verdickten Erdstängel, der fälschlicherweise als Wurzel bezeichnet wird. In frischer oder getrockneter Form ist Ingwer ein wichtiger Bestandteil der chinesischen und indischen Küche. Man kennt ihn als einen Bestandteil des Curry-Gewürzes. Ingwer gibt es auch als kandierten Ingwer, z. B. in Form von Ingwerstäbchen oder in Ingwer-Limonade („Ginger Ale"). Ingwerpflanzen werden in den Tropen angebaut.

Die Kokospalme – eine vielseitige Nutzpflanze

Kokosfrüchte

Kokospalmen wachsen in allen Ländern der Tropen. Sie bilden jährlich bis zu 15 Fruchtstände mit jeweils 10 bis 15 Steinfrüchten, die fälschlicherweise Nüsse genannt werden. Jede einzelne Frucht kann bis zu 2,5 kg schwer werden. Der Samen enthält ein weißes Nährgewebe mit bis zu 70 % Fettanteil. Getrocknet kommt es als Kopra in den Welthandel. Man gewinnt daraus Kokosöl, Kokosfett und Kokosraspel. Kopra ist ein wichtiger Rohstoff für die Lebensmittel-, Waschmittel- und Kerzenindustrie. Die Einheimischen schätzen das zuckerhaltige Wasser – die Kokosmilch – als erfrischendes Getränk. Aus den Fasern der Früchte wird Garn gesponnen, das zu Seilen, Matten, Netzen, Taschen und Kleidungsstücken verarbeitet wird. Blätter und Stamm dienen als Baumaterial. Aus dem Palmsaft, der aus angeschnittenen Blütenständen tropft, stellt man Palmwein, Essig, Sirup und Zucker her.

Der Teestrauch – eine Genussmittelpflanze

Teestrauch

Die immergrüne Teepflanze wird vor allem in den Gebirgsregionen der Tropen und Subtropen angebaut. Sie ist ursprünglich ein bis zu sechs Meter hoher Baum, der zur Erleichterung der Ernte auf Strauchgröße gezüchtet wurde. Die Teeflücker ernten jedes Jahr mehrmals von den jungen Trieben jeweils eine Knospe und zwei Blätter. Das Pflückgut wird zum Welken gebracht, zerrissen und zur Gärung geführt. Durch dieses Verfahren, das man *Fermentation* nennt, bilden sich Aroma und Farbe. Grüner Tee entsteht dadurch, dass man durch Abtöten der Zellen mit heißem Dampf eine Gärung verhindert.
Tee enthält das anregende Coffein, Theobromin und bittere Gerbstoffe. Der Teestrauch ist eine Genussmittelpflanze.

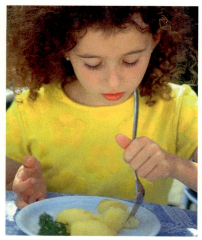

1 Guten Appetit!

2 Kartoffel. **A** frische Knolle; **B** austreibende Knolle

7.2 Die Kartoffel, eine wichtige Nutzpflanze

Kartoffeln hast du sicher schon häufig gegessen. Aber hast du dir die unterirdisch nachwachsende Knolle schon einmal näher angesehen? Kartoffeln weisen Vertiefungen auf, die „Augen". Darin liegen Knospen, aus denen sich weißliche, lang gestreckte Triebe entwickeln.

Das „Augenlid" wird von der Narbe eines Blattes gebildet. Wenn man sich die Triebe näher anschaut, erkennt man kleine Blättchen und Knospen. Die Kartoffel ist also ein Teil der **Sprossachse.** Man spricht deshalb von einer *Sprossknolle*.

Legt man eine Kartoffel in die Erde, so wachsen aus den „Augen" neue Triebe. Kartoffeln keimen nicht, sie treiben aus. Einige Triebe durchbrechen die Erdoberfläche und ergrünen. Daraus entwickeln sich Stängel und Blätter. Die unterirdischen Teile dagegen bleiben weiß. Man nennt sie *Ausläufer*. Wenn vom Frühjahr an in den grünen Laubblättern der Kartoffelpflanze mithilfe des Sonnenlichtes Traubenzucker gebildet wird, gelangt ein Teil davon in die Enden der Ausläufer und wird dort in Stärke umgewandelt. Die Enden verdicken sich dabei und werden zu Kartoffeln.

Je nach Verwendungszweck werden unterschiedliche **Sorten** angebaut. Einige bilden runde, vorwiegend festkochende Kartoffeln, die sich besonders für Salz- und Pellkartoffeln eignen. Längliche, festkochende Sorten werden lieber für Kartoffelsalat genommen, während mehlig garende Kartoffeln typisch für Pommes frites sind. Neben Speisekartoffeln gibt es Futterkartoffeln für Haustiere und Industriekartoffeln zur Gewinnung von Kartoffelmehl, Alkohol und Klebstoffen. Die Kartoffel ist deshalb eine wichtige Nutzpflanze.

3 Kartoffelpflanze

Aus dem Leben der Pflanzen

1. Erkläre den Unterschied zwischen der Keimung eines Kartoffelsamens und dem Austreiben einer Kartoffelknolle.
2. Untersuche eine Kartoffelknolle mit der Lupe. Zeichne und erkläre, was du gesehen hast.
3. a) Führt auf dem Wochenmarkt ein Interview mit Verkäufern von Kartoffeln. Lasst euch die Unterschiede zwischen den Sorten erklären. Notiert einige Sorten und ihre Eigenschaften.
b) Erklärt, wie es zu der Vielfalt von Kartoffelsorten gekommen ist.
c) Gestaltet in eurer Schule eine „Kartoffelausstellung".
4. Sucht im Supermarkt nach Produkten, die aus Kartoffeln hergestellt wurden. Erstellt eine Liste.
5. a) Finde im Kapitel „Ernährung und Verdauung" heraus, wie man Stärke nachweist. Führe den Stärkenachweis an einer Kartoffel durch (siehe Methode „Einen Versuch planen, durchführen und protokollieren").
b) Du kannst Kartoffelstärke selbst gewinnen. Dazu brauchst du: einige rohe Kartoffeln, ein Baumwolltuch, einen Löffel, eine Schüssel zum Verrühren, ein Becherglas oder Einmachglas, eine Reibe.
Reibe die Kartoffeln möglichst fein. Verrühre sie mit etwa 0,5 Liter Wasser. Packe den Brei auf das Baumwolltuch, nimm es zusammen und drücke den Brei über dem Glasgefäß gut aus. Lasse die ausgepresste Flüssigkeit 5 Minuten ruhen. Gib ein Glas voll Wasser dazu und lasse den Bodensatz sich absetzen. Gieße die Flüssigkeit vorsichtig ab. Gib erneut ein Glas Wasser auf den Bodensatz und wiederhole den Vorgang so oft, bis der Bodensatz weiß ist. Lass die fertige Stärke auf einem flachen Teller eintrocknen.

Wie die Kartoffel in Europa heimisch wurde

EXKURS

Schon vor über 2000 Jahren nutzten die Ureinwohner der Anden, einer Gebirgsregion Südamerikas, die Kartoffel als Nahrungsmittel. Allerdings waren die Knollen damals noch viel kleiner als heute. Durch spanische Seeleute gelangten erstmals im 16. Jahrhundert Kartoffeln nach Europa. Hier wurden sie wegen ihrer violettgelben Blüten als Zierpflanzen angebaut. Die grünen Beerenfrüchte sind allerdings giftig. Wenn eine Kartoffelknolle längere Zeit dem Licht ausgesetzt wird, wird sie grün. Diese grünen Stellen sind ebenfalls giftig. Deshalb gab es das Gerücht, dass die ganze Pflanze giftig sei und niemand wollte etwas damit zu tun haben. Der preußische König Friedrich der Große (1712–1786) erkannte die große Bedeutung der unterirdischen Kartoffelknolle als Lebensmittel. Er konnte seine Untertanen jedoch nicht von der Nützlichkeit der neuen Pflanze überzeugen. Da kam er auf folgende Idee: Er ließ Kartoffelfelder Tag und Nacht von seinen Soldaten bewachen. Die Bewachung sollte den Eindruck erwecken, dass die Felder etwas ganz Wertvolles enthielten. Dadurch wurden die Bauern neugierig und stahlen Kartoffeln, um sie auf den eigenen Feldern anzubauen.
Genau das hatte König Friedrich beabsichtigt! Eine weitere List war, dass er sich beim Verspeisen von Kartoffeln beobachten ließ. Dabei tat er so, als ob sie köstlich schmeckten. Langsam fanden die Menschen Geschmack an der Kartoffel.
Im Siebenjährigen Krieg (1756–1763) rettete der Verzehr von großen Mengen ungeschälter gekochter Kartoffeln viele Menschen vor der Hungersnot. Große Mengen waren erforderlich, weil Kartoffeln nur 2 Prozent Eiweiß besitzen. Ungeschälte Kartoffeln enthalten mehr als doppelt so viel Vitamine wie geschälte.

Friedrich der Große begutachtet ein Kartoffelfeld.

Aus dem Leben der Pflanzen

1 Getreide. **A** Weizenfeld; **B** Weizenkorn (Schema)

7.3 Gräser, die der Ernährung dienen

Weizen gehört zu den *Gräsern*. Diese Pflanzengruppe wird durch den Wind bestäubt. Ein gemeinsames Merkmal aller Gräser ist der hohe Stängel, auch *Halm* genannt. Der Halm ist durch *Knoten* gegliedert, die ihm Festigkeit verleihen. Die unscheinbaren Blüten stehen in einem Blütenstand zusammen. Die Weizenkörner sind die Früchte des Weizens. Den Fruchtstand nennt man **Ähre.** Die Weizenähre hat besonders kurze *Grannen*.

Weizen wird schon seit Tausenden von Jahren angebaut. Er ist durch Züchtung aus Wildgräsern entstanden. Gegenüber den ersten Kulturformen hat sich das Korngewicht bis heute etwa verdreifacht.

In unserer Zeit wird Weizen mit dem *Mähdrescher* geerntet und danach in einer industriellen Mühle zu Weizenmehl verarbeitet.
Wenn die Getreidekörner gemahlen werden, trennen sich der *Mehlkörper* und die restlichen Teile des Korns voneinander. Der Mehlkörper enthält überwiegend Kohlenhydrate in Form von Stärke. Die abgetrennten Teile nennt man *Kleie*. Sie enthält Faser- und Mineralstoffe, die für eine gesunde Verdauung wichtig sind.
Wieviel Kleie ein Mehl enthält, ist an den Typennummern auf den Packungen zu erkennen. Dabei bedeuten hohe Zahlen einen hohen Kleieanteil. Kleiehaltiges Mehl ist etwas dunkler. Es hat z. B. die Typennummern 1050 oder 1700. Man verwendet es für Mischbrot oder Vollkornbrot. Das rein weiße Mehl vom Typ 405 dagegen ist Kuchen- oder Weißbrotmehl. Es enthält fast keine Kleie.

1. Lege Weizenkörner für zwölf Stunden zum Quellen in Wasser. Stelle Längsschnitte her. Untersuche mit Pinzette und Lupe. Zeichne und beschrifte mithilfe der Abbildung 1 B.
2. Untersuche Weizen-, Roggen- und Gersteähren sowie Rispen vom Hafer. Stelle ihre Merkmale in einer Tabelle zusammen: Aussehen des Fruchtstandes, Länge der Grannen, Anzahl der Körner. Nimm das Bioskop „Getreidearten" zu Hilfe.
3. Betrachte in einer Bäckerei die Auslage im Tresen und schreibe drei helle und drei dunkle Produkte auf. Stelle einen Zusammenhang zum Kleiegehalt dieser Produkte her.
4. Produkte aus kleiereichem Mehl gelten als gesünder als solche aus kleiearmem Mehl. Begründe.
5. Reis ist nach dem Weizen die wichtigste Getreideart der Welt. Erkundige dich, z. B. im Internet, über die Verbreitung von Reis und die Anbaumethoden. Halte einen Kurzvortrag (siehe Methode „Einen kurzen Vortrag halten").

Getreidearten

Roggen

Aussehen: Ährengras; Grannen halb so lang wie die Ähre; Ähren nicken, wenn die Körner reif sind; längliche, graugrüne Körner
Ansprüche: geringe Ansprüche an Boden und Klima; große Winterfestigkeit
Verwendung: wichtiges Brotgetreide, z. B. für Graubrot, Schwarzbrot, Fladen; eignet sich gut zum Backen; ein Teil der Ernte wird auch verfüttert

Gerste

Aussehen: Ährengras mit lang begrannter Ähre; bei Vollreife der Körner nickt die Ähre; dickbauchiges bis spindelförmiges und gelbes Korn, das fest mit Spelze (Hüllblatt) und Granne verwachsen ist
Ansprüche: geringe Ansprüche an Boden und Wärme; daher Anbau auch in ungünstigen Lagen möglich
Verwendung: vorwiegend Futtergetreide; zur Bierherstellung (Braugerste); Graupen für die menschliche Ernährung

Hafer

Aussehen: Rispengras; Körner reifen in kleinen Ährchen; Körner glatt, schlank und von langen Hüllspelzen umgeben
Ansprüche: gemäßigtes Klima; wächst auf allen Böden; braucht viel Feuchtigkeit
Verwendung: überwiegend Futtergetreide; besitzt den höchsten Eiweiß- und Fettgehalt aller Getreidearten; als Nahrungsmittel (Haferflocken und Hafermehl)

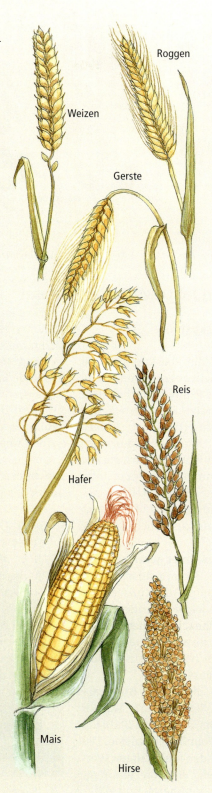

Reis

Aussehen: Rispengras; Fruchtstand mit 20 bis 200 Ährchen; Spelzen umschließen das Korn fest und lösen sich auch beim Dreschen nicht
Ansprüche: Hauptanbaugebiete überwiegend in den Tropen und Subtropen; Anbauflächen werden unter Wasser gesetzt (Nassreis)
Verwendung: wichtiges Grundnahrungsmittel in den asiatischen Ländern; zur Zubereitung von alkoholischen Getränken

Mais

Aussehen: Gras, in dessen Blattwinkeln Kolben stehen; von Hüllblättern umgeben; an der Achse wachsen gelbe Körner in Längsreihen mit jeweils 25 bis 50 Körnern
Ansprüche: außer Wärme keine besonderen Ansprüche; daher weltweit angebaut
Verwendung: am häufigsten als Viehfutter; als Nahrungsmittel in Form von Maismehl, Cornflakes, Stärkeprodukten, Traubenzucker, Popcorn

Hirse

Aussehen: Rispengras in vielen Sorten (Mohrenhirse/Sorghum-Hirse; Rispenhirse/Echte Hirse; Borstenhirse/Kolbenhirse)
Ansprüche: weltweit angebaut, überwiegend in tropischen und subtropischen Ländern
Verwendung: Grundnahrungsmittel vor allem in tropischen Gebieten Afrikas; Mehl ist nicht backfähig, daher wird Hirse meist als Brei gegessen; für schwach aufgehendes Fladenbrot

1 Rosskastanie im Winterkleid

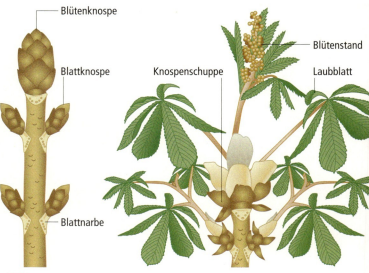

2 Laubentfaltung bei der Rosskastanie

8 Samenpflanzen sind den Jahreszeiten angepasst

8.1 Das Jahr einer Rosskastanie

Den Winter über wirkt die Rosskastanie mit ihren kahlen Zweigen wie abgestorben. Dennoch hat sie sich auf das Frühjahr vorbereitet. In den **Knospen** befinden sich bereits die vollständigen Anlagen für die neuen Triebe. Wie Dachziegel decken 16 braune, lederartige *Knospenschuppen* das Innere der Knospen zu. Ihre Ränder sind fest mit Harz verklebt. Auf diese Weise kann keine Feuchtigkeit in das Innere eindringen. Ein filziges Haarkleid umgibt diese Anlagen als zusätzlicher Kälteschutz.

Im Frühjahr, wenn es wärmer wird und die Wurzeln den Baum wieder mit ausreichend Wasser versorgen, beginnen die Knospen zu schwellen. Daraus entwickelt sich später ein Blütenstand mit vielen Kastanienblüten. Seitlich darunter wachsen zwei kürzere, dünne **Blattknospen.** In diesen befinden sich schon winzige, fertige Kastanienblätter.

Jede Knospe entspringt über einer **Blattnarbe,** die wie ein kleiner Pferdehuf mit Nägeln aussieht. Die Narbe rührt von einem Blattstiel her, der sich im Herbst vom Zweig ablöste. Die „Nägel" kennzeichnen den ehemaligen Verlauf von Leitungsbahnen, über die das Blatt und der Baum mit Wasser, Mineral- und Nährstoffen versorgt wurden. An den Zweigenden sitzen meist dicke, bauchige **Blütenknospen.** In ihrem Innern wachsen junge Blätter heran, die einen Stängel umhüllen, der viele winzige Knospen trägt.

Im April brechen die Knospen auf. Aus den Schuppen der Blattknospen schieben sich die zarten, fingerförmig *gefiederten* Blätter hervor.

Die Blütenknospen bringen zusätzlich einen aufrecht stehenden **Blütenstand** hervor. Viele

3 Blühende Rosskastanie

kleine Knospen von Einzelblüten sitzen rings um einen Hauptstiel, die *Blütenachse*. Ende April/Anfang Mai brechen die Blütenknospen auf, und die blühende Rosskastanie leuchtet dann wie ein riesiger Lichterbaum. Die anfangs gelben, später roten Flecken am Grund der Blütenblätter locken Insekten an und weisen ihnen den Weg zum Nektar. Es sind vor allem Hummeln und Bienen, die bei ihrem Blütenbesuch die Blüte bestäuben.

Die Fruchtknoten bestäubter Blüten wachsen zu dicken, grünstacheligen **Früchten** heran. Bis zum Herbst erreichen die Früchte einen Durchmesser von etwa sechs Zentimetern. Dann sind sie reif. Nun platzen sie am Baum oder beim Aufprallen auf den Erdboden auf und es fallen eine oder mehrere glänzende, braune Samen heraus: die Kastanien.

Zur gleichen Zeit verfärben sich die Blätter. Der Baum bereitet sich auf den **Blattfall** vor. Die Kastanie baut den grünen Farbstoff, das *Chlorophyll*, ab und zurück bleiben gelbe und rote Farbstoffe. Am Grunde der Blätter bildet sich eine Trennschicht aus Korkzellen. Jetzt hängen die Blätter nur noch lose an den Ästen. Ein kleiner Windstoß genügt und sie fallen zu Boden. Nach dem Laubfall beginnt für die Rosskastanie die **Winterruhe.** Laubbäume müssen im Winter ruhen, weil sie über die Blätter viel Wasser verdunsten. Im Winter aber ist der Boden gefroren, sodass die Wurzeln kein Wasser nachliefern können. Bei anhaltender Verdunstung über die Blätter würden die Bäume also vertrocknen.

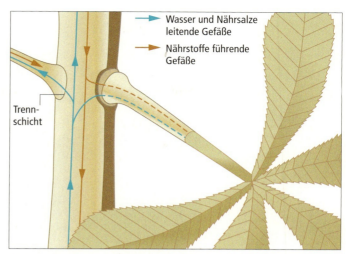

7 Herbstfärbung und Blattfall bei der Rosskastanie

1. Dem Text kannst du entnehmen, woher die Rosskastanie ihren Namen erhalten hat. Berichte.
2. Zeichne das Zweigende einer Kastanie im Winter. Beschrifte seine Teile.
3. Im Spätherbst genügt oft ein Windstoß, um die Blätter von den Bäumen fallen zu lassen. Erkläre.
4. Starke Schneefälle im November können für Bäume und Sträucher zum Problem werden. Begründe.
5. An einem kahlen Baum im Winter befindet sich ein abgeknickter Ast, an dem noch viele Blätter hängen. Wie kommt diese Erscheinung zustande?
6. Vergleiche ein Laubblatt mit einer Kiefernnadel. Erläutere, warum die Kiefer ihre Blätter nicht abwerfen muss.
Erläutere, warum Nadelbäume ihre Blätter das ganze Jahr über tragen können.

4 Blütenstand der Rosskastanie

5 Herbstfärbung der Rosskastanie

6 Früchte und Samen (Kastanien)

Aus dem Leben der Pflanzen

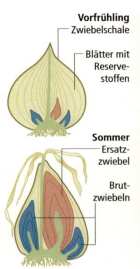

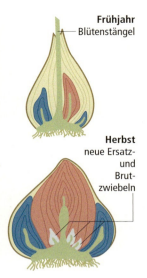

1 Blumenzwiebel des Schneeglöckchens im Jahresverlauf

8.2 Wo sind die Frühblüher im Sommer, Herbst und im Winter?

Häufig liegt noch Schnee auf Beeten und Rasenflächen, wenn die ersten *Schneeglöckchen* auftauchen. Ihnen folgen *Krokusse, Märzenbecher, Blausternchen* u. a.. Sie sorgen für einen blühenden Garten, in einer Zeit, wo Bäume und Sträucher noch keine Blätter haben. Wir nennen Pflanzen, die im Frühjahr als erste blühen, **Frühblüher.** Wie schaffen es diese Pflanzen, ihre Blätter durch den kaum aufgetauten Boden zu schieben und ihre Blüten zu entfalten?

Schon im Herbst liegen haselnussgroße **Zwiebeln** der Schneeglöckchen im Erdboden. Es sind *Speicherorgane*, die große Mengen Stärke gespeichert haben. Aus ihnen bezieht das Schneeglöckchen im Frühjahr Nährstoffe, um auszutreiben und zu blühen. Die Zwiebelblätter werden dabei immer dünner.

Aber woher kommen dann die Zwiebeln für das nächste Jahr? Fast gleichzeitig mit den Blüten treibt das Schneeglöckchen auch grüne Blätter aus. Diese bilden Stärke für den Aufbau einer neuen Zwiebel. Als kleine Knospe liegt diese *Ersatzzwiebel* zwischen den Blattschichten. Sie wächst im späten Frühjahr zur neuen Zwiebel heran und füllt sich mit Speicherstoffen. Gleichzeitig bilden sich noch *Brutzwiebeln,* aus denen weitere Schneeglöcken entstehen können. Zum Sommer hin welken und vergehen die oberirdischen Teile. Auch *Blausternchen, Märzen-*

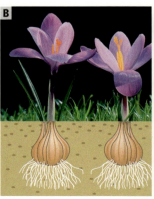

2 Frühblüher. **A** Blaustern; **B** Krokus; **C** Märzveilchen; **D** Scharbockskraut

becher, *Perlhyazinthen*, *Milchsterne* und *Tulpen* überdauern auf diese Weise den Sommer und Winter.

Nicht nur Zwiebeln, sondern auch unterirdische Stängelteile von Frühblühern können Reservestoffe speichern. Hierzu gehört zum Beispiel das weiß blühende *Buschwindröschen*. Es lebt zunächst von dem Nährstoffvorrat, den es im Vorjahr in seinem **Erdspross** gebildet hat. Dieser etwa bleistiftdicke Stängel zieht sich waagerecht unter der Erdoberfläche hin und durchbricht im Frühjahr den Waldboden. – Auch *Märzveilchen*, *Christrose*, *Winterling* und *Primeln* besitzen solche Erdsprosse.

Beim *Krokus* dagegen ist der Stängel im Erdboden zu einer dicken **Sprossknolle** angeschwollen, in der Nährstoffe gespeichert sind. Im Frühjahr erscheinen zunächst die Blüten. Danach folgen die Blätter, die Nährstoffe für die sich neu bildenden *Tochterknollen* bilden.

An feuchten Standorten in Parkanlagen, Hecken und in einem lockeren Buchenwald bildet das *Scharbockskraut* dichte Blütenteppiche. Es bezieht seine ersten Nährstoffe aus **Wurzelknollen.** Dabei handelt es sich um keulenförmig verdickte Wurzeln.

1. Zeichne eine Zwiebel und eine Knolle im Längsschnitt. Vergleiche und beschrifte.
2. Wie gelingt es den Frühblühern, in kaltem Boden sehr schnell auszutreiben?
3. Beschreibe anhand der Abb. 3 die Entwicklung eines Buschwindröschens im Buchenwald. Denke dabei an die unterschiedlichen Lichtverhältnisse während des Jahres.
4. a) Pflanzt im Herbst Blumenzwiebeln im Umfeld eurer Schule ein. Haltet euch genau an die Pflanzanweisungen.
   b) Erstellt eine Liste mit den Arten und beobachtet im Frühjahr, wann welche Pflanzen austreiben. Dokumentiert eure Beobachtungen.
   c) Fotografiert die Pflanzen und gestaltet eine Ausstellung.
5. Erklärt, warum sich die im Text genannten Frühblüher auch ohne Samen verbreiten können. Nehmt das Kapitel „Ungeschlechtliche Vermehrung bei Pflanzen" zu Hilfe.

3 Entwicklung eines Buschwindröschens in einem Laubwald.
A Laubwald im Winter; **B** Laubwald im Frühjahr; **C** Laubwald im Sommer

Aus dem Leben der Pflanzen

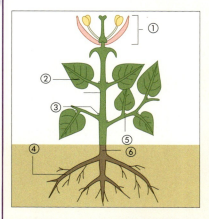

A1 a) Ordne den Ziffern in der Schemazeichnung die richtigen Begriffe zu.
b) Nenne die Aufgaben der Pflanzenteile.

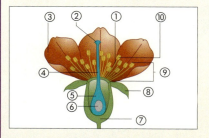

A2 a) Ordne den Ziffern in der Schemazeichnung die richtigen Begriffe zu.
b) Nenne die Aufgaben der einzelnen Teile.

A3 a) Die Blütenstände welcher Pflanze sind hier abgebildet?
b) Beschreibe die Art ihrer Fortpflanzung. Benutze dabei die richtigen Begriffe aus folgender Auswahl: Zwitterblüten – getrenntgeschlechtlich – zweihäusig – Insektenbestäubung – einhäusig

A4 Warum besuchen Bienen Obstbäume, jedoch keine Haselsträucher? Erkläre.

A5 Die männlichen Blüten eines Haselstrauches müssen sehr viel mehr Pollen bilden als eine Kirsch- oder Apfelblüte. Wieso?

A6 Beschreibe, was bei der Kirschblüte zwischen Bestäubung und Befruchtung passiert.

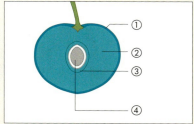

A7 a) Ordne den Ziffern in der Schemazeichnung die richtigen Begriffe zu.
b) Um welchen Fruchttyp handelt es sich hier?
c) Wie unterscheidet sich diese Frucht von einer Nuss?

A8 a) Bei den abgebildeten Früchten handelt es sich um Ulme, Birke, Ahorn, Linde und Weißbuche. Ordne die Namen den Abbildungen richtig zu.
b) Wie werden diese Früchte und Samen verbreitet?

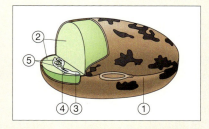

A9 Abgebildet ist ein Samen der Feuerbohne. Ordne den Ziffern die richtigen Begriffe zu.

A10 Im Jahr 1859 gelangte eine weibliche Pflanze der Wasserpest nach Europa. Obwohl es nie männliche Pflanzen in europäischen Gewässern gab, hat sie sich hier massenhaft vermehrt. Wie konnte sich die Wasserpest ausbreiten?

A11 Nenne vier verschiedene Arten von Frühblühern und ihre Überwinterungsorgane.

A12 Zwiebel und Sprossknolle haben für Frühblüher die gleiche Bedeutung. Welcher grundsätzliche Unterschied besteht jedoch im Bau dieser unterirdischen Pflanzenorgane?

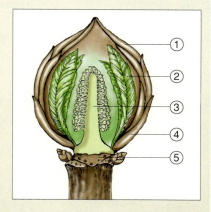

A13 In der Schemazeichnung findest du eine aufgeschnittene Kastanienknospe. Benenne die mit Ziffern gekennzeichneten Teile.

Aus dem Leben der Pflanzen

Bauplan der Samenpflanzen

- Bei Samenpflanzen unterscheidet man zwischen Kräutern, Sträuchern und Bäumen.
- Samenpflanzen bestehen aus Wurzeln und Spross mit Sprossachse, Blättern und Blüten.
- In Wurzeln, Sprossachse und Blättern verlaufen Leitungsbahnen.
- An den Enden der Seitenwurzeln wachsen Wurzelhaare. Über diese nimmt die Pflanze Wasser und darin gelöste Mineralstoffe auf.

Blütenaufbau

- Blüten bestehen aus umgewandelten Blättern.
- Die Staubblätter sind die männlichen Blütenorgane. Sie bestehen aus Staubfaden und Staubbeuteln mit Pollenkörnern.
- Das Fruchtblatt ist das weibliche Blütenorgan. Es besteht aus Narbe, Griffel und Fruchtknoten.
- Getrenntgeschlechtliche Blüten enthalten entweder nur Staubblätter oder nur Fruchtblätter.
- Bei einhäusigen Pflanzen wie der Hasel befinden sich männliche und weibliche Blüten auf einer Pflanze.
- Bei zweihäusigen Pflanzen wie der Salweide sind männliche und weibliche Blüten getrennt auf zwei Pflanzen verteilt.

Bestäubung und Befruchtung

- Die Übertragung von Pollen auf die Narbe einer Blüte nennt man Bestäubung.
- Übertragen Insekten den Pollen, spricht man von Insektenbestäubung; überträgt der Wind, nennt man das Windbestäubung.
- Die Verschmelzung der Eizelle mit der Geschlechtszelle aus dem Pollenkorn im Fruchtknoten nennt man Befruchtung.
- Nach der Befruchtung entwickelt sich die Frucht mit Samen.

Verbreitung von Samen und Früchten

- Früchte und Samen werden durch Wind, Tiere und Menschen verbreitet.
- Lockfrüchte wie Vogelbeere und Holunder werden durch Tiere verbreitet.
- Flugfrüchte findet man z. B. bei Birke, Ulme, Löwenzahn, Ahorn.

Samen, Keimung und Wachstum

- Der Samen der Feuerbohne enthält die Keimblätter und den Embryo.
- Der Embryo besteht aus Keimwurzel, Keimblättchen und winzigen Laubblättchen.
- Zur Keimung braucht der Samen Wasser, Luft und Wärme.
- Zum Wachsen benötigt die Pflanze Wasser, Luft, Wärme, Mineralstoffe und Licht.

Ungeschlechtliche Vermehrung

- Die Vermehrung ohne Samenbildung nennt man ungeschlechtliche Vermehrung.
- Die ungeschlechtliche Vermehrung kann durch Ausläufer, Ableger oder durch Stecklinge erfolgen.

Pflanzen – angepasst an die Jahreszeiten

- Frühblüher überwintern als Zwiebel, Sprossknolle, Wuzelknolle oder Erdspross.
- Sommergrüne Laubbäume verlieren zum Herbst ihr Laub und bilden in Knospen neue Blätter und Blüten für das kommende Jahr.
- Blattfall und Knospenbildung sind eine Anpassung an die ungünstigen Lebensbedingungen im Winter.

Menschen halten Tiere

Warum sind Hunde zum Aufspüren von Drogen gut geeignet?

Kann ich mir ein eigenes Pferd leisten?

Welche Pflege brauchen Meerschweinchen?

Stammen die Eier im Supermarkt von diesen Hühnern?

Warum sieht man Kühe so selten auf der Weide?

Warum können Katzen nachts jagen?

1 Wellensittiche

1 Mensch und Tier

1.1 Haustiere

In vielen Familien leben Heimtiere. So werden zum Beispiel Hunde, Katzen, Ziervögel, Zierfische, Hamster, Meerschweinchen und Kaninchen von Menschen gehalten. Doch viele bedenken nicht gründlich genug, welche Pflichten mit der Anschaffung eines Tieres verbunden sind. Jedes Tier hat bestimmte Bedürfnisse, die man bei der Haltung beachten muss. Eine Haltung, die dies berücksichtigt, nennt man **artgerechte Tierhaltung.**

Wünscht du dir einen **Wellensittich,** solltest du dich zuerst über seine natürliche Lebensweise informieren. In ihrer Heimat in Australien leben Wellensittiche in großen Schwärmen zusammen. Deshalb sind sie auch bei Käfighaltung auf *Gesellschaft* angewiesen. Aus diesem Grunde ist es empfehlenswert, mindestens zwei Tiere anzuschaffen. Der Käfig sollte so groß sein, dass sie auch ein wenig fliegen können. Ein Futterautomat für Körner-Mischfutter, ein Trinkautomat, ein Wetzstein für den Schnabel und ein Kalkstein gehören zur Ausstattung des Käfigs. Darüber hinaus brauchen sie täglich die Möglichkeit zum Freiflug in der Wohnung. Wellensittiche fühlen sich besonders wohl, wenn man sich täglich um sie kümmert. Doch solltest du bedenken, dass mit der Anschaffung eines Wellensittichs auch Kosten für den Käfig, dessen Ausstattung, das Futter und einen eventuellen Tierarztbesuch verbunden sind. Ebenso wird es nötig sein, schon vor der Anschaffung zu klären, wer sich um das Tier kümmert, wenn du in den Urlaub fährst. Bei guter Haltung wird diese kleine Papageienart bis zu 15 Jahren alt.

Meerschweinchen sind ebenfalls beliebte Heimtiere. Sie stammen aus Südamerika. Im 16. Jahrhundert brachten Seefahrer sie nach Europa. In ihrer Heimat leben sie in Gruppen und wohnen in Erdbauten. Das sollte man bei der Haltung der Tiere berücksichtigen und möglichst zwei Tiere gemeinsam in einem geräumigen Metallgitterkäfig unterbringen. Einmal am Tag sollten die Meerschweinchen unter Aufsicht freien Auslauf haben. Täglich brauchen sie frisches Heu und Grünfutter wie Salat oder Wildkräuter. Obst und Gemüse verzehren sie ebenfalls gerne. Das Grünfutter sollte in eine *Futterraufe* gefüllt werden, damit es nicht auf dem Boden herumliegt und dann von Kot und Urin verschmutzt wird. Ein *Futternapf* für Obst oder Körnerfutter und ein *Trinkautomat* sollten auch nicht fehlen. Was nicht aufgefressen wird, solltest du täglich aus dem Käfig nehmen.

Meerschweinchen sind Nagetiere. Deshalb benötigen sie Knabberkost, um ihre ständig nachwachsenden Nagezähne abnutzen zu können. Als *Einstreu* für die Käfigschale dienen Sägespäne, Stroh und Heu. Sie sollte jeden zweiten oder dritten Tag gewechselt werden.

Da die Tiere in freier Natur in Erdhöhlen leben, brauchen sie unbedingt ein *Schlafhäuschen,* in das sie sich zurückziehen können. Zum Abnutzen der Krallen dient ein rauer Wetzstein. Wenn sie dennoch zu lang werden, musst du sie vom Zoofachhändler oder vom Tierarzt schneiden lassen. Um das Fell zu pflegen, solltest du es täglich bürsten. Meerschweinchen sind sehr gesellige Tiere. Sie brauchen viel Beschäftigung und lassen sich gerne streicheln. Unter Umständen übernimmst du eine lange Zeit die Verantwortung für die Tiere, denn sie können acht bis zehn Jahre alt werden.

2 Meerschweinchen-Haltung

3 Was kostet ein Hund?

1. Bei der Haltung und dem Umgang mit Wellensittichen und Meerschweinchen müssen bestimmte Regeln beachtet werden. Schreibe jeweils fünf Regeln auf.
2. Informiere dich z. B. im Internet oder in einer Zoohandlung über ein weiteres Haustier. Versuche dabei Antworten auf folgende Fragen zu finden.
   – Welches Futter benötigt das Tier?
   – Kann man das Tier frei in der Wohnung halten, oder braucht es einen besonderen Stall oder Käfig?
   – Muss der Käfig besondere Einrichtungen wie beispielsweise ein Schlafhäuschen oder ein Laufrad haben?
   – Welche besondere Pflege braucht das Tier?
   – Schreibe einen Steckbrief für das Tier. Er sollte folgende Informationen enthalten: Herkunft und Verbreitung, Lebensdauer, Lebensweise, Nahrung, Fortpflanzung, Tipps für die Haltung als Haustier (siehe Methode „Einen Steckbrief erstellen").
3. Erstellt einen Fragebogen zum Thema „Haustiere" und führt Umfragen in einigen Klassen durch. Mögliche Fragen könnten sein:
   – Welche Tiere werden als Haustiere gehalten?
   – Woher stammen die Tiere und was kosteten sie?
   – Wo werden die Tiere gehalten? Welche Dinge mussten für die Haltung angeschafft werden?
   – Welche Kosten entstehen durch die Haltung des Tieres?
   – Welche Pflege ist notwendig und wer kümmert sich um das Tier?
4. Gestaltet mit den Ergebnissen der Umfrage ein Plakat.
5. Die Haltung eines Haustieres kostet Geld. Berechne mithilfe der obigen Angaben die Kosten für einen Hund in einer Woche, in einem Monat, in einem Jahr und für ein gesamtes Hundeleben (ca. 10 Jahre).
6. Überlegt euch jeweils Beispiele für eine artgerechte und nicht artgerechte Haltung eines Hundes.
7. Vor der Anschaffung eines Haustieres sollte man sich Gedanken zu folgenden Fragen machen.
   a) Ist die Wohnung oder das Haus für die Haltung des gewünschten Tieres geeignet?
   b) Habe ich genügend Zeit um mich um das Tier zu kümmern (Füttern, Reinigen des Stalles …)?
   c) Bin ich bereit die Pflege für das gesamte Leben des Tieres zu übernehmen (Bei einem Hund können es 10–12 Jahre sein!)?
   d) Sind die Eltern bereit die Kosten für die Anschaffung des Tieres und die Haltung zu zahlen?
   e) Wo bleibt das Tier im Urlaub?
   Einigt euch in der Klasse auf ein Haustier, für welches ihr die Fragen zunächst jeder für sich beantwortet. Diskutiert anschließend in Gruppen eure Antworten und entscheidet, wer das gewünschte Tier anschaffen kann und wer nicht. Begründet eure Entscheidungen.
8. In Deutschland gibt es ein Tierschutzgesetz. Du bekommst es beim Tierschutzbund oder findest es im Internet. Lies die ersten drei Paragraphen. Was sagt das Gesetz zur Haltung von Tieren?

Menschen halten Tiere

1 Gibbongehege

2 Raubtierfütterung (Goldkatze)

1.2 Artgerechte Tierhaltung in Tierparks und Zoos

Bei einem Besuch eines Tierparks oder Zoos kannst du viele Tiere fremder Kontinente sehen. Auch heimische Tiere finden sich dort. Beobachtest du ein Affengehege, kannst du bei den verschiedenen Affenarten viele unterschiedliche Verhaltensweisen beobachten.

Gibbons zum Beispiel hangeln sich mit ihren langen Armen durch ihre Anlage, necken sich dabei und pflegen gegenseitig ihr Fell. Sie stammen aus den Urwäldern Südostasiens, wo sie fast das ganze Leben hangelnd und schwingend in den Baumkronen verbringen. Eine Gibbonanlage muss deshalb mit einem Seilgerüst versehen sein, damit die Tiere ihre natürliche Bewegungsweise beibehalten können. Auch die Einrichtung der übrigen Tiergehege muss für eine **artgerechte Tierhaltung** auf die natürlichen Bedürfnisse ihrer Bewohner abgestimmt sein.

Neben Grundbedürfnissen wie Bewegung und Nahrungsaufnahme muss dabei auch das Bedürfnis nach Beschäftigung befriedigt werden. *Schimpansen* zum Beispiel spielen gern und brauchen viel **Beschäftigung.** Deshalb werden Schimpansenkäfige häufig mit Kletterbäumen ausgestattet, an denen sie auf- und abklettern. Leere Fässer dienen zum Umherrollen, unter alten Säcken kann man sich verstecken und Äste kann man durch die Gegend schleppen oder auch Artgenossen damit verprügeln.

Natürlich müssen Zootiere auch gefüttert werden. Die **Fütterung** der Tiere im Zoo ist einer der Höhepunkte des Tages. Jede Tierart erhält ein spezielles Futter, da ihre Gesundheit besonders von der Auswahl und Zusammensetzung der Nahrung abhängt. Der Tierpfleger wirft ihnen das Futter aber nicht einfach vor. Er nutzt die Fütterung dazu, den Tieren etwas Abwechslung oder sogar Spannung zu verschaffen. Für *Löwenäffchen* versteckt man Nahrung in gebohrten Löchern eines Baumstumpfes. Mit ihren langen Fingern puhlen sie die Insektenhappen heraus. Das Fleisch für *Leoparden* hängt man jeden Tag an einer anderen Stelle auf. So müssen sich die Raubkatzen jeden Tag aufs Neue überlegen, wie sie an ihr Futter gelangen. *Eisbären* bekommen einen Teil ihrer Fischration in Eisblöcken eingefroren. Manchmal brauchen sie Stunden, um es herauszuschlecken. So dient auch die Fütterung der Beschäftigung der Tiere.

Gut eingerichtete Zoogehege bieten ihren Bewohnern auch **Schutz** vor Schäden und Verletzungen. Affenkäfige zum Beispiel dürfen nicht zu hoch sein, da auch Kletterkünstler gelegentlich herunterfallen. Huftiergehege müssen Mineralböden haben, da sich bei weichem Boden die Hufe nicht genug abnutzen würden.

Tierparks und Zoos haben noch eine andere wichtige Aufgabe. Sie sorgen dafür, dass seltene und vom Aussterben bedrohte Tierarten weiterleben. Viele solcher Arten werden in Zoos

3 Oryxantilope

gezüchtet, damit man diese Tiere später wieder in ihrer ursprünglichen Heimat aussetzen kann. Diese **Nachzucht** und **Auswilderung** ist zum Beispiel bei der *Arabischen Oryxantilope* geglückt. Vor einigen Jahren gab es nur noch wenige Exemplare dieser Antilopenart in den Wüsten Arabiens. Gewissenlose Jäger und Trophäensammler haben sie rücksichtslos gejagt. Als man die drohende Ausrottung der Oryxantilope erkannte, beschloss man die Tiere zu retten. Biologen und Tierschützer fingen einige der Antilopen ein, brachten sie in Zoos unter und betrieben eine Nachzucht. Mittlerweile leben weltweit wieder rund 2000 Exemplare dieser seltenen Antilopenart.

1. Bereite dich auf deinen nächsten Zoobesuch mithilfe des folgenden Textes vor:
    - **Was du mitnehmen solltest:** Notizheft mit festem Deckel, Bleistift, Farbstift, Uhr, vielleicht Fotoapparat und Fernglas.
    - **Was du besser zu Hause lässt:** Futter für die Tiere, Kassettenrekorder, Wasserpistole.
    - **Was du im Zoo tun kannst:** Beobachte Tiere geduldig und eingehend. Beobachte lieber wenige Tiere lange und genau, statt viele Arten nur kurz und flüchtig anzusehen.
    - **Schreibe deine Beobachtungen auf:** Wie heißen und wo leben die Tiere? Was tun die Tiere? Wie tun sie es? Wo tun sie es? Versuche, einfache Zeichnungen anzufertigen. Fotografiere.
    - **Was du im Zoo nicht tun solltest:** Tiere füttern, Tiere necken, Gegenstände in die Gehege werfen, lärmen, rennen.

Tierliebe?

Tagaus tagein trabt der Löwe durch seinen Käfig, von einer Seite zur anderen und wieder zurück. Ab und zu, insbesondere nach dem Genuss einer reichhaltigen Mahlzeit, legt er sich hin und ruht sich aus. Dann trottet er wieder stundenlang durch den Käfig. Er langweilt sich. Woran liegt das?

Für Wissenschaftler ist diese Frage leicht zu beantworten. Der hoch gefliese und an einer Seite vergitterte Raum lässt sich zwar leicht sauber halten, da man ihn mit Wasser ausspritzen kann. Für den Löwen ist er aber nicht die richtige Umgebung. Er bietet ihm nicht genügend Bewegungsfreiheit und Abwechslung, so dass er Verhaltensstörungen zeigt und diese sinnlosen Bewegungen ausführt. Bei Tieren, denen Abwechslung fehlt, hat man sogar schon Fälle von Selbstverstümmelung beobachtet. Schakale knabbern ihre Schwänze an und Papageien rupfen sich die Federn aus.

Solche Begebenheiten sind heutzutage glücklicherweise in modernen Zoos nicht mehr anzutreffen. Früher war dies jedoch ein gängiges Bild. Die Tiere wurden in enge Käfige gepfercht. Ihre natürlichen Bedürfnisse waren weitgehend unbekannt.
So setzte man den damals gefangenen Schimpansen Bratwurst mit Sauerkraut vor. Diese Tiere litten, wurden krank und starben bald. Erst später erkannte man, dass ein Tier mehr sein kann als ein lebendiges Ausstellungsstück. Man beobachtete die Tiere und untersuchte ihr Verhalten. Heute kennt man die Gewohnheiten und Bedürfnisse der Tiere viel besser. Man weiß, dass sich ein Tier wohl fühlen muss, um gesund zu bleiben und eine lange Lebensdauer zu haben.

Was ist ein Projekt?

Während eines Projektes verläuft der Biologieunterricht einmal ganz anders: Nicht der Lehrer oder die Lehrerin hat ein Thema ausgewählt, hat Materialien gesammelt, Arbeitsaufgaben vorbereitet und sich die einzelnen Stundenthemen überlegt. Nein, die Schüler selbst haben sich ein Thema ausgesucht. Jeder bringt Ideen zum Thema ein. In Kleingruppen werden dann einzelne Teilbereiche bearbeitet und anschließend stellt jede Gruppe ihre Ergebnisse vor.

Was muss bei der Projektarbeit beachtet werden?

1. Thema auswählen.

Zuerst solltet ihr euch gemeinsam in der Klasse gemeinsam mit eurer Lehrerin oder mit eurem Lehrer ein **Projektthema** überlegen.

2. Arbeitsaufträge zum Thema sammeln.

Sammelt unterschiedliche Fragen, Inhalte oder Probleme zum Thema. Ordnet diese und fasst sie in Arbeitsbereichen zusammen. Formuliert nun gemeinsam **Arbeitsaufträge** zu eurem Projektthema und notiert diese an der Tafel.

3. Gruppen übernehmen einzelne Arbeitsaufträge.

Gruppen von 3–4 Schülern übernehmen jetzt jeweils einen Arbeitsauftrag. Jede **Arbeitsgruppe** arbeitet selbstständig und unabhängig von den anderen. Euer Lehrer ist dabei Berater und unterstützt euch bei eventuell auftretenden Problemen. Er gibt Tipps und Anregungen, wenn es einmal nicht vorangeht.

4. Beschaffung von Materialien und Informationen zur Bearbeitung des Arbeitsauftrages.

Zur Bearbeitung des Auftrags sind eventuell Versuche, Messungen oder Beobachtungen notwendig. Eure Lehrerin oder euer Lehrer unterstützt euch sicherlich bei der Suche nach benötigten Geräten und Materialien aus der Biologiesammlung zur Durchführung der von euch geplanten Versuche. Weitere Informationen für eure Arbeit findet ihr in Büchern, Zeitschriften, Prospekten, Videos oder im Internet. Manchmal ist es auch sinnvoll, andere Fachleute zu befragen.

5. Präsentation der Ergebnisse.

Die Ergebnisse der Beobachtungen, Versuche, Befragungen und Erkundungen stellt zunächst einmal jede Gruppe für sich selbst zusammen. Damit anschließend alle Schüler über die **Ergebnisse** der einzelnen Arbeitsgruppen informiert sind, trägt jede Gruppe ihre Arbeitsergebnisse den Mitschülern vor. Diese **Präsentation** kann auf unterschiedliche Art und Weise geschehen: Vortrag, Plakat, Power-Point-Präsentation ...

6. Ausstellung zum Projekt.

Die Ergebnisse eines Projekts sind oft für eine **Ausstellung** geeignet. Ihr könnt so allen Mitschülern der Schule und auch euren Eltern zeigen, was ihr erarbeitet und als Ergebnis herausgefunden habt. Bei der Erstellung von Plakaten müsst ihr sehr sorgfältig und sauber arbeiten. Große und übersichtliche Zeichnungen und Fotos von eurer Arbeit machen Projektergebnisse besonders anschaulich.

1 Tom mit seinem Hund

2 Der Hund

2.1 Der Hund – ein Hetzjäger

Während des Spazierganges schnuppert Toms Hund an Bäumen, an Mauern, auf dem Erdboden und an vielen anderen Dingen. Der Hund ist ein **Nasentier**. Er besitzt einen hervorragenden Geruchssinn. Nach Stunden kann er noch riechen, wo ein anderes Tier entlang gelaufen ist. Hunde können auch viel besser hören als wir. Sie nehmen selbst für den Menschen unhörbare Töne noch wahr. Hunde sind deshalb auch **Ohrentiere.**

Wenn der Hund im Gelände herumtollt und mit Kindern spielt, glaubt man kaum, dass Hunde **Raubtiere** sind. Spürt der Hund einen Hasen oder ein anderes Beutetier auf, so hetzt er in weiten Sätzen hinterher. Man bezeichnet ihn als **Hetzjäger**. Am Aufbau des Skeletts kann man erkennen, warum der Hund in der Lage ist, ausdauernd und schnell zu laufen. Er besitzt kräftige, lange Laufbeine. Nur mit den Zehen berührt er den Boden. Deshalb bezeichnet man ihn als **Zehengänger.** Die Mittelfußknochen und die Fußwurzelknochen sind aufrecht gestellt und verlängern so das Bein. Mit den dicken, verhornten Ballen und den kräftigen, nicht einziehbaren Krallen kann er sich im Gelände gut bewegen.

Das typische **Raubtiergebiss** hat lange, dolchartige Eckzähne. Man nennt sie **Fangzähne,** denn mit ihrer Hilfe hält der Hund die Beute fest. Mit den gezackten, scharfen *Backenzähnen* zerkleinert er die Fleischstücke. Die stärksten Backenzähne nennt man **Reißzähne**. Beim Kauen der Fleischstücke gleiten die Reißzähne des Ober- und Unterkiefers wie die beiden Blätter einer Schere aneinander vorbei und zerschneiden und zerreißen so die Fleischstücke. Die kleineren meißelförmigen *Schneidezähne* im Ober- und Unterkiefer sind beim Fressen von geringerer Bedeutung. Damit zupft und schabt der Hund die Fleischreste von den Knochen ab.

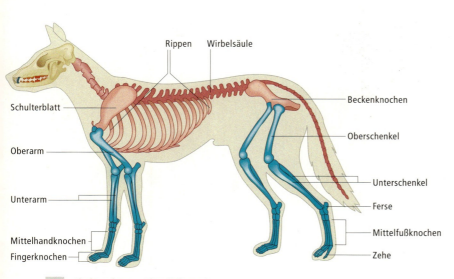

2 Skelett des Hundes (Schema)

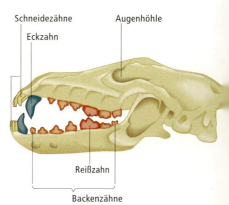

3 Raubtiergebiss des Hundes (Schema)

Menschen halten Tiere

1. Erstelle eine Übersicht zum Thema „Hund".
2. Die auf dieser Seite abgebildeten Hunde werden vom Menschen für bestimmte Aufgaben genutzt.
   a) Nenne die Aufgaben und ordne sie – falls möglich – einer bestimmten Hunderasse zu.
   b) Welche Fähigkeiten und Sinnesorgane sind für die jeweilige Aufgaben wichtig?
3. Sammle Informationen über deine Lieblingshunderasse.
   Schreibe anschließend einen Steckbrief (siehe dazu Methode „Einen Steckbrief erstellen").
4. Nenne mögliche Gründe, warum Menschen Hunde als Haustiere halten.
5. Warum spricht man im Zusammenhang mit Hunden häufig von: Freund – Partner – Helfer?
6. Zeige an einem Hundegebiss aus der Biologiesammlung oder in der Abbildung 3 die unterschiedlichen Zahnarten des Raubtiergebisses.
7. Gib an, wie viele Schneidezähne, Eckzähne und Backenzähne das Gebiss des Hundes hat. Denke daran, dass die Schemazeichnung nur eine Hälfte des Gebisses zeigt.
8. Betrachte die Abbildung 3 zum Gebiss des Hundes.
   a) Erstelle eine Tabelle mit den verschiedenen Zahntypen nach folgendem Muster:
   b) Vergleiche die Aufgaben der Schneidezähne

Zahntyp	Aussehen	Aufgabe
Schneidezahn	…	…
…	…	…

   bei Hunden und Menschen.
9. Mensch und Hund bewegen sich auf unterschiedliche Weise fort. Vergleiche die Gliedmaßen von Hund und Mensch. Verwende dafür auch die Abbildung des menschlichen Skeletts in diesem Buch. Suche Gemeinsamkeiten und Unterschiede. Versuche zu erklären, warum der Hund schneller laufen kann als der Mensch.
10. Erkläre, warum Hunde nicht nur auf weichem Untergrund laufen sollen.
11. Hunde sind „Ohrentiere" und „Nasentiere". Was ist damit gemeint?
12. Warum und wann „hecheln" Hunde?

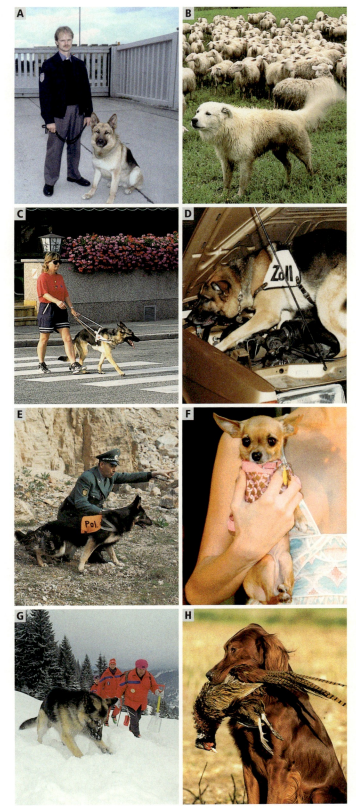

4 Hunde und ihre Verwendung

Menschen halten Tiere

1 Wolfsrudel

2 Bild aus der Steinzeit

2.2 Wölfe – Vorfahren der Hunde

Wölfe leben gesellig in Gruppen von bis zu zwölf Tieren, die man als **Rudel** bezeichnet. Jedes Rudel beansprucht ein großes Jagdgebiet, das **Revier**. Die Grenzen ihres Reviers markieren Wölfe mit Urin und Kot. Versuchen fremde Wölfe in das Gebiet einzudringen, werden sie verjagt.

In ihrem Revier jagen Wölfe ihre Beute. Beim Aufspüren der Beutetiere hilft ihnen der stark ausgeprägte *Geruchssinn* und das gute *Gehör*. Mit großer Schnelligkeit und Ausdauer *hetzen* sie hinter dem flüchtenden Wild her, bis es erschöpft aufgibt.

Alle Wölfe eines Rudels kennen sich untereinander genau. Im Rudel herrscht eine feste **Rangordnung**. Ein weibliches und ein männliches *Leittier* führen zusammen das Rudel. Alle anderen ordnen sich ihnen in einer festgelegten Reihenfolge unter. Die Stellung in der Rangordnung wird durch Kämpfe mit anderen Rudelmitgliedern erworben. Im Rudel verständigen sich die Wölfe durch Laute und Körpersprache. Begegnen sich zwei Wölfe, hebt der Ranghöhere den Kopf, spitzt die Ohren und stellt den Schwanz auf. Er zeigt sein *Imponierverhalten*.

Fühlt er sich bedroht, sträubt er Rückenhaare und Nackenhaare und flescht die Zähne. Der Rangniedere reagiert auf diese *Drohgebärde*: Er legt die Ohren an und hält den Schwanz gesenkt oder sogar zwischen die Beine geklemmt. Bei Kämpfen zwischen zwei Wölfen wirft sich der Unterlegene auf den Rücken und zeigt dem Gegner die ungeschützte Hals- und Bauchseite. Dieses *Demutsverhalten* hemmt die Angriffslust des Stärkeren.

Hunde zeigen ähnliche Verhaltensweisen wie Wölfe. Die Menschen, die ihn betreuen, betrachtet er als sein „Rudel". Er ist bereit, sich der hier herrschenden „Rangordnung" zu unterwerfen. In seinem Herrn sieht er den „Leithund", dem er willig folgt. Das Bellen und auch das nächtliche Heulen anderer Hunde wird von ihm beantwortet. Sein Revier ist der Garten oder der Hof. Dringt ein Fremder in das Revier ein, verbellt ihn der Hund.

Der Hund wurde aus dem Wolf gezüchtet. Er ist das älteste Haustier des Menschen. Die Züchtung des Hundes hat wahrscheinlich schon vor etwa 14 000 Jahren bei den Steinzeitmenschen mit der **Zähmung** des Wolfes begonnen. Die Wölfe folgten vermutlich den Steinzeitmenschen, um deren Nahrungsreste zu fressen. Möglicherweise schafften es die Jäger dabei, junge Wölfe zu fangen und zu zähmen. Mit Sicherheit hat der Steinzeitmensch auch einige Wölfe gehalten, weil er merkte, dass sie gute Wächter waren und nützliche Eigenschaften für die Jagd besaßen. Mit ihrem starken Geruchssinn und dem guten Gehör spürten sie Wild auf oder nahmen Geräusche wahr, die wir Menschen nicht hören. Die Wildtiere gewöhnten sich an die Nähe des Menschen. Aus dem *Wildtier* wurden so mit der Zeit gezähmte *Haustiere*.

Die heutigen **Hunderassen** stammen alle vom Wolf ab. Wie sind die unterschiedlich aussehenden Rassen entstanden? Die Steinzeitmenschen wählten aus den Nachkommen der gezähmten Wölfe immer nur solche Elterntiere für die Weiterzucht aus, die für sie nützliche Merkmale aufwiesen. Diese planmäßige Auswahl nennt man **Züchtung**. Auf diese Weise wurde die Ursprungsform Wolf vielfach verändert. Durch weitere *Zuchtauswahl* entstanden bis heute etwa 400 verschiedene *Rassen*.

3 Rangordnungskampf bei Wölfen

1. Beantworte mithilfe des Internets, eines Lexikons oder Fachbuches folgende Fragen:
   a) Wölfe lebten vor Jahrzehnten auch in unseren Wäldern. Warum gibt es heute bei uns fast keine Wölfe mehr?
   b) In welchen Ländern leben heute noch Wölfe? Warum sind sie dort noch nicht ausgestorben?
2. Vergleiche den Wolf in Abbildung 1 mit dem Schäferhund. Warum wird der Schäferhund auch „Wolfshund" genannt?
3. Nenne Eigenschaften und Verhaltensweisen von Hunden, die auf eine Verwandtschaft mit Wölfen hinweisen.
4. Benenne und beschreibe die in der Abbildung 4 gezeigten drei Verhaltensweisen des Hundes. Achte dabei besonders auf die Körperhaltung, die Schnauze, den Schwanz, die Ohren und die Nackenhaare.
5. Welche Zuchtziele haben die Züchter bei den einzelnen Hunderassen im Bioskop „Hunderassen" vermutlich verfolgt?
6. Schreibe einen Steckbrief (siehe Methode „Einen Steckbrief erstellen") für deinen Lieblingshund. Gestaltet mit allen Steckbriefen aus der Klasse eine Ausstellung über Hunderassen.

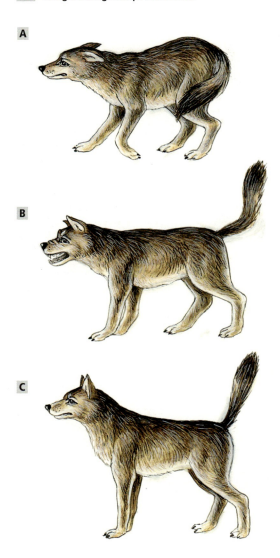

4 Körpersprache beim Hund

Menschen halten Tiere

1 Trächtige Hündin

2 Neugeborene Welpen

3 Hündin mit trinkenden Welpen

2.3 Hunde säugen ihre Jungen

Junge Hündinnen werden zwischen dem 8. und 12. Monat *geschlechtsreif*. Ab dann sind sie zweimal pro Jahr *läufig*, das heißt, sie sind zur *Paarung* bereit. Kommt es in dieser Zeit mit einem männlichen Hund, dem *Rüden*, zur Paarung, kann eine Hündin trächtig werden. Die **Tragzeit** dauert ungefähr 63 Tage. Die Geburt kündigt sich etwa zwei Tage vorher an. Dann wird die Hündin unruhig und sucht einen Platz für die Geburt. Ein *Wurf* kann aus vier bis zehn Jungtieren, den **Welpen**, bestehen. Bei der Geburt sind sie von der *Fruchtblase* umgeben. Diese wird von der Mutter aufgerissen und aufgefressen. Anschließend beißt die Mutter die Nabelschnur durch und leckt das nasse Jungtier trocken.

Neugeborene Welpen sind völlig hilflos. Ihre Augen sind noch geschlossen und sie können noch nicht hören. Sofort nach der Geburt kriechen sie unbeholfen an den Bauch der Mutter. Mit seitlichen Bewegungen des Kopfes suchen sie nach den *Milchzitzen*. Sobald sie eine Zitze gefunden haben, beginnen sie zu saugen. Mit ihren Vorderpfoten treten sie dabei gegen den Bauch der Mutter. Durch diesen so genannten „Milchtritt" werden die *Milchdrüsen* angeregt, Milch zu produzieren. Die jungen Welpen werden in den ersten Lebenswochen von der Mutter aber nicht nur mit Muttermilch gesäugt, sondern auch gewärmt, sauber geleckt und geschützt. Ein solches Verhalten bezeichnet man als **Brutpflege**. Das Brutpflegeverhalten ist der Hündin angeboren. Sie braucht es nicht zu lernen. Auch die Welpen zeigen angeborene Verhaltensweisen wie die Suche nach den Zitzen oder den Milchtritt.

Nach zehn bis zwölf Tagen öffnen die Welpen erstmals ihre Augen. Zu diesem Zeitpunkt beginnt auch das Fell zu wachsen. Zwei bis drei Wochen nach der Geburt beginnt die Entwöhnung von der Muttermilch. Sie erhalten jetzt zusätzlich Welpenfutter. Mit etwa sechs Wochen sind die Milchzähne des Welpen vollständig. Nun kann er feste Nahrung fressen und wird langsam unabhängig von der Hündin. Mit zunehmendem Alter verlassen die Welpen ihre

Wurfkiste immer häufiger. Sie erkunden die nähere Umgebung und spielen miteinander. Im Spiel erlernen sie auch ihre Rangfolge im Rudel und erfahren, dass sie sich anderen Hunden unterordnen müssen. Auch die *Körpersprache* der Hunde lernen sie im Spiel. Haben Welpen in den ersten zwei Monaten nicht genügend Kontakt mit Artgenossen, kann es sein, dass sie sich später anderen Hunden gegenüber nicht normal verhalten.

In dieser Zeit machen Welpen auch ihre ersten Erfahrungen mit den Menschen. Das Vertrauen zu ihnen müssen die jungen Welpen erst lernen. Deshalb müssen Hundehalter in den ersten Wochen sehr behutsam mit den Jungtieren umgehen.

Das Säugen der Jungtiere und die Brutpflege sind typische Kennzeichen für **Säugetiere**. Weitere charakteristische Merkmale für Säugetiere sind die gleichwarme Körpertemperatur, die Lungenatmung und das Vorhandensein von Haaren oder Fell.

1. Stelle die Brutpflegemaßnahmen der Hündin von der Geburt an zusammen.
2. Liste die gemeinsamen Kennzeichen aller Säugetiere auf und nenne andere Haustiere, die auch zu den Säugetieren gehören.
3. Nenne Verhaltensweisen, die den Welpen angeboren sind.
4. Welche Verhaltensweisen gehören zum angeborenen Brutpflegeverhalten der Hündin?
5. Hundewelpen spielen häufig miteinander. Manchmal sieht das „Spiel" auch wie eine „Rauferei" aus. Erkläre, wozu dieses Verhalten der jungen Hunde dient.
6. Warum geben Hundezüchter junge Welpen erst nach acht Wochen ab?
7. Beschreibe, welche Rolle der Mensch übernimmt, der einen jungen Hund kauft.
8. Hundewelpen sind bei der Geburt nackt und blind und heißen Nesthocker. Die Neugeborenen von Rindern haben bei der Geburt bereits ein Fell und können sehen. Sie heißen Nestflüchter.
   a) Erkläre die beiden Begriffe „Nesthocker" und „Nestflüchter".
   b) Stelle in einer Tabelle Unterschiede und Gemeinsamkeiten von Nesthockern und Nestflüchtern zusammen. Nenne Beispiele.

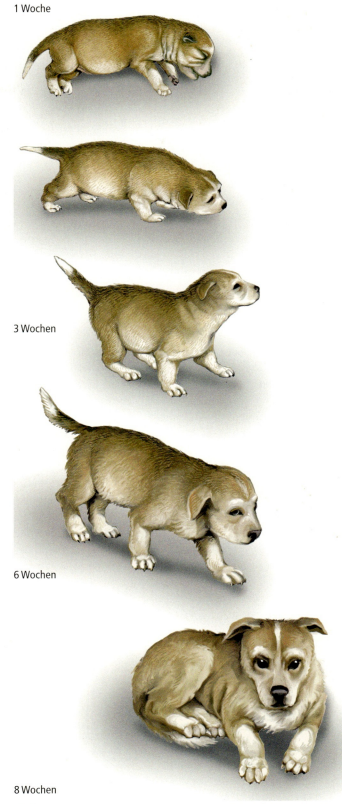

1 Woche

3 Wochen

6 Wochen

8 Wochen

4 Entwicklung eines Welpen

METHODE

Einen kurzen Vortrag halten

Vortrag einer Schülergruppe

Wenn du – alleine oder in der Gruppe – einen Vortrag halten sollst, musst du dich unbedingt gut **vorbereiten:**

1. Falls ihr als Gruppe arbeitet, müsst ihr euch *absprechen,* wer welche Aufgabe übernimmt.
2. *Sammle Informationen* zum Thema des Vortrags. Verwende nur das, was wichtig oder interessant ist, sonst wird der Vortrag leicht zu lang und uninteressant.
3. Suche *ergänzende Materialien* zu dem Vortrag, zum Beispiel Fotos, Tabellen, Grafiken, kurze Videosequenzen oder Tonaufnahmen. Manchmal kannst du auch Gegenstände besorgen, die zum Vortrag passen.
4. *Ordne* die gesammelten Informationen und Materialien so, dass sich eine sinnvolle Reihenfolge für den Vortrag ergibt.
5. Fertige evtl. *Plakate* oder *Folien* mit den wichtigsten Informationen an.
6. Mache auf Zetteln oder Karten kurze *Stichpunkte,* anhand derer du den Vortrag halten kannst.

Auch **während des Vortrages** kannst du durch die Beachtung einiger einfacher Regeln dafür sorgen, dass dein Vortrag ein Erfolg wird:

1. Beginne erst mit dem Vortrag, wenn die Klasse *ruhig* ist.
2. Nenne zunächst immer das Thema des Vortrages und gibt dann einen ganz knappen *Überblick* über das, was deine Zuhörer erwartet.
3. Sprich *langsam* und deutlich.
4. Schaue während des Vortrags möglichst oft zu deinen Zuhörern.

Versuche, beim Vortrag nicht nur auf deine Zettel zu schauen.

5. Baue die vorbereiteten Materialien wie Fotos, Zeichnungen, Tabellen oder Diagramme oder die von dir mitgebrachten Gegenstände in den Vortrag ein und *erkläre* sie jeweils.
6. Gib deinen Zuhörern die Gelegenheit, *Fragen* zu stellen, wenn sie welche haben.
7. Gib ehrlich zu, wenn du etwas nicht weißt und versuche nicht, dir schnell etwas auszudenken.

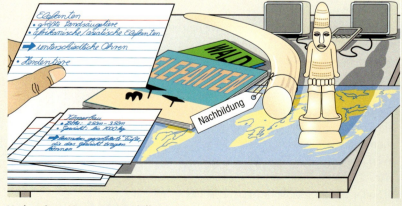

Vorbereitete Vortragsmaterialien

Menschen halten Tiere

Hunderassen

Dalmatiner

Mittelgroßer, eleganter Hund; weißes Fell mit kleinen braunen oder schwarzen Flecken. Dalmatiner stammen vermutlich aus Jugoslawien und wurden als Wachhunde an der Grenze Dalmatiens verwendet. Außerdem nutzte man sie als Jagdhunde. Heute verwendet man Dalmatiner nur noch als Haushunde. Sie sind lebhaft, anhänglich und kinderlieb.

Deutsch Langhaar

Großer, kräftiger, muskulöser Hund; Haare des Fells 3 – 5 cm lang; an Bauch, Brust und Hals etwas länger; einfarbig braun oder braun-weiß gefleckt. Der Deutsch Langhaar ist ein zuverlässiger, arbeitsfreudiger Jagdhund, der nur in die Hand eines Jägers gehört. Er sucht das vom Jäger erlegte Wild im Feld und Wald, aber auch im Moor und in Gewässern.

Afghanischer Windhund

Großer, schlanker, dicht lang behaarter Hund; verschiedenfarbiges Fell; herabhängende Ohren. Diese Rasse wird schon seit Jahrtausenden in Afghanistan zur Jagd verwendet. Hundehalter schätzen ihn als Haushund wegen seiner „stolzen" Kopfhaltung, seines Fells und des federnden Ganges. Im Haus ist er ruhig und bellt wenig.

Chow Chow (sprich: tschau-tschau)

Mittelgroßer, reich behaarter, meist rotbraun gefärbter Hund mit löwenähnlicher Halskrause; buschiger Ringelschwanz; blauschwarze Zunge. Der Chow Chow lebte schon vor 4000 Jahren in Asien und diente dort als Tempelwächter. Heute hält man ihn als Haushund. Er ist sehr freiheitsliebend und hasst jedes Eingesperrtsein. Er braucht gute Aufsicht.

Bullterrier

Mittelgroßer, kräftiger, kurzhaariger Hund mit großem Kopf und spitzen Stehohren; weiß bis braun gefärbt. Er ist aus einer Kreuzung von Bulldogge und Terrier entstanden. Früher wurde er bei Hundekämpfen eingesetzt, da er sich kampffreudig zeigt. Aufgrund mehrerer Beißvorfälle wird seine Haltung in Hundeverordnungen und Gesetzen reglementiert.

Chihuahua (sprich: tschiwawa)

Kleinster Hund der Welt; kurz- oder langhaarig. Sein Idealgewicht sollte zwischen 1,5 und 3 Kilogramm liegen. Es gibt aber heute auch Exemplare, die aufgrund papierdünner Knochen weniger als ein Kilogramm wiegen. Dies führt häufig zu gesundheitlichen Problemen und man spricht in diesem Zusammenhang auch von „Qualzucht".

1 Hauskatze beim Beutefang

3 Die Katze

3.1 Die Katze – ein Schleichjäger

Eine Katze bewegt sie sich geduckt und lautlos durch das Gras. Dabei berührt sie den Boden nur mit den Zehen. Sie ist ein **Zehengänger**. Die einziehbaren *Krallen* sind in Hautfalten versteckt. Sie geht wie auf „Samtpfoten". Man bezeichnet Katzen deshalb als **Schleichjäger**. Hat die Katze eine Maus entdeckt, hält sie inne und drückt sich mit ihrem Körper flach an den Erdboden. Sie lauert und kann in dieser Stellung lange verharren. Plötzlich springt sie in Richtung der Maus. Dabei drückt sie sich mit ihren kräftigen Hinterbeinen vom Boden ab. Während des Sprungs „fährt" sie die scharfen Krallen an den Vorderpfoten aus. Bei der Landung packt sie die Beute mit ihren Krallen. Mit einem Genickbiss ihrer dolchartigen **Fangzähne** wird die Beute schnell getötet.

Katzen jagen ihre Beute in der Dämmerung und in der Nacht. Sie sind **Nachtjäger**. Das Aufspüren der Beute in der Dunkelheit ist durch besonders leistungsfähige **Sinnesorgane** möglich. Die *Augen* sind ihre schärfsten Sinnesorgane. Mit zunehmender Dämmerung vergrößert sich die Pupille zu einer weiten, kreisförmigen Öffnung.

So können viele Lichtstrahlen vom Auge aufgefangen werden. Katzen sehen in der Dunkelheit besser als wir und können deshalb auch bei schwachem Licht noch auf Beutefang gehen. Am Tage verengt sich die Pupille zu einem schmalen, senkrechten Spalt, so dass nur wenig Licht in die empfindlichen Augen gelangen kann.

Wird eine Katze in der Nacht durch Scheinwerferlicht angestrahlt, leuchten ihre Augen hell auf. Wie von einem Spiegel werden die Lichtstrahlen von der Augenrückwand zurückgeworfen.

Beim Aufspüren der Beute arbeiten Augen und **Ohren** zusammen. Die Ohrmuscheln sind in dauernder Bewegung. Sie wirken wie Schalltrichter. Auf diese Weise stellen Katzen sowohl die Richtung als auch die Entfernung der Geräuschquelle fest. Mit ihrem empfindlichen Gehör nehmen Katzen auch aus größerer Entfernung noch leise Geräusche wie Mäusepiepsen wahr.

Auch der **Tastsinn** ist bei Katzen besonders gut entwickelt. Schleicht sich die Katze an das Beutetier an, so weicht sie jedem Hindernis geschickt aus. Mithilfe von *Tasthaaren* kann sich die Katze auch bei Dunkelheit orientieren. Zu den Tasthaaren gehören die *Schnurrhaare* an der beweglichen Oberlippe und *Spürhaare* am Kinn, an den Backen und über den Augen.

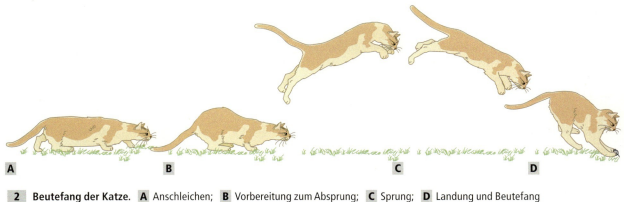

2 Beutefang der Katze. **A** Anschleichen; **B** Vorbereitung zum Absprung; **C** Sprung; **D** Landung und Beutefang

1. Beschreibe mit Hilfe der Abbildung 1 wie die Katze ihre Beute fängt.
2. Die Pfoten der Katzen sind zum Festhalten der Beutetiere, zum Schleichen und zum Klettern geeignet.

3 Katzenpfoten

5 Katzenaugen. **A** im Hellen; **B** im Dunkeln

a) Erkläre, wie Katzenpfoten alle oben genannten Aufgaben erfüllen können.
b) Beschreibe mithilfe der Abbildung 4 den Mechanismus der Katzenkrallen.

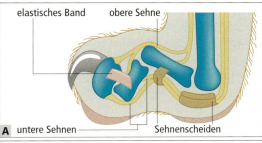

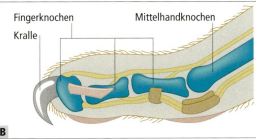

4 Katzenkralle. **A** eingezogen; **B** vorgestreckt

c) Überlege, wann das Einziehen bzw. das Vorstrecken der Krallen für die Katze von Vorteil ist.
3. a) Auch bei völliger Dunkelheit können sich Katzen gut orientieren. So können sie beispielsweise feststellen, ob ihr Körper problemlos durch eine enge Stelle passt. Erkläre, wie das möglich ist.
b) Beschreibe und erkläre die unterschiedliche Pupillenform in der Abbildung 5.
c) Rückstrahler am Fahrrad nennt man auch „Katzenaugen". Erkläre.

d) Beschreibt die Veränderungen der Pupillen im Auge des Menschen bei Helligkeit und Dunkelheit. Haltet dazu ein Auge für ein bis zwei Minuten mit einer Hand zu. Schaut mit dem anderen Auge während dieser Zeit ins Helle. Seht euch anschließend gegenseitig an, und öffnet jetzt auch das zugehaltene Auge. Wie sehen die Pupillen aus? Vergleicht mit den Augen der Katze.
4. Vergleiche das Gebiss in der Abbildung 6, mit dem Hundegebiss (S. 62). Wie nennt man ein solches Gebiss?

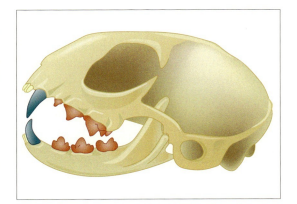

6 Katzenschädel mit Gebiss

5. Katzenbesitzer haben häufig für ihre Katze in einer Tür eine so genannte Katzenklappe eingebaut. Erkläre.
6. Ist eine Katze für dich das richtige Haustier? Erstelle eine Liste mit Fragen und Antworten. Besprich und vergleiche anschließend deine Ergebnisse mit deinen Mitschülern.
7. Schreibe für eine der im Bioskop „Katzen" abgebildeten Katzen einen Steckbrief (siehe Methode „Einen Steckbrief erstellen").

1 Falbkatze

3.2 Die Abstammung der Hauskatze

Katzen lieben Wärme und liegen gern lange in der Sonne. Dieses Verhalten weist auf die Herkunft unserer Hauskatze hin: Sie stammt von Wildkatzen wie der **Ägyptischen Falbkatze** ab. Diese lebt heute noch in Ländern Nordafrikas wie beispielsweise Libyen und Ägypten.

Vor Jahrtausenden siedelte sie sich in der Nähe menschlicher Behausungen an, da sie dort genügend Nahrung fand. Sie jagte nach Mäusen und Ratten. Die Menschen zähmten dann die Falbkatze, um mit ihrer Hilfe die Mäuseplage zu bekämpfen. Aus den Nachkommen der wilden Falbkatze wurde unsere Hauskatze gezüchtet. Von ihrer Heimat aus gelangte die Hauskatze in alle Länder Europas. Bei uns wird sie seit ungefähr 1000 Jahren gehalten. Durch Züchtung entstanden viele verschiedene Rassen.

Unsere Hauskatzen zeigen immer noch Verhaltensweisen ihrer Vorfahren. Lässt man Katzen nach draußen – was ihrer natürlichen Lebensweise entspricht – jagen sie beispielsweise Mäuse, Ratten und auch Singvögel, auch wenn sie zuhause ausreichend Futter erhalten. Wie die Falbkatze lebt sie gern als **Einzelgänger**. Sie gewöhnt sich zwar an den Menschen, geht aber keine feste Bindung ein. Wird eine Katze nicht regelmäßig gefüttert, verwildert sie.

Auch bei der Körpersprache kann man Gemeinsamkeiten mit Wildkatzen beobachten. Einen ausgeglichenen Gemütszustand demonstriert sie durch einen waagerecht gehaltenen Schwanz, durch gespitzte Ohren und aufmerksam geöffnete Augen. Die Haare des Felles liegen dabei überall glatt an. Nähert sich ein bekanntes Wesen, das ihr freundlich gesinnt ist, schnellt der Schwanz als Begrüßungssignal senkrecht nach oben. Die Augen sind dann offen und die Ohren aufgerichtet. Sie sucht dann auch kurzen Körperkontakt. Stellt sie die Augen länglich schräg und legt die Ohren an, bedeutet das Misstrauen. Feinden und Rivalen gegenüber stellt sie sich auf Zehenspitzen und macht den bekannten Katzenbuckel. Gleichzeitig sträubt sie die Rücken- und Schwanzhaare, sodass sie noch größer erscheint.

1. Beobachte eine Katze. Beschreibe ihre Körpersprache, nimm eventuell die Abbildung 2 zur Hilfe.
2. Beschreibe die Falbkatze und vergleiche mit der Hauskatze.
3. Warum „verstehen" sich Hunde und Katzen so schlecht?
4. Katzen sind Säugetiere. Zeige dies anhand von Beispielen.
5. Vergleiche in einer Tabelle die Jagdweisen von Hund und Katze miteinander.

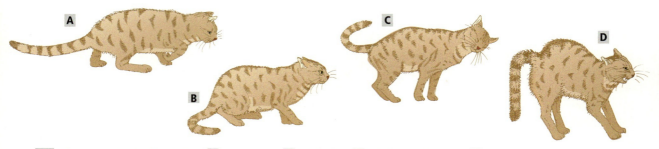

2 Körpersprache der Hauskatze. **A** angespannt; **B** bei Gefahr; **C** in Schmusestimmung; **D** gereizt

Katzen

Siamkatze

Die Siamkatze stammt aus Siam, dem heutigen Thailand. Diese mittelgroße Kurzhaarkatze hat einen muskulösen Körper und einen schmalen, keilförmigen Kopf mit langer gerader Nase. Sie fällt durch die Fellfarbe am Schwanz, am Kopf und den Pfoten bei ansonsten cremefarbener Fellfärbung auf. Ebenso typisch für sie sind die blauen Augen.

Europäische Wildkatze

Die Europäische Wildkatze lebt im Wald und hält sich in hohlen Bäumen, Fuchs- und Dachsbauten oder anderen Höhlen auf. In der Dämmerung und Dunkelheit jagt sie nach Nagetieren oder Vögeln. Die Wildkatze sieht wie eine große getigerte Hauskatze aus, macht aber einen gedrungeneren Eindruck, da sie ein längeres Fell und einen buschigen Schwanz hat.

Gepard

Der Gepard lebt in den Steppen und Savannen Afrikas und Asiens. Mit seinen langen Beinen und dem schlanken Körper erreicht er kurzzeitig eine Geschwindigkeit von etwa 100 km pro Stunde. Er ist somit das schnellste Säugetier. Gejagt werden vorwiegend Gazellen, daneben auch kleinere Säugetiere und Vögel.

Perserkatze

Ob die Perserkatze, die mit den Seefahrern aus Asien nach Europa kam, tatsächlich aus Persien oder eher aus der Türkei stammt, weiß man nicht genau. Perserkatzen sind – wie auch Siam- und Angorakatzen – beliebte und verbreitete Rassen der Hauskatze. Die Perserkatze ist groß und hat einen gedrungenen Körper. Nicht nur das dichte und lange Fell, sondern auch der runde Kopf, das „puppenhafte" Gesicht und die Stupsnase sind charakteristisch für diese Art.

Löwe

Löwen sind in Afrika verbreitet. Sie bilden Familienverbände mit dem männlichen Löwen als Leittier und sechs bis neun Weibchen mit ihren Jungen. Das Männchen markiert mit Urin das Revier und verteidigt es durch Brüllen. Dabei richtet es seine Mähne auf, die den Kopf dann doppelt so groß erscheinen lässt. Im Unterschied zum Männchen besitzen die Weibchen keine Löwenmähne. Die Weibchen jagen gemeinsam und sorgen für den Großteil der Nahrung.

Bengaltiger

Der Bengaltiger kommt heute nur noch in einigen Gebieten Indiens vor. Er zählt zu den größten und schwersten Großkatzen. Der Bengaltiger jagt Hirsche, Wildrinder oder Schweine. Er ist gut getarnt. Sein gestreiftes Fell fällt zwischen den Gräsern, dem Buschwerk und dem Schatten der Blätter nicht auf. Große Teile des Tages verbringt er im tiefen Schatten der Wälder, um der Hitze zu entgehen.

1 Auf einem Reiterhof

2 Pferde brauchen Pflege

3 Täglicher Ausritt

4 Das Pferd – ein Nutztier im Wandel

Wünscht du dir auch manchmal Ferien auf einem Reiterhof oder sogar ein eigenes Pferd? Doch nur wenige können sich diesen Wunsch erfüllen, denn Pferdehaltung ist sehr teuer.

Schon seit 5500 Jahren werden Pferde vom Menschen als Haustiere gehalten. Mit Pferd und Wagen reiste man von Ort zu Ort oder transportierte schwere Lasten. Bei der Arbeit auf den Feldern oder im Wald waren Pferde unentbehrlich. Trecker, Lastwagen, Eisenbahnen und Busse haben das Pferd als Arbeitskraft weitgehend verdrängt. Besonders die Anzahl der Arbeitspferde, die zur Rasse der **Kaltblutpferde** gehören, wird ständig geringer. Manchmal sieht man diese stämmigen, kräftigen Tiere noch in Festumzügen als Zugpferde vor Brauereiwagen.

Heute züchtet man hauptsächlich Reitpferde, da der Reitsport zunehmend an Bedeutung gewinnt. Reitpferde und Springpferde sind meistens **Warmblutpferde**. Zu diesen schnellen, ausdauernden und schlanken Pferden gehören z. B. Trakehner und Hannoveraner. Die temperamentvollen Rennpferde, die einen zierlich gebauten, schlanken Körper haben, sind **Vollblutpferde**.

Pferde sind *Lauftiere*. Sie können stundenlang laufen, ohne zu ermüden. Dabei treten sie mit den Spitzen ihrer Zehen auf. Pferde sind *Zehenspitzengänger*. Die langen und starken Laufbeine zeigen einen einfachen Bau. Sie besitzen nur einen Finger, den kräftig ausgebildeten Mittelfinger. Sein äußerstes Ende steckt in einem Hornschuh, den man als *Huf* bezeichnet. Das Pferd ist ein **Unpaarhufer**.

Auf der Weide bleiben Pferde in kleinen Gruppen zusammen. Werden Pferde erschreckt, so stürmen sie in wilder Flucht davon. Diese Verhaltensweisen erinnern an das Leben der **Wild**-

4 Waldarbeit mit Kaltblütern

5 Jagd zu Pferde (Warmblüter)

6 Vollblüter beim Galopprennen

7 Przewalskipferde

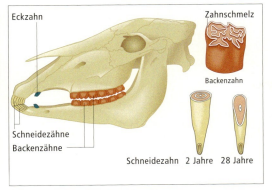
8 Schädel und Gebiss des Pferdes

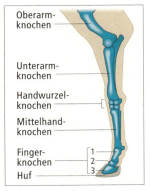
9 Vorderbein des Pferdes

pferde, von denen nur das Przewalskipferd überlebt hat. Przewalskipferde werden in Zoos gehalten. Man erkennt sie an den aufrecht stehenden Haaren der Mähne und an ihrem gelbbraunen Fell.

Das Pferd ist ein Pflanzenfresser und besitzt ein typisches *Pflanzenfressergebiss*. Auf der Weide fasst es das Gras mit den schräg nach vorn gestellten Schneidezähnen wie mit einer Zange und kneift es ab. Anschließend wird das Gras mit den breiten Backenzähnen zerkleinert. Die auf der Krone sitzenden Schmelzfalten zerreiben dabei die Pflanzennahrung in kleinste Teile. Je älter ein Pferd ist, desto mehr nutzen sich die Schmelzfalten ab. Pferdekenner können an der Stärke der Abnutzung das Alter der Tiere überprüfen.

Pferde sind Säugetiere. Die Stuten bringen nach einer Tragzeit von 300 Tagen ein Junges zur Welt. Die jungen Fohlen sind nach kurzer Zeit selbstständig und somit **Nestflüchter**.

1. Beschreibe, wie Pferde früher genutzt wurden. Nenne Gründe für die veränderte heutige Nutzung.
2. Die Einteilung in Warmblut, Kaltblut und Vollblut hat nichts mit der Temperatur des Blutes zu tun, sondern mit dem Körperbau und dem Temperament der Pferde. Fertigt in Gruppen Plakate (siehe Methode „ Ein Informationsplakat erstellen") für Pferderassen aus diesen Gruppen an.
3. Vergleiche das Gebiss des Pferdes mit dem des Hundes. Welche Zusammenhänge bestehen zwischen der Art der Nahrung und dem Gebissaufbau?
4. Ein bekanntes Sprichwort lautet: „Einem geschenkten Gaul schaut man nicht ins Maul". Erkläre, was es bedeutet.
5. Beschreibe den Bau des Vorderbeines eines Pferdes. Vergleiche mit dem Bein des Menschen.
6. Pferde sind Zehenspitzengänger, Huftiere und Unpaarhufer. Erkläre die Begriffe.
7. Beschreibe die drei Gangarten des Pferdes.

10 Bewegungsformen. **A** Schritt; **B** Trab; **C** Galopp

Menschen halten Tiere

1 Bulle, Kuh und Kalb auf der Weide

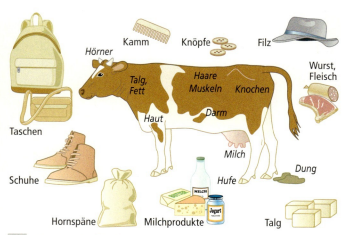

2 Nutzung des Rindes

5 Das Rind

5.1 Das Rind hat für den Menschen eine große Bedeutung

Mit der Zucht des Rindes begann der Mensch vor etwa 6000 Jahren. Bis heute ist das Rind unser wichtigstes Haustier geblieben. Hast du schon einmal darüber nachgedacht, wie wir ohne dieses Haustier leben würden? Butter und Käse werden zum Beispiel aus der Kuhmilch gewonnen. Der Braten stammt vom Kalb oder vom erwachsenen Rind. Aktentaschen und Schuhe sind aus Rindleder. Das wichtigste Erzeugnis der Kuh ist die Milch. Kuhmilch ist ähnlich zusammengesetzt wie die menschliche Muttermilch und daher für die meisten Menschen sehr gesund.

Rinder werden heute hauptsächlich zur Milch- und Fleischerzeugung gehalten. *Milchkühe* sollen eine hohe **Milchleistung** erbringen. Damit die Kühe Milch geben, müssen sie zuerst ein Kalb zur Welt bringen. Rinder werden heute fast immer künstlich besamt. Nach einer Tragzeit von neun Monaten wird das Kalb geboren. Hat eine Kuh gekalbt, wird im Euter die Milch gebildet. Diese enthält alle Bestandteile, die das neugeborene Kalb zum Wachstum braucht. Später bekommt das Kalb Ersatznahrung.
Milchkühe werden meistens zweimal täglich mit einer Melkmaschine gemolken. Hochleistungsmilchkühe erzeugen bis zu 45 Liter Milch pro Tag. Die Milch wird zur Molkerei transportiert und dort zu vielen Milchprodukten weiterverarbeitet.

Mastrinder werden für einen schnellen **Fleischansatz** gezüchtet. Das Fleisch wird hauptsächlich zu Braten, Mett und Wurst verarbeitet. Andere bei der Schlachtung anfallende Bestandteile des Rindes wie z. B. Knochen, Hufe, Haut, Hörner, Darm oder Talg werden zu Futtermitteln, Dünger, Leder, Wursthaut, Fetten oder medizinischen Produkten verarbeitet. Ein geschlachtetes Rind wird also fast vollständig vom Menschen verwertet.

1. Schreibe auf, welche Milchprodukte in Lebensmittelgeschäften angeboten werden.
2. Die Tabelle zeigt die Entwicklung der durchschnittlichen jährlichen Milchmenge je Kuh. Zeichne ein Balkendiagramm. Was fällt auf? Erkläre.

Jahresleistung einer Kuh in Litern					
Jahr	Liter	Jahr	Liter	Jahr	Liter
1810	1200	1950	2500	1991	4800
1850	1600	1965	3700	1994	5200
1910	2100	1975	4000	2000	6100
1930	2400	1980	4500	2004	6600

3. Beschreibe den Weg der Milch vom Melkstand bis zum Supermarkt.
4. Rinder können an BSE erkranken. Informiere dich im Lexikon oder Internet über die Krankheit.

Menschen halten Tiere

5.2 Das Rind stammt vom Auerochsen ab

Im Jahr 1940 wurden in einer Höhle bei Lascaux in Südwestfrankreich gut erhaltene *Höhlenmalereien* von **Auerochsen** entdeckt. Aufgrund von Knochenfunden kann man heute auch Aussagen zur Größe der Tiere machen. Die Stiere hatten vermutlich eine Länge von drei Metern, waren 1,80 Meter hoch und wogen ca. 1000 Kilogramm. Die Kühe waren kleiner, leichter und wahrscheinlich nur 1,50 Meter groß.

Der letzte Auerochse starb im Jahre 1669. Die Brüder HEINZ und LUTZ HECK, beide waren Zoodirektoren, begannen vor 80 Jahren mit der Zucht des Heck-Rindes. Färbung und Gestalt der Heck-Rinder ähneln den Höhlenzeichnungen schon sehr, jedoch waren die Auerochsen deutlich größer.

Auerochsen sind die wilden Vorfahren unserer *Hausrinder*. Sie lebten in einem Gebiet von Spanien bis China und von Dänemark bis Nordafrika. In kleinen Herden, die aus einem Bullen, mehreren Kühen und deren Kälbern bestanden, durchstreiften sie bei der Nahrungssuche sumpfige Wälder und offenes Weideland. Sie ernährten sich von Gräsern, sowie von Blättern und Knospen der Laubbäume. Drohte ihnen Gefahr, gingen sie mit gesenktem Kopf auf den Gegner los. Diese Verhaltensweisen kann man auch heute noch bei Rindern auf der Weide beobachten.

Vor ungefähr 8000 Jahren begann der Mensch mit der *Zähmung* der Wildrinder. Schnell wurde den Menschen bewusst, dass Rinder gute Arbeitstiere und Fleischlieferanten waren. Die Bedeutung der Milch als Nahrung erkannte man erst später. Für die **Zucht** wählte man nur solche Tiere aus, die die gewünschten Eigenschaften zeigten. So entstanden im Laufe von Jahrhunderten mehrere hundert unterschiedliche Rinderrassen.

1. Die „Auerochsen", die heute in Zoos leben, sind keine echten Auerochsen. Begründe.
2. Vergleiche das Urrind in der Höhlenzeichnung mit den heutigen Rindern.
3. Erstelle Steckbriefe für die Rinderrassen in Abbildung 3 auf dieser Seite (siehe Methode „Einen Steckbrief erstellen").

1 Höhlenmalerei aus Lascaux

2 Heck-Rinder

3 Rinderrassen. **A** Schwarzbuntes Niederungsvieh; **B** Galloway; **C** Charolais-Rind;

Menschen halten Tiere

5.3 Das Rind – ein Pflanzenfresser

Auf der Weide hast du sicherlich schon Rinder beim Grasen beobachtet. Sie nehmen täglich bis zu 70 kg Futter auf. Rinder ernähren sich nur von Pflanzen. Sie sind **Pflanzenfresser**. Mit der langen, rauen Zunge umfasst das Rind die Grasbüschel, drückt sie mit den Schneidezähnen des Unterkiefers gegen die *Hornleiste* des Oberkiefers und hebt den Kopf ruckartig an. Die Grasbüschel werden dabei abgerissen und dann fast unzerkaut verschluckt. So kann das Rind in kurzer Zeit viel Nahrung aufnehmen.

Durch die Speiseröhre gelangt die kaum zerkaute Nahrung in den *Pansen*, der etwa 160 Liter fasst. Er stellt einen Vorratsraum dar, in dem die Pflanzennahrung eingeweicht und nur ein wenig zersetzt wird. Von hier gelangen kleine Nahrungsmengen in den *Netzmagen*. Seine Innenwände sind mit netzartigen Falten versehen. Hier werden aus der Nahrung kleine Nahrungsballen geformt.

Pflanzliche Nahrung ist schwer verdaulich. Nach stundenlangem Weiden lässt sich das Rind an einem ruhigen Platz nieder und beginnt, die aufgenommene Nahrung nochmals gründlich zu kauen. Es stößt auf, und ein Futterkloß rutscht aus dem Netzmagen durch die Speiseröhre ins Maul. Sofort führt der Unterkiefer gleichmäßig mahlende Bewegungen aus. Dabei wird der Bissen sorgfältig zerkleinert und wieder verschluckt. Rinder kauen ihre Nahrung also zweimal. Man nennt sie daher **Wiederkäuer**.

Zum Wiederkäuen ist das Gebiss des Rindes gut geeignet. Die *Backenzähne* stehen dicht nebeneinander. Zwischen den *Schmelzfalten* ihrer flachen Kauflächen wird der Nahrungskloß fein zerrieben – wie ein Korn zwischen zwei Mahlsteinen. Die breiten, flachen Kronen der Backenzähne kennzeichnen das **Pflanzenfressergebiss**.

Nach dem Wiederkäuen fließt der Speisebrei durch die *Schlundrinne* der Speiseröhre in den *Blättermagen*. Seine Innenwand ist mit blattartigen Falten ausgekleidet. Zwischen ihnen wird das überschüssige Wasser aus dem Speisebrei gepresst. Im *Labmagen* erfolgt schließlich durch

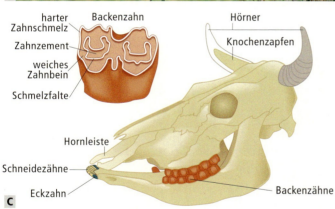

1 Rind. **A** auf der Weide; **B** Nahrungsaufnahme; **C** Schädel und Gebiss; **D** beim Wiederkäuen

Menschen halten Tiere

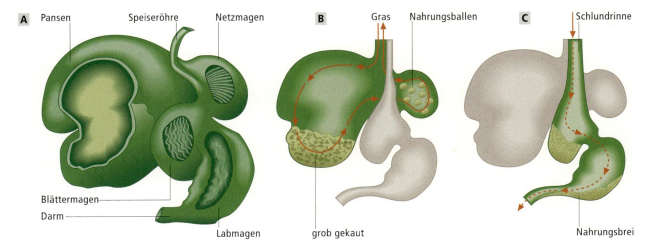

2 Wiederkäuermagen des Rindes. **A** Gesamtansicht; **B** Weg der Nahrung bis zum Wiederkäuen; **C** Weg der Nahrung nach dem Wiederkäuen

die abgesonderten Verdauungssäfte die eigentliche Verdauung. Von hier gelangt der Nahrungsbrei in den *Darm*, der bei Rindern eine Länge von 50–60 Metern hat. Dort werden alle verdauten Nahrungsbestandteile über die Darmwände vom Blut aufgenommen und im ganzen Körper verteilt. Der **Wiederkäuermagen** besteht also aus vier Abschnitten und ist der besonderen Ernährungsweise des Rindes angepasst.

Beim Fressen steht das Rind auf seinen kräftigen Beinen. Es berührt den Boden aber nur auf den Zehenspitzen. Solche Tiere nennt man **Zehenspitzengänger**. Die Zehen sind an ihren Enden mit Horn überzogen – den *Hufen*. Rinder gehören deshalb zu den **Huftieren**. Da die Rinder an jedem Fuß mit zwei Hufen auftreten, nennt man sie **Paarhufer**.

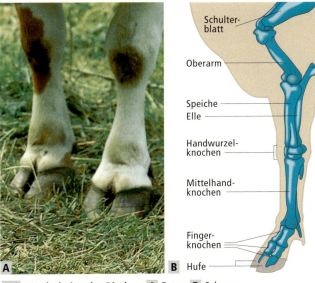

3 Vorderbeine des Rindes. **A** Foto; **B** Schema

1. **a)** Beschreibe das Gebiss des Rindes. Erkläre dabei auch, weshalb die Backenzähne auch Mahlzähne genannt werden.
b) Vergleiche das Pflanzenfressergebiss des Rindes mit dem Fleischfressergebiss des Hundes. Erläutere, wie die Gebissformen an die Ernährungsweise der Tiere angepasst sind.
c) Vergleiche die Nahrungsaufnahme von Rind und Pferd.
2. **a)** Zeichne mithilfe der Abbildung 2 A den Wiederkäuermagen. Beschrifte und zeichne mit „rot" den Weg der Nahrung bis zum Wiederkäuen und mit „grün" den Weg der Nahrung nach dem Wiederkäuen ein.
b) Beschreibe den Weg der Nahrung durch den Körper des Rindes.
c) Nenne die Abschnitte des Wiederkäuermagens und ihre Aufgaben. Lege dazu eine Tabelle an.
d) Der Darm des Rindes ist 50–60 Meter lang. Warum benötigen Rinder einen so langen Darm?
3. Nenne weitere Wiederkäuer. Beschreibe kurz ihre Lebensweise.
4. **a)** Der Mensch ist ein Sohlengänger, die Katze ein Zehengänger und das Rind ein Zehenspitzengänger. Beschreibe und erkläre.
b) Bei Huftieren unterscheidet man Paarhufer und Unpaarhufer. Erkläre und nenne Beispiele.

Menschen halten Tiere

1 Bankivahuhn. Henne (links) und Hahn (rechts)

2 Henne mit Küken

6 Das Huhn – ein Vogel als Nutztier

Hühner werden bereits seit etwa 5000 Jahren von den Menschen als Haustiere gehalten. Die heute lebenden Hühnerrassen stammen alle vom **Bankivahuhn** ab. Es lebt heute noch in den Wäldern Indiens und Indonesiens und ernährt sich von Knospen und Samen oder scharrt im Waldboden nach Würmern und Larven. Gern „badet" es im Staub, um sich von Ungeziefer zu reinigen. Zum Übernachten fliegt es auf Bäume, wo es vor Feinden geschützt ist. Aus dem Bankivahuhn haben sich durch Züchtung mehr als 150 Haushuhnrassen entwickelt. Sie haben die natürlichen Verhaltensweisen ihrer Vorfahren beibehalten. Auch sie scharren im Boden, suchen nach Nahrung oder nehmen ein Sandbad. Sie leben in einer ausgeprägten Rangordnung, der *Hackordnung*, zusammen. Eine Henne brütet auch die von ihr in ein Nest gelegten Eier aus, wenn man sie ihr nicht ständig wegnimmt.

Wenn aus den Eiern Küken schlüpfen sollen, müssen die Eizellen vorher befruchtet werden. Hühner haben einen gemeinsamen Ausgang für die Geschlechts- und Verdauungsorgane, die **Kloake.** Zur Übertragung der Spermien – der **Besamung** – springt der Hahn auf die Henne und drückt seine Kloake fest auf deren Kloake. Dabei werden Spermien des Hahns in die Kloake der Henne übertragen. Die Spermien wandern nun bis zum Trichterorgan des Eileiters. Hier findet die **Befruchtung** statt, dabei verschmelzen Eizelle und Spermienzelle. Innerhalb von 24 Stunden entwickelt sich im Eileiter das fertige Ei.

Brütet die Henne, auch *Glucke* genannt, das Ei, entwickelt sich ein Küken. Die Glucke sitzt mit kurzen Unterbrechungen ständig auf den Eiern und hält sie gleichmäßig warm. Von Zeit zu Zeit wendet sie die Eier mit dem Schnabel. Im Ei halten die beiden elastischen Hagelschnüre die Dotterkugel immer so, dass die Keimscheibe, aus der sich der Embryo entwickelt, immer oben liegt. Am zweiten Tag nach Brutbeginn ist die Dotterhaut von feinen Blutgefäßen durchzogen. Am sechsten Bruttag sind Flügel und Beine als kleine Stummel sichtbar. Der Embryo wird von Tag zu Tag größer und sieht am 14. Bruttag einem Küken schon sehr ähnlich. Die Nährstoffe für die Entwicklung liefern Eidotter und Eiklar. Nach 21 Tagen ist das Küken fertig ausgebildet.

3 Freilandhaltung von Hühnern

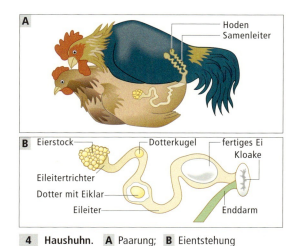
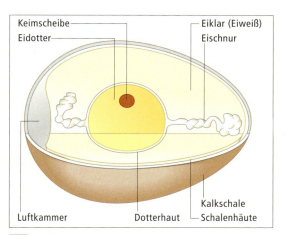

4 Haushuhn. **A** Paarung; **B** Eientstehung

5 Aufbau eines Hühnereies

Beim **Schlüpfen** pickt das Küken mit dem *Eizahn*, einem kleinen Höcker auf dem Schnabel, die Eischale auf. Küken sind **Nestflüchter.** Sie können sofort sehen, laufen und scharren.

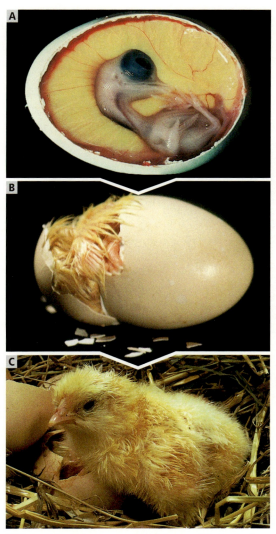

1. a) Übertrage die Schemazeichnung aus Abbildung 5 mit Beschriftung in dein Heft.
   b) Nenne die Aufgaben der einzelnen Bestandteile des Hühnereies. Lege dazu eine Tabelle nach folgendem Muster an.

Bestandteil	Aufgabe
Luftkammer	Luftvorrat für das Küken
Kalkschale	…
…	…

2. Beschreibe die Entwicklung des Eies im Eileiter. Beginne mit den Dotterkugeln im Eierstock und schließe mit der Eiablage.
3. Betrachte ein Stückchen Kalkschale mit einer Lupe und halte es gegen das Licht. Schreibe deine Beobachtungen auf und erkläre sie.
4. Beschreibe und erkläre den Unterschied zwischen Besamung und Befruchtung.
5. Die Befruchtung der Eizelle erfolgt ganz am Anfang des Eileiters. Erkläre warum.
6. Beschreibe mithilfe der Abbildung 6 die Entwicklung des Kükens im Ei.
7. Nicht bei allen Vogelarten sind die Nachkommen „Nestflüchter". Suche Beispiele für „Nestflüchter" und „Nesthocker" bei Vögeln.
8. Erkläre:
   a) Warum baden Hühner im Staub?
   b) Warum scharren Hühner gerne?
   c) Warum schlafen Hühner auf der Stange?

6 Entwicklung eines Hühnerkükens. **A** 14. Bruttag; **B** Aufbrechen der Schale am 21. Bruttag; **C** geschlüpft

Menschen halten Tiere

1 Formen der Rinderhaltung. **A** Freilandhaltung; **B** Laufstall; **C** Anbindestall; **D** Intensivhaltung: Mastkälber im Boxenstall

7 Nutztierhaltung

Magst du gerne Hamburger, Würstchen, Gyros oder Hähnchen? Fleischprodukte sind sehr beliebt, weil sie gut schmecken. Pro Person und Jahr essen wir in Deutschland durchschnittlich 60 kg Fleisch. Für etwa 80 Millionen Menschen werden ungefähr 15 Millionen Rinder, 26 Millionen Schweine und 2 Millionen Schafe gehalten.

Wie leben diese Tiere eigentlich? Bei weitem nicht alle Tiere können sich in Deutschland frei auf einer Weide bewegen. Bei den Rindern kommt die **Freilandhaltung** einer artgerechten Haltung zwar sehr nahe. Aber nicht alle Rinder leben im Freiland. Heutzutage werden die meisten Rinder in Ställen gehalten.

In einer modernen **Stallhaltung** berücksichtigt der Landwirt die natürlichen Lebensbedingungen der Rinder so weit wie möglich. Im *Laufstall* können die Tiergruppen frei umher laufen, auf dem Boden der Liegeboxen befinden sich Stroh oder Sägespäne. Diese Haltung ist für den Landwirt aber sehr teuer. Billiger ist der A*nbindestall*. Hier sind die Rinder den ganzen Tag angebunden oder auf engstem Raum zusammengepfercht. Sie stehen mit dem Kopf zur Futterkrippe eng nebeneinander und können sich kaum bewegen. Eine solche Haltung ist nicht artgerecht.

Sehr wenig Bewegung haben die Tiere auch bei der **Intensivhaltung**, z. B. in der Kälbermast. In Einzelboxen werden Kälber auf engstem Raum gehalten. Sie können sich kaum bewegen und nehmen darum schnell an Gewicht zu. Auch dies ist nicht artgerecht, denn Kälber springen und tollen gerne auf der Weide herum.

Die Freilandhaltung ist auch in der Schweinehaltung am artgerechtesten. Die Schweine haben die Möglichkeit, selbstständig nach Futter zu suchen und sich in Pfützen zu suhlen. Am häufigsten ist aber die Stallhaltung auf Spaltböden. Das sind starke Roste aus Stahl oder Beton. Urin und Kot fallen direkt in die darunter liegenden Güllebehälter. Der Stall muss deshalb nicht ausgemistet werden. Drei Tiere leben auf etwa

2 Hausschweine. **A** in Freilandhaltung; **B** Mastschweine auf Spaltböden

3 Haushuhn. **A** Bodenhaltung; **B** Käfighaltung in Legebatterien

zwei Quadratmeter. Artgerechter ist die Stallhaltung in *Buchten*. Hier haben die Schweine mehr Platz. Nur höchstens die Hälfte einer Bucht besteht aus Spaltböden, die andere Hälfte ist ein Ruhe- und Liegebereich mit trockenem Stroh.

Der große Bedarf an preiswerten Eiern und Schlachthühnern kann nur durch *Käfighaltung* gedeckt werden. Mehrere Hühner leben in einem Drahtkäfig. Hunderte solcher Käfige stehen über- und nebeneinander in großen Hallen. Die Grundfläche für ein Käfighuhn ist zur Zeit nicht viel größer als ein DIN-A-4-Blatt. Diese Art der Haltung ist ab dem Jahr 2012 nicht mehr erlaubt.
Bei der *Bodenhaltung* leben die Hühner in großer Zahl auf dem Boden von Hallen.

Bei der weit verbreiteten **Massentierhaltung**, werden viele Tiere von möglichst wenigen Menschen automatisch versorgt. Nur so können Rindfleisch, Schweinefleisch oder Eier billig produziert werden. Ein Problem ist aber die Gesundheit der Tiere in den riesigen Ställen. Peinlichste Sauberkeit, ständige ärztliche Betreuung und der Einsatz von Medikamenten sollen die Ausbreitung von Krankheitserregern verhindern und die Tiere gesund halten.

1. Stelle die Vor- und Nachteile der Rinderhaltung im
   a) Laufstall,
   b) Anbindestall
   c) und in der Freilandhaltung in einer Tabelle zusammen.

Art der Haltung	Vorteile	Nachteile
Laufstall	----------------	----------------
Anbindestall	----------------	----------------
Freilandhaltung	----------------	----------------

2. Nenne bei Hühnern Vorteile und Nachteile der Käfighaltung, der Bodenhaltung und der Haltung im Hühnerhof. Lege dazu eine Tabelle wie in Aufgabe 1 an.
3. Nenne Verhaltensweisen, auf die der Landwirt bei der Stallhaltung achten muss:
   a) bei Rindern,
   b) bei Schweinen,
   c) bei Hühnern.
4. Erläutere die Gefahren der Massentierhaltung für die Tiere und den Menschen.
5. Im Supermarkt kostet ein Ei aus der Käfighaltung ca. 0,17 €, ein Ei aus Bodenhaltung ca. 0,20 € und ein Ei aus der Freilandhaltung ca. 0,30 €. Warum sollte man trotzdem die teureren Eier kaufen?

Menschen halten Tiere

METHODE

Einen Steckbrief erstellen

Personen werden von der Polizei mithilfe von Steckbriefen gesucht. Aber auch in Freundschaftsbüchern findest du Steckbriefe. Du kannst hier ein Foto von dir einkleben und deinen Namen, Wohnort, die Telefonnummer und deinen Geburtstag angeben. Zur Beschreibung deiner Person wird z. B. nach Haarfarbe, Hobbys, Lieblingsfächern und Lieblingsessen gefragt. Liest jemand den Steckbrief, wird er über deine charakteristischen Kennzeichen, deine Vorlieben und Abneigungen und über deinen Wohnort in knapper Form informiert.

Auch in der Biologie werden gelegentlich Steckbriefe angefertigt. Ein solcher Steckbrief beschreibt eine Tier- oder eine Pflanzenart möglichst knapp und doch genau. Bei der Anfertigung eines Steckbriefes in der Biologie solltest du bestimmte Regeln beachten. Wenn man zum Beispiel einen Steckbrief des Jaguars erstellen will, so sollte man sich zunächst fragen, welche Merkmale des Tieres für seine Beschreibung besonders wichtig sind:
- Wo lebt der Jaguar?
- Welche besonderen körperlichen Merkmale hat er?
- Wovon ernährt er sich?
- Wie jagt er seine Beute?
- Wie pflanzt er sich fort?

Im Steckbrief benutzt man für die Kennzeichnung dieser Merkmale Stichworte wie Verbreitung, Ernährung, Lebensweise …. Diese kann man auch bei der Anfertigung von Steckbriefen anderer Tierarten und zur Beschreibung von Pflanzen benutzen. Tiersteckbriefe findet man z. B. an den Tiergehegen im Zoo.

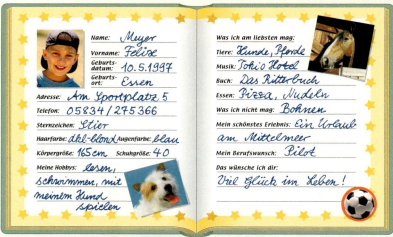

Steckbrief aus einem Freundschaftsbuch

1. Erstelle einen Steckbrief zu einer weiteren Katzenart: Löwe, Leopard, Schneeleopard, Luchs, Puma, Gepard oder Puma. Als Vorlage kannst du den Steckbrief aus der unteren Abbildung nehmen.
2. Suche Informationen zu der von dir gewählten Katzenart.
3. Fertige den Steckbrief an, füge eine Zeichnung oder ein Foto ein.
4. Hängt die erstellten Steckbriefe in der Klasse auf und vergleicht sie. Welche beschreiben die Tierart am besten?
5. Schreibe Merkmale auf, an denen man einen besonders guten Steckbrief erkennt.

Name:	Jaguar
Familie:	Katzenartige Raubtiere
Verbreitung:	Süd- und Mittelamerika
Körpermaße:	125 bis 185 Zentimeter lang bis 150 Kilogramm schwer
Kennzeichen:	helles Fell mit dunkel umrandeten Flecken
Lebensdauer:	bis zu 20 Jahre
Lebensweise:	dämmerungsaktiver Schleichjäger, Einzelgänger
Ernährung:	jagt Tapire, Hirsche und Wasserschweine
Fortpflanzung:	Weibchen und Männchen treffen sich nur zur Paarung. Nach 110 Tagen Tragzeit werden bis zu vier Junge geboren, die sechs Monate gesäugt werden.
Besonderheiten:	vom Aussterben bedroht aufgrund der Zerstörung der Regenwälder

Steckbrief des Jaguars

Auswirkungen der Massentierhaltung

Massentierhaltung

Einige landwirtschaftliche Betriebe haben sich auf die Haltung einer bestimmten Nutztierart wie Rind, Kalb, Schwein, Huhn oder Pute spezialisiert. In solchen Betrieben sind 1000 Rinder oder bis zu 200 000 Legehennen keine Seltenheit. Man spricht dabei von einer Intensivhaltung oder Massentierhaltung. In den modernen Anlagen geht es z. B. um höhere Fleischerträge in möglichst kurzer Zeit und auf engem Raum.

Einsatz von Medikamenten

Tiere, die bei der Massentierhaltung in geschlossenen Stallungen eng beieinander stehen und sich auch nicht im Freien aufhalten können, sind gegenüber Krankheiten besonders anfällig. Auch die Ansteckungsgefahr ist groß. Überzüchtung und Bewegungslosigkeit schwächen die Abwehrkräfte und lösen Verhaltensänderungen aus. Die Tiere werden daher öfter mit Medikamenten behandelt, z. B. mit Antibiotika gegen Infektionskrankheiten.

Fleischkontrolle

Bis zur Schlachtung können Rückstände der Medikamente im Fleisch bleiben. Wenn wir solches Fleisch essen, können die Medikamente in unseren Körper gelangen und unsere Gesundheit beeinträchtigen. Gesetzliche Vorschriften und Fleischkontrollen sollen eine Gefährdung der menschlichen Gesundheit verhindern. Leider gibt es immer wieder Pressemeldungen, die von der Missachtung solcher Vorschriften berichten.

Fleischqualität

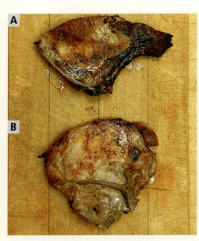

170 g Fleisch nach dem Braten.
A aus Massentierhaltung; B aus Freilandhaltung

Die Nachfrage nach besonders magerem Schweinefleisch hat dazu geführt, dass in der Massentierhaltung frühreife und speckarme Schweine gezüchtet wurden. Diese sind aber nicht nur anfällig gegenüber Krankheiten, sondern brauchen auch noch Beruhigungsmittel und Masthilfsstoffe. Zum Zeitpunkt der Schlachtung haben solche Schweine häufig einen gestörten Stoffwechsel. Als Folge davon verliert das Fleisch die Fähigkeit, in seinen Geweben Wasser zu binden. Das wird besonders beim Braten deutlich, wenn das Wasser aus der Pfanne spritzt. Das Schnitzel verliert dabei bis zur Hälfte seines ursprünglichen Gewichts, schmeckt fade und wird nicht richtig braun.
Natürlich gemästete Tiere in Freilandhaltung haben dagegen eine bessere Fleischqualität.

Schlachtvieh geht auf Reisen

Tiertransport

Tiere aus der Massentierhaltung müssen vor der Schlachtung oft tagelange Transporte zu weit entfernten Schlachthöfe über sich ergehen lassen. Rinder aus Osteuropa z. B. werden über Tausende von Kilometern in den Westen gefahren, weil dort höhere Preise erzielt werden als im Herkunftsland.
Viele Jahrzehnte lang waren solche Transporte ohne ausreichendes Futter und Wasser eine „Hölle auf Rädern". Nicht selten kamen die Tiere schwer verletzt, ausgemergelt oder totgetrampelt an ihrem Bestimmungsort an. Eine neue Verordnung sieht daher vor, dass Schlachttiere auf normalen Fahrzeugen ohne Fütterungseinrichtungen nur noch 8 Stunden lang transportiert werden dürfen. Dann müssen die Tiere entladen werden und Futter erhalten. Erst nach 24 Stunden darf der Transport weitergehen. Tierschützer geben sich auch mit dieser Regelung nicht zufrieden und fordern grundsätzlich eine Schlachtung in einem nahe gelegenen Schlachthof.

PRÜFE DEIN WISSEN

Menschen halten Tiere

A1 Von welchen Wildtieren stammen Katze, Pferd, Rind und Huhn ab?

A2 Begründe, warum man sagen kann, dass Hunde vom Wolf abstammen.

A3 Nenne fünf Punkte, die du beachten musst, wenn du dir ein Haustier anschaffen willst?

A4 Folgende Begriffe kennzeichnen Mitglieder von „Haustierfamilien": Fohlen, Rüde, Katze, Bulle, Stute, Ferkel, Welpe, Kätzchen, Kuh, Eber, Kalb, Hengst, Sau, Hündin.
Ordne sie in einer Tabelle den dazu gehörigen Tierarten zu.

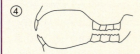

A5 Man kann am Gebiss eines Tieres erkennen, ob es sich um einen Pflanzenfresser oder um einen Fleischfresser handelt.
a) Zu welcher Tierart gehören jeweils die abgebildeten Gebisse?
b) Begründe deine Entscheidung.

A6 Nenne jeweils drei Tierarten als Beispiele für Pflanzenfresser und Fleischfresser.

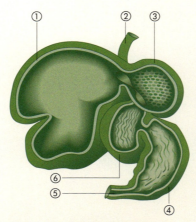

A7 Benenne die einzelnen Teile des Rindermagens in der obigen Abbildung.

A8 Beschreibe den Weg der Nahrung im Körper des Rindes vor und nach dem Wiederkäuen.

A9 Was geschieht bei der Verdauung in den einzelnen Abschnitten des Rindermagens. Lege eine Tabelle an.

A10 Rinder liefern nicht nur Fleisch und Milch. Nenne weitere Produkte, die nach der Schlachtung vom Rind gewonnen werden.

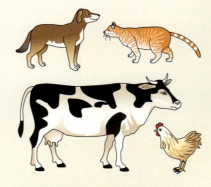

A11 Ordne die abgebildeten Tiere den Nestflüchtern oder den Nesthockern zu. Erkläre auch den Unterschied zwischen den beiden Tiergruppen.

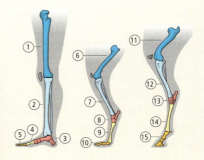

A12 Die Zeichnungen zeigen die Gliedmaßen von Säugetieren.
a) Benenne die gekennzeichneten Teile der Gliedmaßen.
b) Zu welchem Lebewesen gehören die dargestellten Gliedmaßen?
c) Ordne den einzelnen Zeichnungen die Begriffe Zehenspitzengänger, Sohlengänger und Zehengänger zu. Begründe deine Entscheidung.

A13 Beschreibe die in den beiden Abbildungen dargestellten Arten der Haustierhaltung. Nenne Vorteile und Nachteile.

A14 Warum sind Eier von freilaufenden Hühnern teurer als Eier von Hühnern aus Käfighaltung?

Menschen halten Tiere

Haustiere dienen dem Menschen

- Menschen halten Tiere, die von wild lebenden Vorfahren abstammen. Solche Tiere, die an den Menschen gewöhnt sind, nennen wir Haustiere. Zu den Haustieren gehören Heimtiere und Nutztiere.
- Durch die Zähmung sind die Haustiere teilweise von uns abhängig geworden. Sie müssen artgerecht gehalten werden.

Hunde

- Die etwa 400 Hunderassen stammen alle vom Wolf ab.
- Hunde haben viele Verhaltensweisen des Wolfes beibehalten.
- Hunde sind Zehengänger und Hetzjäger.
- Hunde besitzen einen besonders ausgeprägten Geruchssinn.
- Hunde haben ein Raubtiergebiss und sind Fleischfresser.

Katzen

- Hauskatzen stammen von der ägyptischen Falbkatze ab.
- Katzen sind Zehengänger und Schleichjäger.
- Die Krallen der Katze dienen dem Beutefang und werden nur bei Bedarf ausgefahren.
- Katzen haben ein Raubtiergebiss.
- Katzen wurden gezähmt, um den Menschen bei der Bekämpfung von Mäuse- und Rattenplagen zu helfen.

Rinder

- Die wilden Vorfahren der Rinder heißen Auerochsen.
- Rinder liefern uns unter anderem Milch, Fleisch und Leder.
- Rinder haben ein Pflanzenfressergebiss und einen Wiederkäuermagen. Dieser besteht aus Pansen, Netzmagen, Blättermagen und Labmagen.
- Rinder besitzen an jedem Bein zwei Hufe. Deshalb werden sie als Paarhufer bezeichnet.

Pferde

- Pferde stammen vom Przewalskipferd ab. Pferde dienen heute vor allem dem Reitsport.
- Wir unterscheiden Pferde nach Temperament und Größe in vier Schläge: Vollblut, Warmblut, Kaltblut und Pony.
- Pferde sind Pflanzenfresser, aber keine Wiederkäuer.
- Pferde sind Unpaarhufer.

Hühner

- Haushühner stammen vom Bankivahuhn ab.
- Hühner bilden von allen in Deutschland gehaltenen Haustieren den größten Anteil.
- Hühner fressen Knospen, Samen und Insekten.
- Natürliche Verhaltensweisen sind Scharren, im Staub baden und Schlafen auf einem erhöhtem Platz.
- Hühner liefern Eier, Fleisch und Federn.

Massentierhaltung

- Nutztiere wie Rinder, Schweine und Hühner werden oft in großen Betrieben gehalten, um die Kosten gering zu halten.
- Die einzelnen Tiere haben wenig Platz und Bewegungsfreiheit.
- In der Massentierhaltung verbreiten sich Krankheiten besonders schnell.

BIO KOMPAKT

Bau und Leistungen des menschlichen Körpers

Ist Bewegung wirklich so wichtig?

Was ist schön?

Was soll man essen?

Was kann Rauchen alles anrichten?

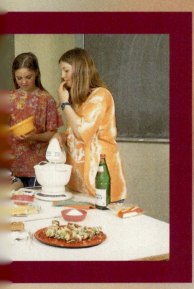

Warum muss man so oft Zähne putzen?

**Ohne „Luft holen" geht es nicht –
wieso eigentlich nicht?**

1 Menschen in der Innenstadt

1 Wir lernen unseren Körper kennen

Wenn man in der Fußgängerzone einer Innenstadt unterwegs ist, begegnen einem viele Menschen, die alle unterschiedlich aussehen. Eines jedoch haben alle diese Menschen gemeinsam: Den **Bauplan** ihres Körpers. Dazu gehört die *äußere Gliederung* des Körpers in *Kopf, Rumpf* und *Gliedmaßen*.

Der Rumpf setzt sich aus Hals, Brust- und Bauchteil zusammen. Zu den Gliedmaßen zählt man die Arme und Beine. Die Größenverhältnisse zwischen diesen Körperabschnitten – man spricht auch von Körperproportionen – sind bei allen erwachsenen Menschen etwa gleich.

Der *innere Bau* des Körpers stimmt bei allen Menschen ebenfalls überein. Kopf und Rumpf sind der Sitz wichtiger Organe. Ein **Organ** hat eine bestimmte Form und Größe. Jedes Organ erfüllt eine besondere Aufgabe. Das Gehirn im Kopf z. B. steuert über Nerven alle bewussten Lebensvorgänge, so auch die Bewegungsabläufe beim Einkaufsbummel.

Lebensvorgänge werden immer von mehreren Organen gesteuert. Kommt dir z. B. jemand entgegen, wird diese Information vom Sinnesorgan Auge als elektrischer Impuls über Nervenbahnen zum Gehirn geleitet. Das Gehirn gibt daraufhin über Nervenbahnen im Rückenmark den Befehl an die Beine, die Richtung zu ändern und so den Zusammenstoß zu vermeiden.

Gehirn und Rückenmark bilden ein Organsystem, das *Zentrale Nervensystem*. Zu den **Organsystemen** des menschlichen Körpers gehören außerdem Atmungs-, Kreislauf-, Verdauungs- und Ausscheidungssystem.

Dein Herz schlägt unaufhörlich, Tag und Nacht. Du kannst es nicht beeinflussen. Es scheint von selbst zu arbeiten. Wenn es aber leistungsfähig bleiben soll, muss es gut durchblutet sein und ständig mit Nährstoffen versorgt werden. Ohne die Mitwirkung von Organen des Kreislaufsystems und des Verdauungssystems kann dein Herz also seine Aufgabe nicht erfüllen. So wirken auch bei allen anderen Lebensvorgängen immer mehrere Organsysteme zusammen. Alle Organsysteme zusammen bilden den **Organismus.**

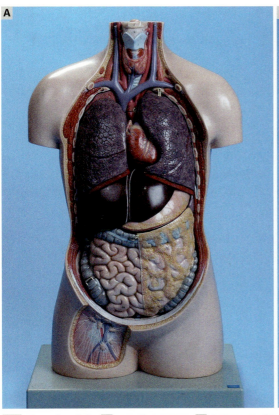 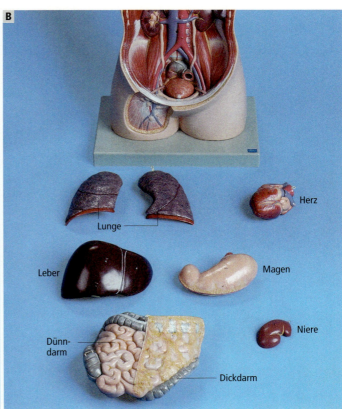

2 Rumpfmodell. **A** Lage der Organe; **B** Organe aus dem Rumpfmodell

1. Nimm ein Rumpfmodell deiner Schule auseinander, benenne die einzelnen Organe und setze sie in der richtigen Lage wieder ein.
2. Nenne Organe a) im Kopf, b) im Brustraum, c) im Bauch.
3. Zeige die Lage von Organen an deinem Körper mithilfe der Abb. 2.
4. Ordne die Organe dem Atmungs-, Kreislauf-, Verdauungs- und Ausscheidungssystem zu.
5. a) Die Körperproportionen sind bei allen Erwachsenen nahezu gleich. Bleiben sie aber auch in der Entwicklung eines Menschen gleich? Werte dazu die Grafik unten aus und beschreibe.
b) Stelle nach der Grafik unten drei gleich große Pappfiguren her (Neugeborener, Jugendlicher, Erwachsener) und kennzeichne die verschiedenen Größen von Kopf sowie Rumpf und Beinen mit verschiedenen Farben.

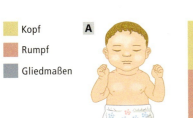

Bau und Leistungen des menschlichen Körpers

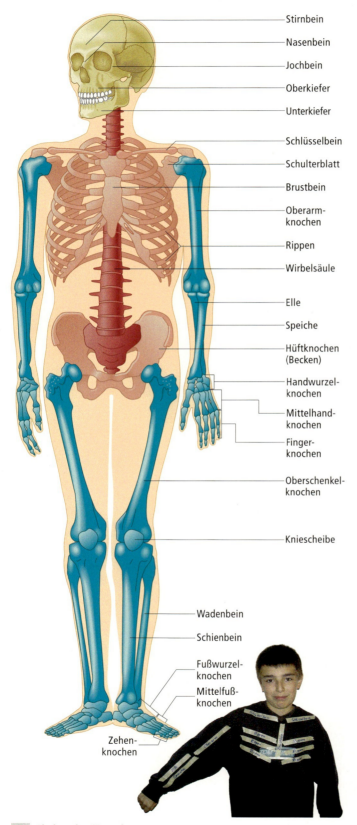

1 Skelett des Menschen

2 Haltung und Bewegung

2.1 Viele Knochen ergeben ein Skelett

Alle unsere Bewegungen werden erst möglich durch eine stabile innere Stütze, das **Skelett.** Es verleiht Halt und schützt den Körper.

Im **Kopfskelett** sind harte Knochenplatten miteinander verwachsen. Dieser *Gehirnschädel* schützt das Gehirn vor Stößen. Zum *Gesichtsschädel* gehören der *Oberkiefer* und der bewegliche *Unterkiefer*.

Am **Rumpfskelett** fällt zunächst die *Wirbelsäule* auf. Sie trägt den Kopf und den Brustkorb und ist mit dem Becken fest verbunden. Der *Brustkorb* schützt Herz und Lungen weitgehend vor Verletzungen. Zu ihm gehören zwölf Paar Rippen, die mit der Wirbelsäule beweglich verbunden sind. Elastische Knorpelstücke verbinden die zehn oberen Rippenpaare zusätzlich mit dem Brustbein.

Am beweglichsten aber sind Arme und Beine. Man bezeichnet sie als obere und untere **Gliedmaßen**. Jeder Arm und jedes Bein besteht aus 30 Knochen. Die Arme sind durch den **Schultergürtel** und die Beine durch den **Beckengürtel** mit der Wirbelsäule verbunden.

1. Das Skelett schützt viele unserer Organe. Ordne den Hauptabschnitten des Skeletts die durch sie geschützten Organe zu.
2. Forschungsaufträge am Schulskelett:
   a) Aus wie vielen Knochen besteht das Skelett? Sind es etwa 100, etwa 200 oder etwa 300?
   b) Nenne den längsten Knochen. Wie lang ist er?
   c) Aus wie vielen Knochen besteht die Hand? Erkläre, wozu die große Zahl nötig ist.
3. a) Versuche möglichst viele der in Abb.1 gezeigten Knochen zu ertasten. Beginne mit Schlüsselbein und Brustbein.
   b) Baue mit deinem Partner ein „lebendes Skelett". Beschrifte dazu Kreppbandstreifen und klebe sie auf die Kleidung deines Partners. Präge dir die Namen der Knochen gut ein.
4. Vergleiche das Skelett der Arme und Beine. Stelle die einander entsprechenden Knochen in einer Tabelle gegenüber.

2.2 Die Wirbelsäule – Hauptachse des Skeletts

Tanja macht einen Handstand mit Überschlag. Dazu muss sie ihren Rücken zunächst gerade halten, um ihn dann stark durchzubiegen. Um solche Bewegungsabfolgen zu ermöglichen, muss der Körper zugleich stabil und beweglich sein. Dies wird durch die **Wirbelsäule** ermöglicht. Sie setzt sich aus einzelnen Wirbeln zusammen und ist deshalb vielfältig beweglich. Die Beweglichkeit der Wirbelsäule wird noch dadurch erhöht, dass zwischen den Wirbeln elastische Knorpelplättchen liegen, die **Bandscheiben**. Sie wirken wie Stoßdämpfer und fangen die meisten Stöße federnd auf. Gleichzeitig vermeiden sie die Reibung der harten, knöchernen Wirbel aneinander.

Alle Wirbel des Hals-, Brust- und Lendenabschnitts sind gegeneinander beweglich. Die fünf Kreuzbeinwirbel dagegen sind zum Kreuzbein verwachsen. Die vier bis fünf Steißbeinwirbel bilden schließlich das kurze Steißbein.

Betrachtest du die Wirbelsäule von der Seite, so fällt dir die *doppelt-S-förmige Krümmung* auf. Aufgrund dieser Form kann die Wirbelsäule stark belastet werden. Außerdem federt sie Stöße ab und fängt dadurch Erschütterungen auf, zum Beispiel beim Laufen und Springen.

1 Unser Körper ist vielseitig beweglich.

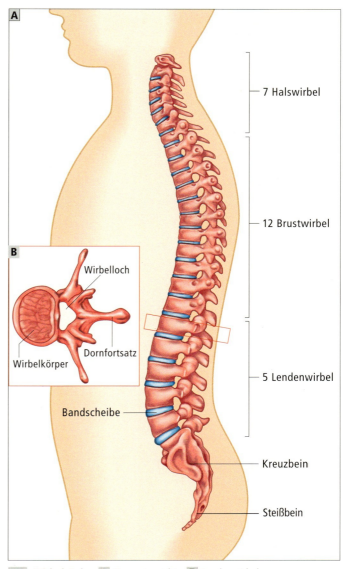

2 Wirbelsäule. **A** Gesamtansicht; **B** Lendenwirbel

1. a) Beuge deinen Rumpf nach vorn, nach hinten und zur Seite. In welchem Bereich sind welche Bewegungen möglich? Wo ist die Beweglichkeit am größten?
b) Ertaste am Rücken deines Partners die Wirbelsäule. Welche Teile in der Abb. 2 B fühlst du dabei? Versuche die Zahl der Wirbel annähernd zu bestimmen. Vergleiche dazu mit Abb. 2 A.
2. a) Ermittelt durch eine Befragung die Zeit, die ihr täglich in sitzender Haltung verbringt. Sammelt die Ergebnisse an der Tafel und vergleicht. Was fällt euch auf?
b) Viele Erwachsene klagen über Rückenschmerzen. Sie werden durch falsche Körperhaltung verursacht. Wie können solche Haltungsschäden vermieden werden (siehe Exkurs „Haltungsschäden lassen sich vermeiden")?

Bau und Leistungen des menschlichen Körpers

EXKURS

Haltungsschäden lassen sich vermeiden

Sitzhaltung. A richtig; B falsch

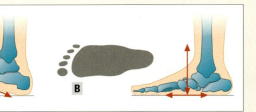

Tragehaltung. A richtig; B falsch

Fußabdruck. A gesund; B Plattfuß

↓ Druckverteilung

Schuhwerk. A fußgerecht; B hoher Absatz

Sitzen, sitzen... den ganzen Tag nur sitzen! Dauerndes Sitzen kann lästig sein, lässt sich in der Schule aber nicht vermeiden. Falsches Sitzen jedoch führt zum *Rundrücken.* Beim Sitzen werden nämlich viele Muskeln nicht beansprucht und verkümmern, so dass sie schließlich das Knochengerüst nicht mehr halten. Haltungsschäden sind die Folge und man bekommt Rückenschmerzen.

Bei falscher und einseitiger Belastung kann es zu einer *seitlichen Verkrümmung* der Wirbelsäule kommen. Werden die Bauchmuskeln zu wenig trainiert, stellt sich leicht ein *Hohlkreuz* ein. Um **Haltungsschäden** zu vermeiden, musst du auf eine richtige Sitz- und Tragehaltung achten. Auch ein gezieltes Training der Bauch- und Rückenmuskulatur beugt Haltungsschäden vor. Das Wechseln der Sitzposition und Gewichtsverlagerungen beim Stehen verhindern dauernde einseitige Belastungen.

Wenn du gehst und stehst, müssen deine Füße das ganze Körpergewicht tragen. Das *Fußgewölbe* aus Knochen, Bändern, Sehnen und Muskeln ist sehr belastbar. Sind die Fußmuskeln zu schwach und untrainiert, senkt sich das Gewölbe. Ein *Senkfuß* entsteht. Leicht kann daraus eine Verbreiterung des Vorderfußes, ein *Spreizfuß*, entstehen oder sogar ein *Plattfuß*. Dann berührt die ganze Fußsohle den Boden. Gehen und Stehen werden schmerzhaft.

Auch falsches Schuhwerk kann schaden. Schuhe mit hohen Absätzen verlagern die Belastung nach vorn, wodurch die Zehen verformt werden.

Arbeiten mit Modellen

Modelle veranschaulichen die Wirklichkeit und helfen, sie besser zu verstehen. Dabei werden nur bestimmte Eigenschaften und Merkmale dargestellt. Modelle werden immer dann eingesetzt, wenn komplizierte Sachverhalte besonders anschaulich dargestellt werden sollen.

Das Modell der Wirbelsäule

Die Wirbelsäule ist ein kompliziert gebautes Gebilde. Die einzelnen Wirbel besitzen einen nur schwer verständlichen Bau mit verschiedenen Fortsätzen und Gelenkflächen. Zusammengehalten und stabilisiert wird das Ganze zusätzlich durch verschiedene Bänder, Muskeln und Sehnen.

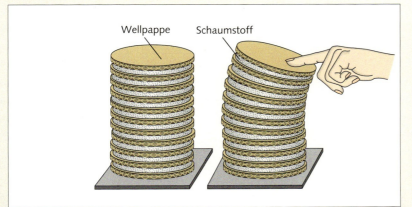

Bauanleitung
- Schneide 11 runde Scheiben aus Wellpappe und 10 aus Schaumstoff (0,5 cm dick) heraus. Der Durchmesser sollte ca. 5 cm betragen.
- Verbinde die Teile mit Kunststoffkleber oder Silikon.

Einfaches Modell der Wirbelsäule

Mit dem oben abgebildeten Modell kannst du den Bau der Wirbelsäule sehr viel leichter durchschauen: Auf Anhieb erkennst du, dass sie sich im Wesentlichen aus nur zwei Bestandteilen zusammensetzt. Dies zeigt folgende Tabelle:

Realität	Wirbelkörper	Bandscheiben
Modell	Scheiben aus Wellpappe	Scheiben aus Schaumstoff

Das Modell veranschaulicht aber noch mehr. Mit einfachen Versuchen kannst du dir die **Funktion der Wirbelsäule** verdeutlichen:
- Drückst du das Modell von oben zusammen, verformt sich nur der Schaumstoff. Du erkennst daran, dass die Bandscheiben für die Stoßdämpferwirkung der Wirbelsäule verantwortlich sind.
- Belastest du das Modell seitlich, biegt es sich zur Seite. Auf diese Weise wird die seitliche Beweglichkeit der Wirbelsäule verdeutlicht.

Modelle zeigen nicht alles

Auch wenn das Modell den Bau und die Funktion der Wirbelsäule recht gut veranschaulicht, so hat es doch seine Grenzen:
- Der unterschiedliche Bau von Hals-, Brust- und Lendenwirbeln wird nicht gezeigt.
- Im Modell sind weder das Wirbelloch noch die Dornfortsätze zu erkennen. Das Gleiche gilt für die stabilisierenden Bänder und Muskeln.
- Es ist nicht erkennbar, dass die Wirbel im Brustbereich mit den Rippen verbunden sind.
- Im Bereich der Lendenwirbelsäule ist auch eine Drehbewegung möglich. In unserem Modell wird dies nicht deutlich.

1. Die Abbildung unten zeigt ein anderes Modell der Wirbelsäule. Vergleiche mit dem oben vorgestellten. Nenne Gemeinsamkeiten und Unterschiede.

2. Welches Modell ähnelt eher der „echten" Wirbelsäule? Welche Merkmale werden zusätzlich dargestellt? Ergänze die Tabelle.

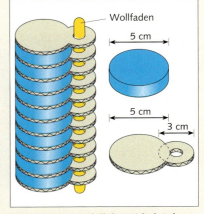

Verbessertes Modell der Wirbelsäule

Bau und Leistungen des menschlichen Körpers

1 Hanteltraining

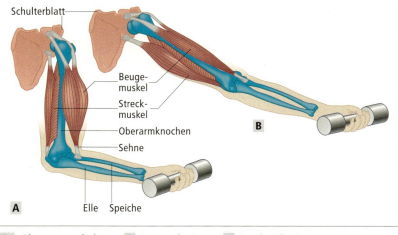

2 Oberarmmuskulatur. **A** Beugen des Arms; **B** Strecken des Arms

2.3 Gelenke und Muskeln ermöglichen Bewegungen

Die Knochen des Skeletts können sich von allein nicht bewegen. Dafür sind **Muskeln** notwendig. Wie läuft eine Bewegung im Zusammenspiel von Knochen und Muskeln ab?

Beim Hanteltraining z. B. musst du den Arm beugen, um die Hantel heranzuziehen. Beim Beugen siehst und spürst du eine Wölbung im Oberarm. Es ist der *Bizeps*, der sich beim Beugen des Unterarms verkürzt und dabei dicker wird. Der Bizeps ist ein **Beugemuskel**. Streckst du deinen Arm wieder, muss sich der *Trizeps* auf der anderen Seite des Oberarms verkürzen, denn Muskeln können sich nicht von selbst strecken. Er streckt deinen Unterarm und ist damit ein **Streckmuskel**. Beuger und Strecker wirken demnach in entgegengesetzter Weise zusammen. Sie sind *Gegenspieler*.

Ein Muskel ist von einer Hülle umgeben, die an den Enden in straffe **Sehnen** übergeht. Die Sehnen sind an Knochen befestigt. Beim Verkürzen des Muskels zieht er den jeweiligen Knochen mit. So entsteht eine Bewegung.

Damit das Beugen des Oberarms möglich wird, müssen Unterarm- und Oberarmknochen beweglich miteinander verbunden sein. Solche **Gelenke** finden sich an allen Körperteilen, die Bewegungen ausführen müssen. An der Hand, die besonders beweglich ist, findet man für einen Finger vom Unterarm bis zur Fingerspitze schon sechs Gelenke.

Den allgemeinen Aufbau eines Gelenkes siehst du in der Abbildung 3 B. Das Ende des einen Knochens, der *Gelenkkopf*, passt genau in die Vertiefung des anderen, die *Gelenkpfanne*. Beide Teile werden von einer festen Haut, der *Gelenkkapsel*, umschlossen. Gelenkkopf und Gelenkpfanne sind mit elastischem *Gelenkknorpel* überzogen. Dazwischen befindet sich die *Gelenkschmiere*. Es ist eine schleimige Masse, die von der Innenseite der Gelenkkapsel abgesondert wird und das Gelenk gleitfähig macht.

Je nach Beweglichkeit unterscheidet man verschiedene Typen von Gelenken. Die Beweglichkeit des Daumens gegenüber der Handwurzel wird durch ein **Sattelgelenk** sichergestellt. Es sorgt für eine Bewegung von vorne nach hinten sowie von oben nach unten. Das Gelenk zwischen Hüftknochen und Oberschenkel, das *Hüftgelenk*, muss so gebaut sein, dass das Bein nach allen Seiten bewegt werden kann. Solche Anforderungen erfüllt ein **Kugelgelenk**. Das Ellenbogengelenk ist nur in einer Richtung beweglich. Darin ähnelt es dem Scharnier einer Tür. Man spricht von einem **Scharniergelenk**.

Muskeln und Gelenke kannst du durch häufige und vielseitige Bewegung gesund und leistungsfähig erhalten. Übermäßige Belastungen schaden jedoch. Muskelzerrungen oder sogar Muskelrisse können die Folge sein.

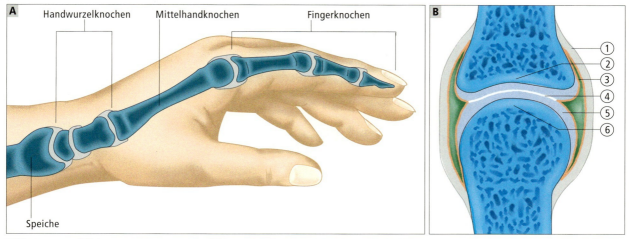

3 Gelenke. A Finger- und Handgelenke; **B** Bau eines Gelenks: ① Gelenkkapsel, ② Gelenkpfanne, ③ Gelenkinnenhaut, ④ Gelenkspalt, ⑤ Gelenkknorpel, ⑥ Gelenkkopf

1. Umfasse deinen Oberarm so, dass der Daumen den Strecker und die übrigen Finger den Beuger berühren. Beuge und strecke nun den Unterarm. Welche Veränderungen stellst du an den Oberarmmuskeln fest?
2. a) Vergleiche das von Schülern gebaute Modell mit der Realität. Vervollständige dazu die Tabelle.

Modell	Realität
Gummiband	…

  b) Was stellt das Modell gut dar? Was stimmt mit der Funktion der Armmuskeln nicht überein?

3. a) Untersuche am Skelett aus der Biologiesammlung die Beweglichkeit von Hüfte, Knie, Ellenbogen und Handgelenk. Erstelle eine Tabelle der Kugel- und Scharniergelenke.

Kugelgelenke	Scharniergelenke
Hüftgelenk	…
…	…

b) Suche Beispiele aus Alltag und Technik.

Gelenkart	Körpergelenk	Technisches Gelenk
Scharniergelenk		
Kugelgelenk		

4. Welcher Gelenktyp ist hier dargestellt?

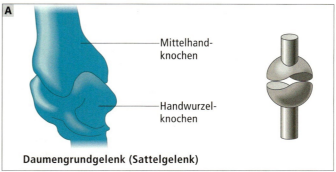

Daumengrundgelenk (Sattelgelenk)

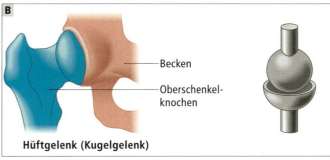

Hüftgelenk (Kugelgelenk)

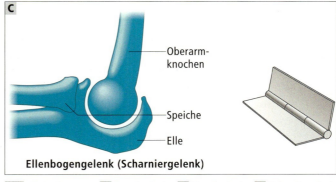

Ellenbogengelenk (Scharniergelenk)

4 Gelenktypen. A Sattelgelenk; **B** Kugelgelenk; **C** Scharniergelenk

Bau und Leistungen des menschlichen Körpers

Muskeltraining

Mit einfachen Übungen kannst du verspannte Muskeln entspannen und Fehlhaltungen vorbeugen.

Übung Muskelspannung:
Umfasse deine Hände vor der Brust wie bei einem Händedruck, spanne Schultern und Arme an und drücke die Hände kräftig gegeneinander. Zähle dabei bis 10, dann entspanne wieder.

Ziel:
Hand-, Arm- und obere Brustmuskeln werden durch die Muskelanspannung vermehrt durchblutet. Die Übung dient der Entspannung nach langem Schreiben.

Übung Oberkörperbeuge:
Lege deine Hände in den Nacken und ziehe beide Ellenbogen nach hinten, drehe dann den Oberkörper langsam abwechselnd nach links und rechts.

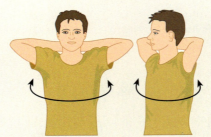

Ziel:
Verspannungen im Hals- und Brustwirbelbereich werden durch diese Übung gelöst.

Übung Hochhalte:
Recke und strecke deine Arme in der Hochhalte, zähle bis 10, wiederhole dreimal. Dabei kannst du auch die Hände verschränken und die Handflächen nach oben drehen.

Ziel:
Diese Übung dient dem Dehnen der Rumpf- und Schultermuskeln.

Übung Beinschere:
Strecke im Sitzen deine Beine aus und hebe sie etwas vom Boden ab. Hebe dann langsam die gestreckten Beine weiter an, überkreuze sie mehrmals und senke sie wieder.

Ziel:
Hier wird die Durchblutung der Bauchmuskulatur nach langem Sitzen gefördert, zusätzlich werden die Bauchmuskeln angespannt.

Übung Rumpf senken:
Gehe mit leicht gespreizten Beinen etwas in die Knie. Deine Hände ruhen dabei auf den Hüften. Bewege dich nun langsam tiefer in die Knie, halte diese Stellung und bewege dich langsam hoch.

Ziel:
Diese Übung ist ein Training der Beinmuskulatur; der Blutrückfluss wird gefördert.

Bewegung und Stabilität

V1 Modell zur Belastbarkeit der Wirbelsäule

Material: Holzbrett; 3 Klingeldrahtstücke (ca. 35 cm lang); gleich große Glaskugeln (Durchmesser etwa 0,5 cm); 3 Plastiktüten (durchsichtig und gelocht), Flachzange; Hammer; 3 Nägel mit breitem Kopf

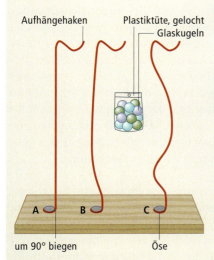

Durchführung: Stelle aus dem Klingeldraht die abgebildeten Modelle her. Biege am unteren Ende kleine Ösen und nagele die Drahtmodelle an den um 90° gebogenen Ösen auf der Unterlage fest. Alle drei Aufhängehaken sollen nun etwa gleich hoch stehen. Befestige je eine Plastiktüte an den Haken. Fülle nach und nach so viele Glasmurmeln als Gewichte in die Plastiktüten, wie jedes Drahtmodell gerade noch trägt.

Aufgaben:
a) Stelle fest, welches Modell am stärksten belastbar ist. Nenne die Gründe.
b) Welches Drahtmodell entspricht der menschlichen Wirbelsäule?
c) Diskutiert die Ergebnisse in der Klasse.

V2 Stabilität von Röhrenknochen

Röhrenknochen sind hohl oder mit einer weichen Masse, dem Knochenmark, gefüllt. Sie sind für ganz bestimmte Belastungen geeignet.

Material:

Durchführung: Baue aus den Materialien ein einfaches Modell eines Röhrenknochens.

Aufgaben:
a) Erkunde mit Hilfe einer Federmappe oder eines Buches als Gewicht, in welcher Richtung Röhrenknochen Belastungen besonders gut ertragen. Berichte.
b) Wo gibt es Röhrenknochen am menschlichen Skelett? Nenne Beispiele.

V3 Tragfähigkeit von Gewölben

Material: 2 gleich hohe Stapel Bücher, 1 Blatt Papier, Radiergummi

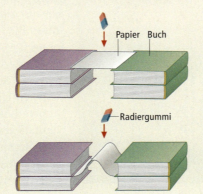

Durchführung: Lege ein Blatt als Brücke über beide Bücherstapel und belaste diese mit dem Radiergummi. Klemme danach das Blatt als Gewölbe zwischen die beiden Bücherstapel und belaste ebenfalls.

Aufgaben:
a) Vergleiche die Ergebnisse der Versuche.
b) Was haben „Papiergewölbe" und Fußgewölbe gemeinsam?

V4 Modell eines Kugelgelenks

Material: Kantholz (1 cm Kantenlänge), 20 cm lang, Tischtennisball; 2 Gummibälle (Durchmesser etwa 4 cm); Stativ; Klebstoff; Messer

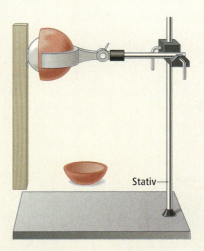

Durchführung: Klebe den Tischtennisball mit dem einen Ende an den Holzstab. Schneide vom Gummiball eine Kugelkappe ab. Befestige die Kappe am Stativ.

Aufgaben:
Stelle die Teile des Skeletts den Teilen eines Kugelgelenks gegenüber. Prüfe die Beweglichkeit des „Gelenkkopfes" in der „Gelenkpfanne". Berichte.

3 Atmung

3.1 Wie wir atmen

Gewöhnlich geschieht unsere Atmung ganz unbemerkt. Erst wenn du dich körperlich besonders anstrengst, wird dir das tiefe Ein- und Ausatmen bewusst. Nach einem kräftigen Spurt bist du nämlich ganz schön „aus der Puste". Offenbar braucht dein Körper jetzt mehr Atemluft. Atmest du tief ein, kannst du fühlen, dass sich dein Brustkorb hebt. Beim Ausatmen senkt er sich wieder. Bei dieser **Brustatmung** heben Muskeln zwischen den Rippen den Brustkorb an. Dabei vergrößert sich der Brustraum. Gleichzeitig wird die Lunge gedehnt. Wie bei einem Blasebalg, der auseinander gezogen wird, strömt Luft in die beiden Lungenflügel. Beim Entspannen der Muskeln senkt sich der Brustkorb wieder. Dadurch erschlaffen die Lungenflügel und die Luft entweicht wie beim Zusammenpressen eines Blasebalgs.

Bei geringer Anstrengung wie beim Sitzen oder beim Schlafen wird die Atmung vorwiegend durch das Zwerchfell bewirkt. Dies ist eine Muskelschicht, die Brust- und Bauchraum voneinander trennt. Bei dieser **Zwerchfellatmung** oder **Bauchatmung** flacht sich die Muskelschicht ab. Dabei vergrößert sich der Brustraum und Atemluft wird eingesaugt. Wenn sich sich das Zwerchfell entspannt und dabei nach oben wölbt, wird die Luft wieder herausgedrückt.

Nach großer Anstrengung atmest du meist mit geöffnetem Mund. Gesünder ist es jedoch, durch die Nase einzuatmen. Die Nase wirkt für die Atemluft wie ein Filter. Die Luft streicht über die große Oberfläche vieler hintereinanderliegender Ausbuchtungen der Nasenhöhle. Diese Ausbuchtungen sind von der feuchten Nasenschleimhaut überzogen. Sie kann Staubteilchen festhalten. Gleichzeitig wird die eingeatmete Luft angefeuchtet. In der Nasenschleimhaut liegen außerdem viele kleine Blutgefäße. Wie durch „Heizschlangen" wird hier warmes Blut transportiert, das die vorbeistreichende Luft vorwärmt und so der Körpertemperatur angleicht.

1 Läufer

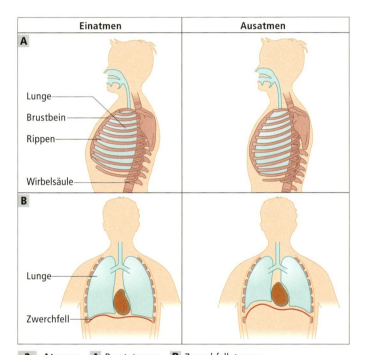

2 Atmung. A Brustatmung; B Zwerchfellatmung

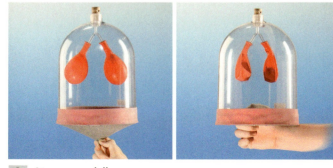

3 Atmungsmodell

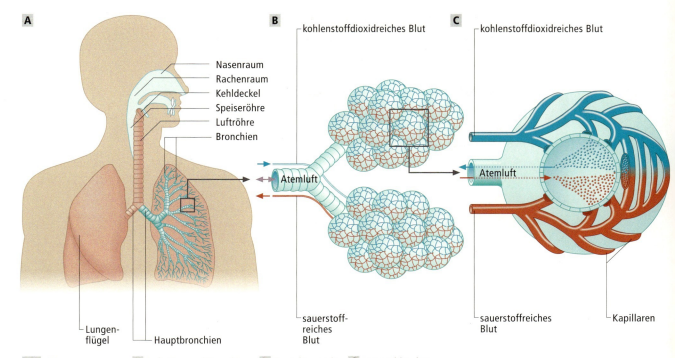

4 Atmungsorgane. **A** Luftröhre und Bronchien; **B** Bronchienende; **C** Lungenbläschen

Die Atemluft gelangt über den Rachenraum und den Kehlkopf in die **Luftröhre.** Diese ist etwa 12 cm lang. Kräftige, elastische Ringe aus Knorpel halten sie ständig geöffnet. An ihrem unteren Ende teilt sich die Luftröhre in zwei Äste, die *Hauptbronchien*. Über diese werden die beiden **Lungenflügel** mit Atemluft versorgt. Die Bronchien verzweigen sich fortlaufend in immer feinere Röhrchen. Wie die Beeren einer Weintraube sitzen an den Enden der feinen Röhrchen die kugelförmigen **Lungenbläschen.** Deine Lunge besitzt davon über 300 Millionen.

Beim Einatmen strömt die Luft bis in die Lungenbläschen. Jedes von ihnen ist von einer sehr dünnen Haut umgeben und von einem Netz feinster Blutgefäße umsponnen. Mit der Atemluft nehmen wir **Sauerstoff** auf. Sauerstoff wird vom Körper verwendet, um aus den Nährstoffen Energie freizusetzen. Dabei entsteht **Kohlenstoffdioxid.** Der Sauerstoff wird über die dünne Haut der Lungenbläschen in die Blutgefäße geleitet und vom Blut mitgeführt. Gleichzeitig gelangt Kohlenstoffdioxid in umgekehrter Richtung in die Lungenbläschen und wird dann ausgeatmet.

Luftröhre und Bronchien sind mit Schleimhäuten und Flimmerhärchen ausgekleidet. Hier werden Staubteilchen festgehalten und in Schleimflüssigkeit eingeschlossen. Durch Husten schleudern wir „Verunreinigungen" wieder heraus.

1. a) Benenne die Atmungsorgane am Torso.
   b) Nenne die Stationen der Luft bei der Atmung. Was geschieht dort jeweils?
2. Lege ein Maßband um deinen Brustkorb. Atme tief ein und miss dann den Brustumfang. Miss erneut nach dem Ausatmen. Erkläre die Messergebnisse mit Hilfe der Abbildung 2.
3. Beobachte einen Mitschüler beim Atmen,
   a) wenn er ruhig in der Klasse sitzt,
   b) wenn er im Schulhof zwei Runden gelaufen ist. Erkläre die Unterschiede.
4. a) Beschreibe das in Abb. 3 abgebildete Modell.
   b) Was soll das Modell veranschaulichen?
   c) Stelle in einer Tabelle die Teile des Modells und die entsprechenden Atmungsorgane gegenüber.
   d) Wie unterscheiden sich Modell und Wirklichkeit?
5. Informiere dich über verschiedene Erkrankungen der Atemwege. Gestalte mit diesen Informationen ein Plakat.

1 Cooles Verhalten?

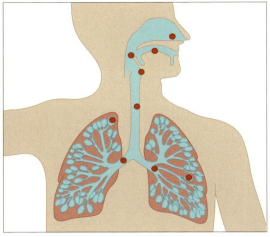

2 Rauchstraße

3.2 Gefährlicher Qualm

„Nimm doch auch eine Zigarette, Kevin!" – Aber Kevin lehnt ab. Warum eigentlich?

Der Zigarettenrauch enthält *Teer* – Kondensat genannt – Kohlenstoffmonooxid und Nikotin. Diese Stoffe können zu schweren Gesundheitsschäden führen.

Das **Kondensat** enthält neben anderen gefährlichen Bestandteile etwa 40 verschiedene krebserzeugende Stoffe. Für Raucher ist das Risiko, an Lungenkrebs zu erkranken, 15- bis 30-mal so groß wie für Nichtraucher. Beim Einatmen gelangt der Rauch über die Nase, den Mund- und Rachenraum und die Luftröhre bis in die Lungenbläschen. Diese *Rauchstraße* wird durch regelmäßiges Rauchen gut „geteert". Bronchien und Lungenbläschen verstopfen allmählich. Dadurch wird der Gasaustausch in den Lungenbläschen behindert. Der Raucher hat auf Dauer Schwierigkeiten beim Atmen. Laufen, Treppensteigen oder sportliche Betätigung fallen ihm schwer.

Kohlenstoffmonooxid ist ein geruchloses Gas, das auch in den Abgasen von Autos vorkommt. Es wirkt schon in geringen Mengen tödlich, da es den Sauerstofftransport im Blut verhindert. Auch **Nikotin** tritt in die Blutbahn über. Es bewirkt eine Verengung der Blutgefäße. Der Blutdruck steigt und das Herz muss nun schneller schlagen, um die Durchblutung aufrecht erhalten zu können. Es benötigt dazu mehr Sauerstoff. Da Sauerstoff durch das Kohlenstoffmonooxid zu einem großen Teil verdrängt wird, tritt *Sauerstoffmangel* ein. Schwindelgefühl, Herzschmerzen und im schlimmsten Fall ein tödlicher Herzinfarkt können die Folgen sein. Man gewöhnt sich sehr schnell an das Rauchen und wird abhängig oder *süchtig*.

Wenn du mit rauchenden Menschen in einem Raum bist, ist der Rauch nicht nur lästig, er kann auch zu Gesundheitsschäden führen. Das *Passivrauchen* ist also gefährlich. Deshalb gibt es in vielen Bereichen Rauchverbote.

1. Beschreibe die Stationen des Tabakrauches im Körper.
2. Lege eine Mindmap (siehe Methode „Mindmap") zum Thema „Schadstoffe im Zigarettenrauch und ihre Wirkungen im menschlichen Körper" an.
3. Informiert Euch z. B. im Internet über Erkrankungen durch Rauchen. Fertigt anschließend eine Collage zum Thema Rauchen an (siehe Methode „Ein Informationsplakat erstellen"). Vervollständigt dazu den Satz „Ich rauche nicht, weil…"
4. Das Rauchen in Restaurants ist seit 2007 verboten. Welche Absicht steht hinter dieser Bestimmung?
5. Spiele eine Szene wie in Abbildung 1 nach (siehe Methode „Rollenspiel").
6. Was wissen deine Mitschüler über die Gefahren des Rauchens? Entwickle eine Umfrage zu diesem Thema. Stelle die Umfrageergebnisse in einer Tabelle zusammen.

Gefahren des Rauchens

A1 Berechnungen zum Zigarettenkonsum

Auf jeder Zigarettenschachtel findest du Mengenangaben für Nikotin (N) und Teerkondensat (K), die in einer Zigarette enthalten sind.
a) Berechne von einer Marke, wie viel Milligramm Teer und Nikotin in den Zigaretten einer Packung enthalten sind.
b) Wie viel Gramm Teer gelangt in die Lunge, wenn ein Raucher 20 Jahre lang täglich eine Packung dieser Zigaretten verbraucht?
c) Vergleiche unterschiedliche Marken miteinander.
d) Wie viel Geld gibt ein Raucher aus, der täglich eine Packung Zigaretten raucht – im Monat, im Jahr, in 20 Jahren? Was würdest du dir als Nichtraucher von diesem Geld kaufen?

A2 Forscher schlagen Alarm: Nikotinspuren im Kinderblut

Forscher in New York untersuchten das Blut von gesunden Kindern, deren Mütter oder Väter ca. 10 Zigaretten täglich in Anwesenheit ihrer Kinder rauchten. Man fand im Blut der Kinder hohe Konzentrationen von Stoffwechselprodukten des Nikotins und des Teerkondensats. Diese Stoffe gelten als Krebserreger und fördern die Entstehung von Asthma. Seit langem ist bekannt, dass Neugeborene von Raucherinnen ein geringeres Geburtsgewicht haben und später unter Entwicklungsstörungen leiden.

a) Wie sollten sich Raucher und Raucherinnen deiner Meinung nach verhalten, damit sich Kinder gesund entwickeln können? Begründe.
b) Wie kannst du dich vor dem Passivrauchen schützen? Erkläre.

A3 Zigarettenwerbung

a) Was soll der Leser mit den abgebildeten Werbeaussagen verbinden? Erkläre.
b) In der Zigarettenwerbung werden oft junge, gesunde Menschen bei sportlicher Betätigung abgebildet. Zeige Widersprüche zwischen solchen Bildern und den Werbeaussagen und den tatsächlichen Folgen des Rauchens auf.

V4 Untersuchung von Zigarettenrauch

Material: Glasrohr (5 cm lang); Stativ; Kochsalz; Watte; Zigarette; Saugluftpumpe

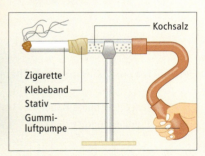

Durchführung: Ein mit Kochsalz gefülltes Glasrohr wird an den Enden mit Watte verschlossen. Auf das eine Ende des Glasrohres wird eine Zigarette gesteckt und angezündet. Sauge nun den Rauch mit der Gummiluftpumpe durch das Glasrohr.

Aufgaben:
a) Betrachte das Kochsalz und notiere deine Beobachtungen.
b) Welcher Stoff im Rauch kann die Veränderungen verursacht haben?

Bau und Leistungen des menschlichen Körpers

METHODE

Eine Mindmap erstellen

Was ist eine Mindmap?

Du sollst zum Thema „Rauchen" einen kleinen Vortrag halten. Du hast viele Ideen zu diesem Thema. Diese musst du zunächst einmal aufschreiben und ordnen. Das Erstellen einer Art „Gedankenlandkarte", einer **Mindmap,** ist eine Möglichkeit Ideen geordnet aufzuschreiben. Du notierst deine Gedanken nicht, wie sonst üblich, in Stichworten untereinander oder schreibst sie in einem Text auf. Stattdessen notierst du alle Gedanken in einer Mindmap. Du kannst die Mindmap z. B. zur Weiterarbeit am Thema oder als Stichwortzettel für deinen Vortrag verwenden. Deine Mindmap kann anders aussehen als die deiner Mitschüler. Das ist auch richtig so, denn eine Mindmap soll dir persönlich als Lernhilfe dienen.

Eine Mindmap hilft dir
- Ideen zu sammeln
- Notizen zu machen
- Ideen und Gedanken zu ordnen
- Inhalte eines Textes besser zu behalten
- etwas vorzutragen
- das Schreiben eines Textes vorzubereiten

So entsteht eine Mindmap:

1. Lege eine DIN-A4- oder eine DIN-A3-Seite quer.
2. Schreibe das Thema in die Mitte des Blattes und kreise es farbig ein.
3. Zeichne nun vom Thema ausgehend „Äste" für Gliederungspunkte in verschiedenen Farben.
4. Schreibe an jeden „Ast" möglichst mit ein oder zwei Worten, was dir zu den einzelnen Punkten einfällt.
5. An jeden „Ast" kannst du jetzt noch weitere „Zweige" zeichnen.
6. Schreibe an jeden „Zweig" weitere Ideen, die dir zu den Begriffen an den „Ästen" einfallen.
7. Du kannst alle Begriffe auch noch mit Bildern oder Zeichen versehen. Dies hilft dir vielleicht später, dich wieder an deine Ideen zu erinnern.

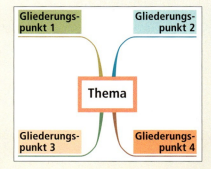

Beispiel für eine Mindmap zum Thema „Rauchen":

In einem Text zum Thema Rauchen hast du folgende Begriffe markiert:

Nikotin, Kondensat, Blutdruck steigt, verengt die Blutgefäße, verursacht Krebs, Kohlenstoffmonooxid, Herzinfarkt, verklebt Flimmerhärchen, blockiert Sauerstoffaufnahme im Blut, Arterienverkalkung, macht süchtig, Schlaganfall, verursacht Raucherhusten, Gesundheitsschäden, Raucherbein

In der nebenstehenden Abbildung wurde eine Mindmap angefangen. Übertrage sie in dein Heft und vervollständige sie.

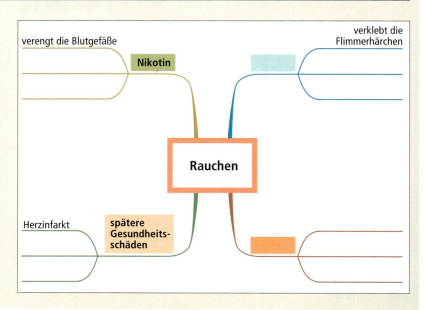

Bau und Leistungen des menschlichen Körpers

Rollenspiel: Rauchen – nein danke!

Stell dir folgende Situation vor:
Du triffst dich mit deinen Freundinnen oder deinen Freunden. Ihr unterhaltet euch und plötzlich holt jemand mit den Worten „Kommt, lasst uns eine rauchen" eine Schachtel Zigaretten aus der Hosentasche.

Du willst nicht rauchen, fühlst dich aber unwohl dabei, das deinen Freunden verständlich zu machen. Man kann sich auf solche Situationen z. B. in einem Rollenspiel vorbereiten. Einige Schüler und Schülerinnen der Klasse versuchen eine solche Szene mehrfach nachzuspielen. Die übrigen Schüler beobachten die Spielszenen. Sie bewerten anschließend das Verhalten der einzelnen Spieler.

Tipps zur Durchführung

1. *Vorbereitungen:*
- Legt das Thema fest.
- Verteilt die einzelnen Rollen.
- Gebt den „Schauspielern" Zeit sich auf ihre Rolle vorzubereiten.
- Legt die Beobachtungsaufgaben fest.

2. *Spiel:*
- Die einzelnen Gruppen führen das kurze Rollenspiel nacheinander vor.
- Die übrigen Schülerinnen und Schüler der Klasse machen sich zu ihren Beobachtungsaufgaben Notizen.

3. *Auswertung:*
- Welche Gruppe hat am besten gefallen? Begründe.
- Welche Antworten haben überzeugt? Begründe.
- Welche Gruppe hat sachlich richtig und verständlich argumentiert? Begründe.

Ein Informationsplakat erstellen

Auf Plakaten wird mit großer, auffallender Schrift und mit Bildern z. B. für Produkte, Firmen und politische Parteien geworben oder informiert. Du sollst ein Plakat zu Thema „Schadstoffe im Zigarettenrauch" gestalten. Ein Plakat soll ein Blickfang sein und kurz und anschaulich informieren.

Was musst du beim Erstellen des Plakats beachten?
- Sammle zuerst Informationen mithilfe von Büchern, Zeitungen, Lexika, Informationsbroschüren oder im Internet.
- Bringe Tonkarton, Tapetenreste oder ein Papiertischtuch mit. Außerdem benötigst du Klebstoff, farbige Stifte, Schere und ein Lineal.
- Mache zuerst eine Skizze, die zeigt, wie dein Plakat gestaltet werden soll.
- Ordne die Inhalte nach der Wichtigkeit. Bedenke, dass der Platz begrenzt ist.
- Finde eine passende Überschrift. Schreibe groß und deutlich.
- Plane nur so viel Text ein, wie unbedingt nötig.
- Die Schrift sollte sich vom Hintergrund gut abheben.
- Schreibe den Text möglichst mit dem Computer oder mit einem dicken Stift ordentlich mit der Hand.
- Verwende nur wenige, aber dafür aussagekräftige Bilder.
- Benutze höchstens zwei Schriftarten und nur wenige Farben.

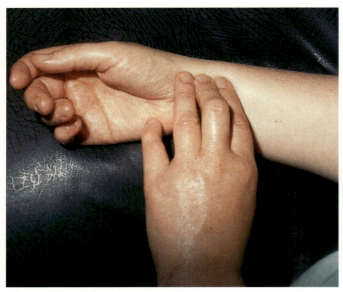

1 Pulsmessung

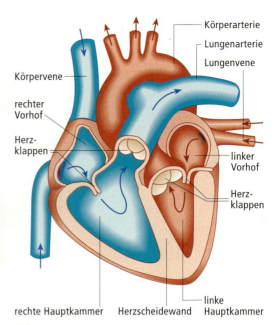

2 Das menschliche Herz

4.1 Unser Blut strömt in einem Kreislauf

Am Handgelenk kannst du leicht deinen *Puls* messen. Die Pulsmessung gibt dir Information darüber, wie häufig dein Herz schlägt. Dein **Herz** ist ein etwa faustgroßer Muskel, der das ganze Leben lang ununterbrochen arbeitet. Es pumpt regelmäßig Blut durch deinen Körper. Dein Herz schlägt täglich etwa 100-000-mal. Dabei erreicht das Herz eine Pumpleistung von etwa 7000 Liter jeden Tag.

Beim Pumpvorgang zieht sich das Herz in regelmäßigen Abständen zusammen und erschlafft danach wieder. Das Herzinnere bildet einen Hohlraum. Eine Mittelwand teilt diesen Hohlraum in eine linke und eine rechte Herzhälfte. Jede Herzhälfte besteht aus einem *Vorhof* und einer *Herzkammer*. Die Vorhöfe nehmen das Blut auf, das aus der Lunge und aus den anderen Körperteilen in den Blutadern zum Herzen hin fließt. *Blutadern,* die zum Herzen führen, heißen **Venen.** Aus den Herzkammern dagegen pumpt das Herz bei jedem Schlag Blut durch die *Schlagadern,* die **Arterien,** in den Körper und in die Lunge.

Verfolgen wir einmal den Weg des Blutes durch den Körper. Wir beginnen wieder beim Herzen:

Die Wände der Herzkammern ziehen sich zusammen. Dabei wird aus der linken Herzkammer sauerstoffreiches Blut in den Körper gepumpt. Es strömt durch die Arterien in alle Bereiche des Körpers. In den Organen verästeln sich die Adern so fein, dass sie nur noch mit Hilfe des Mikroskops zu erkennen sind. Man nennt sie dann *Haargefäße* oder **Kapillaren.** Sie versorgen alle Körperbereiche bis hin zu den Zellen.

Mit Kohlenstoffdioxid angereichertes Blut aus den Kapillaren sammelt sich in den Venen und fließt zum Herzen zurück. Es gelangt in den rechten Vorhof. Beim Erschlaffen der Herzkammerwände vergrößert sich der Innenraum. Dabei wird das Blut in die rechte *Herzkammer* eingesaugt. Die Herzkammerwände ziehen sich nun wieder zusammen. Das Blut strömt durch die Lungenarterie in die Lunge. In den Kapillaren, die die Lungenbläschen umgeben, gibt das Blut das Kohlenstoffdioxid ab und nimmt gleichzeitig Sauerstoff auf. Das sauerstoffreiche Blut fließt zurück in den linken Vorhof. Beim Einströmen in die linke Herzkammer ist der **Blutkreislauf** geschlossen.

Dein Herz arbeitet wie ein Zweitaktmotor. Wenn die Herzkammerwände erschlaffen, weiten sich die Herzkammern. Zur gleichen Zeit ziehen sich die Vorhöfe zusammen und das Blut kann in die Kammern einströmen. Wie dein Fahrradventil die Luft nur in einer Richtung durchlässt, sorgen auch im Herzen besondere Ventile, die *Herzklappen,* dafür, dass das Blut nur in eine Richtung fließt. Der Pumpstoß des Herzens überträgt sich auf die muskulösen Schlagadern.

1. Arterien und Venen liegen im Körper unmittelbar nebeneinander. Ihre Wände sind elastisch dehnbar. Die Venen besitzen in bestimmten Abständen Ventile. Auf die Venen kann Druck von den benachbarten Arterien und von Skelettmuskeln ausgeübt werden. Erläutere den Bluttransport anhand der Abbildung 5.

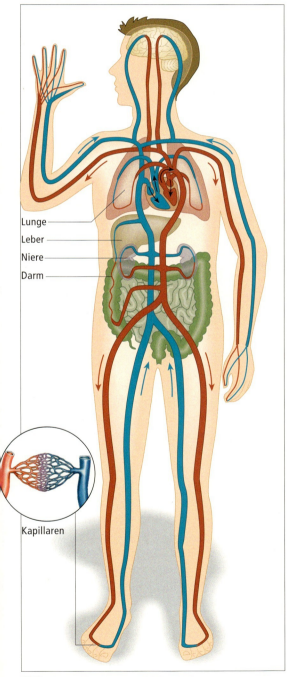

3 Blutgefäße im menschlichen Körper

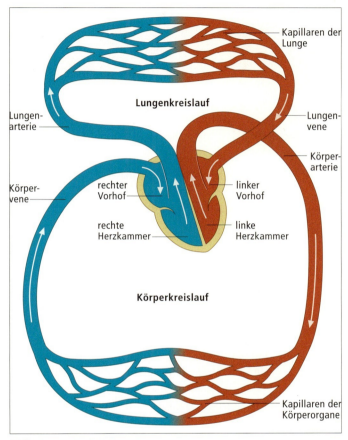

4 Blutkreislauf (Schema)

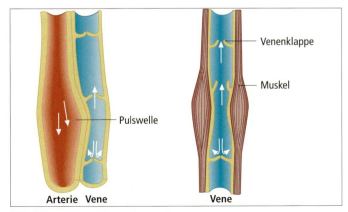

5 Transport des Blutes in den Gefäßen

Bau und Leistungen des menschlichen Körpers

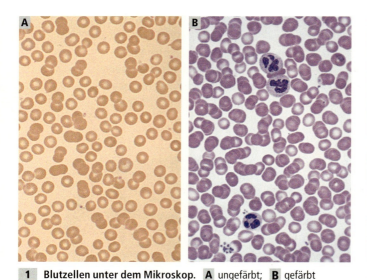

1 Blutzellen unter dem Mikroskop. **A** ungefärbt; **B** gefärbt

2 Blut. **A** frisch; **B** geronnen

4.2 Das Blut hat wichtige Aufgaben

Lässt man frisches Blut in einem Glasgefäß stehen, kann man beobachten, wie es nach einiger Zeit gerinnt. Es bildet sich ein braunroter Bodensatz, den man Blutkuchen nennt. Darüber steht eine gelbliche, durchsichtige Flüssigkeit, das Blutplasma.

Untersucht man den Blutkuchen mit einem Mikroskop bei starker Vergrößerung, fällt ein unregelmäßiges Netz feiner, weißer Fäden auf. Die Fäden bestehen aus dem Stoff Fibrin. In den Maschen dieses Netzes liegen kleine Blutkörperchen. Zusammen mit den Fäden bilden sie eine feste Kruste. Ihre Aufgabe ist es, eine Wundöffnung zu verschließen.

Woher kommt die rote Farbe des Blutes? Sieh dir noch einmal frisches Blut unter dem Mikroskop an. In der Probe schwimmt eine große Anzahl scheibenförmiger Zellen. Es sind die roten Blutkörperchen. Sie enthalten einen roten Farbstoff, das Hämoglobin. Sie sehen zwar einzeln gelblich aus, aber ihre große Menge lässt das Blut rot erscheinen. Ein Tropfen Blut enthält ungefähr 250 Millionen rote Blutkörperchen. Mithilfe des roten Blutfarbstoffes transportieren sie den Sauerstoff. Sie nehmen den Sauerstoff an den Lungenbläschen auf und befördern ihn an alle Körperstellen, in denen er verbraucht wird.

In deutlich geringerer Anzahl entdecken wir in der Blutprobe farblose, unregelmäßig geformte weiße Blutkörperchen. Es sind bewegliche Zellen, die eingedrungene Krankheitserreger fressen und unschädlich machen. Man bezeichnet sie auch als Gesundheitspolizei des Körpers.

Außerdem enthält unser Blut noch kleine Bruchstücke von Zellen, die für den Wundverschluss bei Verletzungen wichtig sind. Man nennt sie Blutplättchen.

Im Blutplasma werden gelöste Stoffe transportiert. Es befördert die im Darm aufgenommenen Nährstoffe zu den Zellen und transportiert die nicht weiter verwertbaren Abfallstoffe wieder ab. Auch alle anderen lebenswichtigen Stoffe sind im Plasma gelöst. So enthält es Vitamine und Mineralstoffe. Beide sind für die Gesundherhaltung des Körpers unerlässlich. Außerdem enthält das Plasma vom Körper selbst hergestellte Abwehrstoffe gegen verschiedene Krankheitserreger. Gleichzeitig verteilt das Blutplasma die Körperwärme über alle Körperteile – ähnlich dem heißen Wasser einer Zentralheizung.

1. Vergleiche das Aussehen der beiden Blutproben miteinander. Berichte über deine Feststellungen.
2. Nenne die Bestandteile des Blutkuchens und ihre Aufgaben. Fertige eine Tabelle an.

Blutkreislauf und Ausdauer

V1 Atmung und Puls

Material: Armbanduhr mit Sekundenzeiger

Durchführung: 3 Schüler bilden eine Versuchsgruppe.
a) Schüler 1 sitzt entspannt auf einem Stuhl. Schüler 2 zählt die Pulsschläge innerhalb von 15 Sekunden. Schüler 3 zählt die Atembewegungen. Die Ergebnisse werden in eine Tabelle übertragen.
b) Schüler 1 macht 15 Kniebeugen.
c) Die Schüler tauschen die Rollen.

	Pulsschläge /min	Atemzüge /min
In Ruhe	__ x 4 = __	__ x 4 = __
nach 15 Kniebeugen	__ x 4 = __	__ x 4 = __

Aufgabe: Vergleicht und erklärt eure Ergebnisse.

V2 Belastungstest

Material: wie V1

Durchführung: Miss deinen Puls in Ruhe. Anschließend steige möglichst schnell die Treppen im Schulgebäude hoch. Miss gleich im Anschluss deinen Puls. Wiederhole nach einer kurzen Erholungszeit den Versuch.

Aufgabe: Erkläre deine Ergebnisse.

V3 Kreislauftraining

A Aufwärmen

Sportliche Aktivitäten musst du vorbereiten. Sonst kann es zu Muskelfaserrissen kommen. Durch Übungen dehnt man die Muskeln und wärmt sie auf. Du solltest die Übungen langsam und konzentriert durchführen. Die Spannung der Muskeln musst du jeweils einige Sekunden halten. Die Aufwärmzeit sollte mindestens 5 – 10 Minuten dauern.

Übung 1: Trabe auf der Stelle; lasse die Arme abwechselnd locker kreisen.

Übung 2: Schwinge die Arme vor dem Körper.

Übung 3: Laufe auf der Stelle und lasse dabei die Arme kreisen (10 mal vorwärts, 10 mal rückwärts).

Übung 4: Springe wie ein Hampelmann.

B Trainingsprogramm

Erster Tag: mache so viele Liegestütze wie du schaffst.
Zweiter bis vierter Tag: Morgens und abends die Anzahl der Liegestütze vom ersten Tag.
Fünfter bis siebter Tag: Jeweils einen Liegestütz mehr
Zweite Woche: Steigere die Anzahl der Liegestütze um jeweils eine pro Tag.

Aufgabe: Führe Protokoll über deine Leistungen. Bewerte deine Ergebnisse.

C Trainingsende

Nach dem Training solltest du noch Lockerungsübungen durchführen, um deine Muskulatur elastisch und geschmeidig zu erhalten.

Übung 5: „Schüttle" Arme und Beine aus.

1 Sonnenbaden

5 Unsere Haut –
ein Organ mit vielseitigen Aufgaben

Ferien und Sonne gehören eigentlich zusammen. Viele Menschen verbringen diese Zeit an Stränden, Badeseen oder in Badeanstalten. Sie wollen in der Sonne ihre Haut bräunen und sich im Wasser vergnügen. Aus den Ferien zurückgekehrt sehen sie jedoch bald wieder so hell aus wie vorher. Wo ist die Bräune geblieben?

Farbstoffe in der Haut schützen den Körper vor Verbrennungen durch Sonnenstrahlen. Diese Pigmente werden in der oberen Schicht der Haut gebildet. Diese **Oberhaut** zeigt besondere Eigenschaften. Reibt man mit einem dunklen Tuch die Haut kräftig ab, wird es hell gefärbt. Die Verfärbung rührt von toten, verhornten Hautzellen her, die als Schuppen abgelöst werden. Sie stammen von der Hornschicht der Oberhaut, die den Körper vor Verletzungen und Austrocknung schützt. Abgestorbene Hautzellen werden ständig durch neue ersetzt. Diese entstehen in der Keimschicht. Bei Sonnenbestrahlung bilden sich hier die braunen Pigmente. Die in der Keimschicht neu gebildeten Zellen gelangen allmählich in Richtung Hautoberfläche, sterben ab und werden abgestoßen. Auf diese Weise verschwinden auch die braun gefärbten Zellen.

Damit die Haut geschmeidig bleibt, geben Talgdrüsen fetthaltige Stoffe ab. Diese Drüsen liegen in der **Lederhaut.** An heißen Tagen oder bei körperlicher Anstrengung kommt man leicht ins Schwitzen. Die Lederhaut enthält auch zahlreiche Schweißdrüsen. Sie scheiden durch Poren in der Hautoberfläche eine Flüssigkeit aus. Dieser Schweiß setzt sich aus Wasser

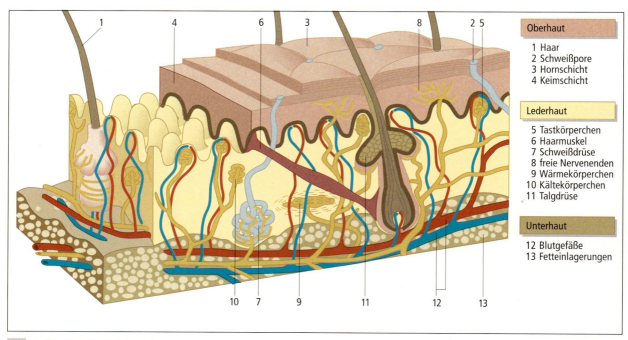

2 Aufbau der Haut (Schema)

Oberhaut
1 Haar
2 Schweißpore
3 Hornschicht
4 Keimschicht

Lederhaut
5 Tastkörperchen
6 Haarmuskel
7 Schweißdrüse
8 freie Nervenenden
9 Wärmekörperchen
10 Kältekörperchen
11 Talgdrüse

Unterhaut
12 Blutgefäße
13 Fetteinlagerungen

und Salzen zusammen. Wenn er verdunstet, wird dem Körper Wärme entzogen und so eine Überhitzung verhindert. Gleichzeitig erweitern sich die *Blutgefäße*. Die Haut wird nun stärker durchblutet. Dadurch gibt der Körper mehr Wärme nach außen ab.

Kochendes Wasser fühlt sich heiß an, Eis dagegen kalt. Die Reize „heiß" und „kalt" werden von *Wärmekörperchen* und *Kältekörperchen* aufgenommen. Nerven melden die Reize dem Gehirn. Andere Sinneskörperchen nehmen Berührungsreize wahr. Solche Tastkörperchen sind in der Haut unterschiedlich dicht verteilt. In den Fingerspitzen liegen sie besonders dicht beisammen.

Aus der Haut ragen *Haare*. Jedes Haar ist mit einem kleinen Muskel verbunden. Bei Kälte ziehen sich diese Muskeln zusammen. Dadurch richten sich die Körperhaare auf und wir bekommen eine „Gänsehaut". Gleichzeitig wird aus den anliegenden Talgdrüsen Fett gepresst. Aufgerichtete Haare und Fett sorgen für erhöhten Kälteschutz.

In der **Unterhaut** ist vor allem Fett eingelagert. Es dient als Wärmeschutz, Reservestoff und Polster.

1. Beschreibe mithilfe der Abbildung 2 den Aufbau der menschlichen Haut.

Haut und Hautpflege

V1 Wir untersuchen unsere Haut

Material: Lupe; Bleistift; Papier; Stempelkissen

Durchführung: Betrachte mit der Lupe die Haut an folgenden Stellen: Handrücken, Handinnenfläche, Fingerkuppen, Unterarm, Unterschenkel, Fußsohle.

Aufgaben:
a) Schreibe auf, worin sich die untersuchten Körperstellen unterscheiden. Suche Begründungen dafür.
b) Drücke die Innenseite des Zeigefingers auf das Stempelkissen und danach aufs Papier. Vergleiche den Abdruck mit dem deines Tischnachbarn. Erkläre.

V2 Tastversuche

Material: Augenbinde; wollene Handschuhe; ähnlich geformte Dinge wie Mandarine, Orange, Zitrone, Apfel, Tomate, ...

Durchführung: Verbinde einer Versuchsperson die Augen. Lege ihr die verschiedenen Gegenstände vor und lasse sie ertasten. Verbinde einer anderen Versuchsperson die Augen, lasse sie die Handschuhe anziehen und dieselben Gegenstände ertasten.

Aufgabe:
a) Schreibe auf, wie lange die Versuchspersonen brauchen, um alle Gegenstände zu ertasten. Vergleiche.
b) Befrage beide Personen, was ihnen geholfen hat, die Gegenstände zu erkennen. Nenne Unterschiede.

V3 Herstellen einer Peelingcreme

Material: 1 Eigelb; 2 Esslöffel fein geriebene Mandeln; 1 Teelöffel Honig; 1,5 Teelöffel heißes Wasser

Durchführung: Verrühre die Mandeln mit dem Eigelb und dem Honig. Füge der zähen Masse heißes Wasser zu, bis die Paste streichfähig ist.

Aufgaben:
a) Trage die Paste dick auf das gereinigte Gesicht. Reibe nach 30 Minuten die Maske mit immer wieder neu befeuchteten Händen ab, bis bei sanftem Rubbeln alle Reste der Maske abgerieben sind. Achte darauf, dass du nicht zu stark reibst. Spüle anschließend das Gesicht mit klarem Wasser ab. Fühle nun mit den trockenen Fingern, wie sich die Oberfläche der Haut verändert hat. Erläutere.
b) Weshalb ist gründliches und regelmäßiges Reinigen für die Gesunderhaltung der Haut wichtig?

V4 Herstellen eines Sonnenöls

Material: braune, verschließbare Arzneiflasche (100ml); Sesamöl; Erdnussöl; Sonnenblumenkernöl

Durchführung: Gib die Öle zu jeweils gleichen Teile in die Flasche und schüttele.

Aufgaben:
a) Das Öl enthält zwar natürliche Lichtschutzfaktoren, dennoch solltest du die pralle Sonne meiden. Wovor schützt das Sonnenöl?
b) Weshalb ist zuviel „Sonnenbaden" schädlich?

1 Nahrungsmittel

6 Ernährung und Verdauung

6.1 Unsere Nahrungsmittel enthalten lebenswichtige Stoffe

Hast du schon einmal darüber nachgedacht, warum du nicht nur Schokolade, Eis oder andere Süßigkeiten essen darfst? Die richtige Antwort lautet: Dann bekommt dein Körper nicht alle notwendigen Stoffe, die er zur Aufrechterhaltung der Lebensfunktionen benötigt. Welche Stoffe sind für den Körper unentbehrlich und wofür benötigt er sie?

Unsere Nahrung wählen wir täglich aus einem großen Angebot von Nahrungsmitteln aus. Diese kann man in drei Gruppen unterteilen: In kohlenhydratreiche, fettreiche und eiweißreiche Nahrungsmittel. Kohlenhydrate, Fette und Eiweißstoffe nennt man **Nährstoffe**.

Brot, Reis, Kartoffeln, Nudeln und Süßigkeiten enthalten einen hohen Anteil an Stärke und Zucker. Dein Körper braucht diese **Kohlenhydrate**, die viel Energie gespeichert haben. Es sind „Kraftstoffe". Ein Motor braucht energiehaltige Kraftstoffe wie z. B. Diesel oder Benzin, um arbeiten zu können. Ebenso benötigt auch dein Körper energiereiche Stoffe, damit du laufen kannst, dein Herz arbeitet oder du in der Schule leistungsfähig bist.

Auch **Fette** sind für deinen Körper wichtige Energielieferanten. Aus Fetten kann mehr Energie gewonnen werden als aus der gleichen Menge an Kohlenhydraten. Sahne, Butter, Margarine, Öle, Nüsse und viele Wurstsorten gehören zu den fettreichen Lebensmitteln.

Dein Körper braucht jedoch nicht nur *Energielieferanten*. Für den Aufbau und Erhalt neuer Körperzellen musst du **Eiweißstoffe** aufnehmen. Zu den besonders eiweißreichen tierischen Nahrungsmitteln gehören Fleisch, Fisch, Eier, Käse und Quark. Aber auch pflanzliche Nahrungsmittel wie Erbsen, Bohnen und Getreide enthalten Eiweißstoffe.

Diese drei Grundnährstoffe genügen jedoch nicht, um den Körper gesund zu erhalten. Er benötigt noch andere lebensnotwendige Stoffe. Es sind Mineralstoffe und Vitamine. **Mineralstoffe** müssen täglich mit der Nahrung aufgenommen werden. Dazu gehören Kalzium, das für den Aufbau von Zähnen und Knochen notwendig ist und Eisen, das für die Blutbildung wichtig ist. Der Mineralstoff Fluor härtet den Zahnschmelz. Du nimmst genügend Mineralstoffe zu dir, wenn du dich abwechselungsreich ernährst. Einige Mineralstoffe brauchst du nur in geringen Mengen, deshalb nennt man sie *Spurenelemente*.

Vitamine sind Wirkstoffe, die an vielen Vorgängen im Körper beteiligt sind, bei denen Nährstoffe in Energie umgewandelt werden. Wenn du viel Vollkornbrot, Milch oder Milchprodukte und viel frisches Obst und Gemüse isst, versorgst du deinen Körper ausreichend mit Vitaminen.

Frisches Obst und Gemüse enthalten neben Vitaminen und Mineralstoffen noch Pflanzenfasern, die auch **Ballaststoffe** genannt werden. Die unverdaulichen Ballaststoffe sind für die Verdauung notwendig, da sie die Darmtätigkeit anregen.

Unser Körper verliert ständig Wasser, z. B. beim Atmen, beim Schwitzen oder bei der Ausscheidung von Kot und Urin. Da **Wasser** im Körper ein wichtiges Transportmittel ist, muss dieser ständige Flüssigkeitsverlust ausgeglichen werden. Du solltest deshalb täglich 2 bis 3 Liter Flüssigkeit zu dir nehmen. Wasser ist neben Kräuter- oder Früchtetees und Fruchtsäften der beste Durstlöscher. Limonaden solltest du aufgrund des hohen Zuckergehaltes meiden.

100 g	Fett (g)	Kohlenhydrate (g)	Eiweiß (g)
Schweinefleisch	27	0	17
Hühnerfleisch	12	0	22
Gänsefleisch	44	0	13
Rindfleisch	14	0	20
Vollkornbrot	1	48	8
Weißbrot	1	56	7
Reis	1	78	7
Kartoffeln	<1	17	2
Nudeln	3	72	13
Vollmilch	3	5	3
Fruchtjogurt	2	10	3
Salami	47	<1	17
Bratwurst	33	0	13
Gurken	0	1	<1
Nüsse	61	8	17
Honig	0	70	<1
Seelachsfilet	5	2	13
Käse (vollfett)	29	2	23

2 Nahrungsmittel und ihre Zusammensetzung

1. Die Lebensmittel in Abbildung 1 sind in einer bestimmten Weise geordnet. Erkläre.
2. Schreibe alle Lebensmittel auf, die du gestern gegessen hast. Ordne sie den Gruppen in der Abbildung 1 zu.
3. Wie heißen die drei Nährstoffe und welche Aufgaben haben sie? Erstelle hierzu eine Tabelle und nenne Beispiele.
4. a) Beim Einkaufen im Supermarkt findest du auf Lebensmittelverpackungen Angaben über die enthaltenen Nährstoffe. Schreibe die Angaben von sechs unterschiedlichen Lebensmitteln auf.
   b) Sammelt die Angaben in der Klasse. Welche Lebensmittel enthalten viele Kohlenhydrate, viele Fette oder Eiweiße. Ordnet die Lebensmittel – falls noch nicht vorhanden – in die Tabelle von Aufgabe 3 ein.
5. Fertigt mithilfe von Abbildungen aus Supermarktprospekten und Zeitschriften Plakate zum Thema „Nahrungsmittel enthalten unterschiedliche Nährstoffe" an.
6. Wasser ist wichtig für den Körper.
   a) Dein Körper benötigt täglich drei Liter Flüssigkeit, du musst aber nur ca. zwei Liter trinken. Erkläre und begründe.
   b) Welche Getränke solltest du bevorzugen, welche meiden? Begründe deine Auswahl. Fertige auch hierzu ein Plakat an.
7. a) Vitamine werden mithilfe von Großbuchstaben benannt. Finde heraus, in welchen Lebensmitteln die Vitamine A, B, C, D, E und K vorkommen und welche Bedeutung sie für den Körper haben. Informationen findest du in einem Lexikon aus der Schulbibliothek oder im Internet.
   Lege dazu eine Tabelle an.
   b) Gestalte ein Plakat zum Thema „Vitaminreiche und ballaststoffreiche Ernährung ist gesund".
8. Gestaltet mit allen Plakaten eine Ausstellung zum Thema „Gesunde Ernährung".

METHODE

Einen Versuch planen, durchführen und protokollieren

Wie kann man Traubenzucker nachweisen?

Um dies herauszufinden, kannst du einen **Versuch** durchführen.

Vor dem Experimentieren musst du dir noch einige Gedanken machen. Du erstellst eine *Versuchsplanung*.

- Wie soll der Versuch ablaufen?
- Welche Materialien benötigst du?
- Wie muss der Versuch aufgebaut werden?

Damit auch andere deinen Versuch nachvollziehen können, erstellst du ein *Versuchsprotokoll*. Orientiere dich dabei an folgenden Regeln.

Am Anfang eines Versuchsprotokolls werden das Thema oder die Frage zum Versuch als Überschrift ① und das Datum ② notiert.

Im nächsten Schritt schreibst du die Materialien ③ auf, die zum Experimentieren erforderlich sind.

Fertige in der Versuchsbeschreibung ④ eine Skizze an ⑤, in der dargestellt ist, wie der Versuch aufgebaut ist.

Beschreibe mit deinen eigenen Worten, wie du den Versuch aufbaust ⑥.

Notiere deine Versuchsbeschreibung sehr genau, damit der Versuch auch von jemandem durchgeführt werden kann, der nicht am Unterricht teilgenommen hat.

Die Beobachtungen oder Messwerte können in Form von Sätzen oder in einer Tabelle notiert werden ⑦.

Die Ergebnisse des Versuchs ⑧ werden in Form von Sätzen, in einer Tabelle oder als Zeichnung in der Auswertung des Protokolls festgehalten. Hier kann auch aufgeschrieben werden, ob der Versuch geeignet war, deine Fragen zu beantworten. Auch wenn man erkannt hat, dass im Versuchsaufbau oder bei der Durchführung etwas geändert werden sollte, kann dies hier notiert werden.

27.09.2006 ②

① *Wie kann man Traubenzucker (Glucose) in Lebensmitteln nachweisen?*

③ *Material:*
Traubenzucker (Glucose), Orangensaft, Trauben- oder Apfelsaft, Mehl, Wasser, 5 kleine Bechergläser, Teelöffel, Glasstab, Glucose-Teststreifen aus der Apotheke

④ *Versuchsbeschreibung:*

⑤
   1   2   3   4   5

⑥ *Fülle drei Bechergläser mit gleich viel Wasser. Im ersten Glas bleibt nur Wasser. Gib in das zweite Becherglas einen halben Teelöffel Traubenzucker. Spüle den Teelöffel jetzt und gib anschließend in das dritte Glas einen halben Teelöffel Mehl. In das vierte Glas füllt man etwas Apfelsaft und in das fünfte etwas Orangensaft. In jedes Glas taucht man anschließend kurz jeweils einen Glucose-Teststreifen ein.*

⑦ *Beobachtung:*

	Glas 1 Wasser	Glas 2 Traubenzucker	Glas 3 Mehl	Glas 4 Apfelsaft	Glas 5 Orangensaft
Verfärbung des Teststreifens	nein	ja	nein	ja	ja
Traubenzucker enthalten	nein	ja	nein	ja	ja

Die in Glas 1 und 3 eingetauchten Teststreifen verändern ihre Farbe nicht. Bei den drei anderen Teststreifen ist eine Verfärbung sichtbar. Vergleicht man diese Verfärbung mit der Farbskala auf der Teststreifen-Verpackung, so wird deutlich dass die Flüssigkeiten in Glas 2, 4 und 5 Traubenzucker enthalten.

⑧ *Ergebnis:*
Mit Glucose-Teststreifen aus der Apotheke kann man Traubenzucker in Nahrungsmitteln nachweisen. Apfelsaft und Orangensaft enthalten Zucker.

Wir weisen Nährstoffe nach

Welcher Nährstoff ist in welchem Lebensmittel vorhanden? Mithilfe der Versuche könnt ihr diese Frage für viele Lebensmittel beantworten.

Hinweise:
a) Führt die Versuche in Gruppen durch. V4 muss zusammen mit der Lehrkraft durchgeführt werden.
b) Ein Gruppenmitglied notiert kurz die Ergebnisse eurer Versuche. Anschließend schreiben alle Gruppenmitglieder ein ausführliches Versuchsprotokoll (siehe Methode „Einen Versuch planen, durchführen und protokollieren").
c) Zum Schluss beschreibt und erklärt jede Gruppe den Schülern der anderen Gruppen die Ergebnisse ihres Versuchs.

V1 Welche Lebensmittel enthalten Stärke?

Material: Iodkaliumiodidlösung; Lebensmittel (z. B. Kartoffeln, Kartoffelstärke, Mehl, Puderzucker, Brot, gekochte Nudeln); eine Tropfpipette; kleine Glasschälchen

Durchführung: Fülle in jedes Glasschälchen ein Lebensmittel (Kartoffel durchschneiden). Gib mit der Tropfpipette einige Tropfen Iodkaliumiodid-Lösung darauf.

V2 Welche Lebensmittel enthalten Eiweißstoffe?

Material: Eiweißteststreifen aus der Apotheke; kleine Glasgefäße; Wasser; Eiklar; Speisequark; Milch

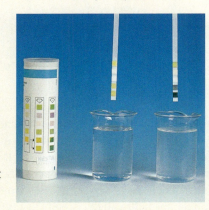

Durchführung: Fülle vier Glasgefäße halb voll mit Wasser. Gib nun in drei der Gefäße jeweils etwas Eiklar, Quark bzw. Milch dazu. Tauche kurz je einen Teststreifen in jedes der vier Gefäße. Vergleicht die Färbung der Teststreifen mit der Farbskala auf der Packung.

V3 Welche Lebensmittel enhalten Fette?

Material: Filterpapier oder Löschblatt; Messer; kleiner Löffel; Wasser; Butter oder Margarine; Milch; Öl

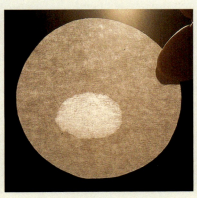

Durchführung: Gib auf ein Blatt Filterpapier etwas Wasser. Verreibe mit dem Messer ein wenig Öl, Milch oder Butter auf den anderen Blättern. Umrande den Wasserfleck blau, die übrigen Flecken rot. Lass die Filterpapiere anschließend trocknen. Halte sie dann gegen das Licht.

V4 Welche Lebensmittel enthalten Traubenzucker? (Lehrerversuch)

Material: Bunsenbrenner; Reagenzgläser; Reagenzglasständer und -halter; Schutzbrille; Fehlingsche Lösung I und II; Traubenzucker; Rosinen; Zwiebeln; Speisestärke

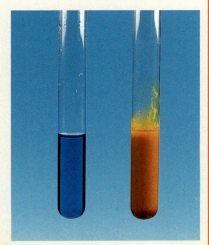

Durchführung: In einem Reagenzglas mischt man Fehlingsche Lösung I und II. Es entsteht eine tiefblaue Lösung. In die anderen Reagenzgläser gibt man ein wenig Traubenzucker, einige Rosinen oder etwas Speisestärke und anschließend so viel der tiefblauen Lösung, dass die Lebensmittel bedeckt sind. Die Mischung wird erhitzt. (Vorsicht Spritzgefahr!)

1 Unterschiedliche Mahlzeiten

6.2 Wie ernähren wir uns richtig?

Du hast bereits erfahren, dass dein Körper Energie aus der Nahrung gewinnt, um Vorgänge wie Laufen oder Spielen zu ermöglichen. Dein Körper ist jedoch auch beim Schlafen nicht „abgeschaltet". Er arbeitet immer und benötigt somit dauernd Energie.

Übst du im Laufe des Tages verschiedene Tätigkeiten aus, benötigst du hierfür zusätzliche Energie. Wenn du z. B. 90 Minuten Rad fährst, brauchst du die Energiemenge, die dein Körper aus einer Handvoll Erdnüsse bereitstellen kann.

Du weißt, Energie kann dein Körper aus Kohlenhydraten und Fetten gewinnen. Nicht benötigte Energie wird vom Körper in Form von „Fettpolstern" gespeichert. Sie machen dick, hindern dich beim Laufen und belasten dein Herz. Um diese Fettpolster zu vermeiden, solltest du dich gesund ernähren und ausreichend bewegen. Achte beim Essen darauf, dass du nicht zu viele Energielieferanten zu dir nimmst. Gesunde Nahrung muss vor allem abwechslungsreich sein. Sie sollte alle Nährstoffe in einem bestimmten Mengenverhältnis enthalten: In 100 g Nahrung sollten 60 g Kohlenhydrate, 30 g Fett und 10 g Eiweißstoffe sein. Wichtig ist auch die Herkunft der Nahrung. Tierische Nahrungsmittel wie Fleisch enthalten oft ein Übermaß an Fetten und Eiweißstoffen. Daher sollten mehr pflanzliche als tierische Nahrungsmittel gegessen werden.

Hauptbestandteil jeder gesunden Mahlzeit sollten kohlenhydrathaltige Lebensmittel wie Vollkornbrot, Reis, Nudeln oder Kartoffeln sein. Sie liefern außerdem Ballaststoffe und Mineralstoffe. Als zweiter Baustein dürfen bei keiner Mahlzeit Obst und Gemüse fehlen. Sie enthalten Vitamine, Wasser, Ballaststoffe und Kohlenhydrate.

Zum nächsten Baustein gehören Milchprodukte, mageres Fleisch, Fisch, Geflügel und Eier. Diese Nahrungsmittel enthalten viel Eiweiß und versorgen dem Körper zusätzlich mit wichtigen Mineralstoffen, z. B. Kalzium, Iod oder Eisen. Der Anteil an eiweißhaltigen Lebensmitteln in einer Mahlzeit sollte aber geringer sein als derjenige der „Kohlenhydratgruppe". Denn sie enthalten oft versteckte Fette.
Fette und Zucker dürfen bei jeder Mahlzeit ebenfalls nur in geringen Mengen auf den Tisch kommen. Sahne, Öl, Butter und Zucker in Maßen machen viele Speisen schmackhafter. Isst du jedoch zu viel davon, kannst du zu dick werden. Bekannte Dickmacher sind zum Beispiel Pommes frites und Süßigkeiten.

Vollwertkost setzt sich aus pflanzlichen Lebensmitteln wie Getreideprodukten, Obst, Gemüse und Kartoffeln zusammen. Sie enthält viele Kohlenhydrate und nur geringe Mengen an Eiweißstoffen und Fetten. Sie ist reich an Vitaminen, Mineralstoffen und Ballaststoffen. Rohkostsalate, Milch, Käse und Joghurt dürfen deshalb auf keinem Speiseplan fehlen.

1. a) Betrachte die unterschiedlichen Mahlzeiten in Abbildung 1. Nimm Stellung dazu.
   b) Stelle für einen Tag einen Ernährungsplan für eine gesunde Ernährung zusammen. Begründe deine Auswahl.
   c) Vergleiche mit den Nahrungsmitteln, die du gestern gegessen hast. Berichte.
2. a) Berechne deinen persönlichen Energiebedarf eines Tages. Schreibe dazu alle Tätigkeiten eines Tages und die Zeitdauer auf. Bestimme dann mithilfe der Abbildungen dieser Seite den jeweiligen Energiebedarf.
   b) Notiere die Zeitdauer und die einzelnen Tätigkeiten eines Tages und berechne dann den Gesamtenergiebedarf für diesen Tag. Vergleiche mit dem Ergebnis aus Aufgabe 2a. Musst du etwas ändern? Berichte.
3. Lies im Kapitel „Bewegung" nach, warum Bewegung gesund ist.

Tätigkeiten	Kilojoule pro Stunde	Tätigkeiten	Kilojoule pro Stunde
Schlafen	280	Dauerlauf (9 km/h)	2950
Ruhiges Liegen	350	Fußball spielen	2000
Stehen	420	Schwimmen (50m/min)	2800
Büroarbeit	420	Rad fahren (30 km/h)	3530
Gehen (5 km/h)	910	Tanzen	1240

4 Energiebedarf bei unterschiedlichen Tätigkeiten (Mann mit 70 kg Körpermasse)

100 g Nahrungsmittel	Energie in Kilojoule	100 g Nahrungsmittel	Energie in Kilojoule
Schweinefleisch	1427	Rindfleisch (mager)	511
Forelle	423	Hühnerei	678
Kartoffeln	318	Nudeln	1544
Roggenbrot	950	Brötchen	1126
Banane	356	Apfel	243
Milch	268	Jogurt	297
Honig	1272	Nüsse	2725

2 Energiegehalt verschiedener Nahrungsmittel.
Kilojoule (kJ) ist die Maßeinheit für Energie aus der Nahrung

Mädchen (Alter)	Durchschnittl. Energiebedarf KJ/Tag	Jungen (Alter)	Durchschnittl. Energiebedarf KJ/Tag
10 - 13	9000	10 - 13	9410
13 - 15	9620	13 - 15	10460
15 - 19	10040	15 - 19	12550
19 - 25	9200	19 - 25	10880

3 Energiebedarf und Alter

EXKURS

Skorbut – eine Krankheit der Seefahrer

Der portugiesische Seefahrer VASCO DA GAMA startete am 8. Juli 1497 mit vier Schiffen und 170 Mann Besatzung eine längere Seereise, um neue Seewege zu erkunden. An Proviant wurde Pökelfleisch, Seezwieback, Wasser und Wein mitgenommen. Während dieser Reise starben über 100 Seeleute. Zuerst begann sich das Zahnfleisch der Matrosen bläulich zu verfärben, es schwoll an und eiterte. Einige Tage später blutete es und die Zähne fielen aus. Die Erkrankten bekamen hohes Fieber und starben einige Wochen nach Ausbruch der Krankheit, die man **Skorbut** nennt. Wenn man die erkrankten Seeleute im nächsten Hafen an Land brachte und mit frischem Obst und Gemüse versorgte, wurden sie wieder gesund. Im Jahre 1747 erkannte der englische Arzt JAMES LIND durch Experimente, dass Zitronen und Orangen zur Heilung und Vorbeugung gegen diese Krankheit gut geeignet waren. Englische Seefahrer nahmen seitdem einen Vorrat an Zitrusfrüchten als Proviant mit.

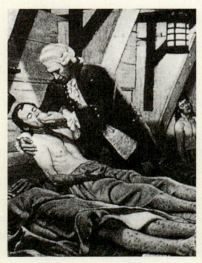

Bau und Leistungen des menschlichen Körpers

Gesunde Ernährung

Auf dieser Doppelseite findest du einige Rezepte für gesunde Mahlzeiten und Getränke. Beachte bei der Zubereitung die folgenden Tipps, dann gelingen dir alle Rezepte auf dieser Doppelseite problemlos:
- Obst und Gemüse vor dem Zerkleinern gründlich waschen
- alle Lebensmittel frisch essen
- Garzeiten bei niedrigen Temperaturen möglichst kurz halten (z. B. Dünsten, Kurzbraten, Dämpfen)
- Speisen nach der Zubereitung sofort verzehren

Viel Spaß bei der Zubereitung und Guten Appetit!

Coole Getränke

Apfelpunsch – kalt oder warm
(ca. 8 Gläser)
Zutaten: 6 Teebeutel Früchtetee; 3 Esslöffel Apfelsirup; eine kleine Vanilleschote

Zubereitung: Die Teebeutel und die kleingeschnittene Vanilleschote mit 1,5 l kochendem Wasser übergießen. Nach 10 Minuten die Vanilleschote und die Teebeutel herausnehmen. Das Getränk mit dem Apfelsirup süßen und im Winter heiß, im Sommer kalt genießen.

Milch-Flip
(für 4 Gläser)
Zutaten:
1/2 l Milch; 200 g frische Früchte (z. B. Himbeeren, Erdbeeren, Bananen, Pfirsiche); 200 g Vollmilchjogurt oder zwei Kugeln Vanilleeis

Zubereitung: Wasche und schäle gegebenenfalls das Obst. Schneide es in kleine Stücke. Gib das Obst, den Jogurt oder das Eis mit etwas Milch in eine Schüssel und verrühre alles mit dem Mixer oder Pürierstab. Rühre anschließend die restliche Milch darunter.

Erdbeerbowle – für die Sommerparty (ca. 20 Gläser)
Zutaten: 1 kg frische Erdbeeren; 2 Flaschen weißen Traubensaft; 3 Flaschen Apfelsaft; Eiswürfel

Zubereitung: Erdbeeren waschen und in kleine Stücke schneiden. Die zerkleinerten Erdbeeren in ein Bowlegefäß oder eine große Glasschüssel geben und den Trauben- und Apfelsaft darüber gießen. Für ein bis zwei Stunden kühl stellen. Beim Servieren in jedes Glas zwei Eiswürfel geben.

Müsli in verschiedenen Variationen

Müsli für die Pause (ca. 2 Portionen)
Zutaten: 2 Esslöffel Vollkorn-Haferflocken; 2 Esslöffel Rosinen; 2 Esslöffel gehackte Mandeln oder Haselnüsse; 1 Esslöffel Sonnenblumenkerne; 1 Teelöffel Zucker; evtl. 1 Teelöffel Kakaopulver; je nach Geschmack frisches Obst; Milch oder Jogurt

Zubereitung: Alle Zutaten (ohne Obst, Milch und Jogurt) gut vermischen und in einer geschlossenen Behälter aufbewahren. Das Müsli kannst du in den Pausen trocken essen oder mit Milch, Jogurt und frischem Obst mischen.

Energiemüsli (ca. 2 Portionen)
Zutaten: zwei Esslöffel Weizen-, Hafer- oder Buchweizenkörner; etwas kaltes Wasser; 1 Teelöffel Honig; 1 Esslöffel Rosinen oder Korinthen; 1/2 Becher Jogurt und je nach Geschmack und Jahreszeit frisches Obst (z. B. Äpfel, Birnen, Bananen, Mandarinen)

Zubereitung: In einer Getreidemühle die Getreidekörner schroten (oder im Geschäft schroten lassen). Das geschrotete Getreide mit Wasser bedecken und über Nacht quellen lassen. Am nächsten Morgen die restlichen Zutaten und das kleingeschnittene Obst mit dem Getreidebrei vermischen.

Pausenbrot – einmal anders

Pausenburger
Zutaten: Körnerbrötchen; Butter oder Margarine; Salatblatt; Tomaten- oder Gurkenscheiben; Käse; gekochter Schinken oder Putenbrust

Zubereitung: Die Brötchenhälften dünn mit Butter oder Margarine bestreichen. Auf die untere Hälfte ein Salatblatt legen, darauf je nach Geschmack Käse, Schinken oder Putenbrustaufschnitt. Tomaten- oder Gurkenscheiben und die obere Brötchenhälfte darauf legen.

Für Mittags oder Zwischendurch

Bananen-Mix (1–2 Portionen)
Zutaten: 1 Banane; 3 Esslöffel Vollkornhaferflocken; 1 Teelöffel Honig; 150 g Dickmilch oder Jogurt

Zubereitung: Banane in kleine Stücke zerschneiden und mit den anderen Zutaten mit einem Mixer oder Pürierstab in einer Schüssel vermischen.

Freche Früchtchen (4 Spieße)
Zutaten: 3 Scheiben Vollkornbrot oder Pumpernickel; Butter oder Margarine; 3 Scheiben Käse oder ca. 100 g Frischkäse; 1 Banane und je nach Jahreszeit z. B. Erdbeeren, Weintrauben

Zubereitung: Zwei Brotscheiben dünn mit Butter oder Margarine bestreichen. Mit den Käsescheiben belegen oder dünn mit Frischkäse bestreichen. Alle 3 Brotscheiben aufeinander legen und anschließend in kleine Würfel zerschneiden. Die Brotwürfel und das gewaschene Obst abwechselnd auf einen Schaschlikspieß stecken. Fertig ist ein schmackhafter und gesunder Pausensnack.

Frucht-Quark-Creme
(ca. 4 Portionen)
Zutaten: 500 g Speisequark; Obst nach Geschmack (Apfel, Birne, Banane, Kiwi; 4 bis 5 Esslöffel Milch; 2 Esslöffel Zitronensaft; 2 Teelöffel Honig und evtl. eine Messerspitze Zimt
Zubereitung: Quark und Milch in einer Schüssel gut mit dem Mixer verrühren. Das Obst evtl. waschen oder schälen. Apfel oder Birne reiben, anderes Obst in kleine Stücke zerschneiden. Zitronensaft mit dem zerkleinerten Obst vermischen und mit dem Quark verrühren. Nach Geschmack mit Honig süßen.

Pfannkucken mit Kürbiskernen
(4 Pfannkuchen)
Zutaten: 50 g Vollkornweizenmehl; ½ l Milch; 2 Eier; 50 g gemahlene Kürbiskerne; 30 g Butter; 2 Esslöffel Öl; 1 Prise Salz; Zimt; Ahornsirup oder Honig
Zubereitung: Milch und Mehl mit einer Prise Salz mit dem Mixer verrühren und ca. 20 Minuten quellen lassen. Eier und die gemahlenen Kürbiskerne einrühren. Etwas Butter und Öl in einer Pfanne erhitzen. Nacheinander die vier Pfannkuchen von beiden Seiten goldgelb backen. Die fertigen Pfannkuchen leicht mit Zimt bestäuben und mit Ahornsirup oder Honig beträufeln.

Maistopf (für 4 Personen)
Zutaten: 1 Dose (400 g) Mais, 1 Zwiebel, 2 Esslöffel Sonnenblumenöl, 2 Fleischtomaten, 200 g Hackfleisch, 1 kleine Zucchini, 2 rote Paprika, frische oder getrocknete Petersilie, Salz, Pfeffer, Paprikapulver
Zubereitung: Das Gemüse putzen und in kleine Würfel schneiden. Die geschälte und kleingeschnittene Zwiebel in Öl andünsten. Hackfleisch hinzu geben und anbraten (ca. 4 bis 5 Minuten). Anschließend die Gemüsewürfel nach und nach zu dem Hackfleisch geben. Alles mit einer Prise Salz, Pfeffer und einem ½ Teelöffel Paprikapulver würzen. Im geschlossenen Topf bei geringer Hitze ca. 10 Minuten schmoren lassen. Mais dazu geben und kurz mit erwärmen. Vor dem Servieren mit Petersilie bestreuen. Dazu passt gut Baguette.

Körper und Körpergefühl

„Spieglein, Spieglein an der Wand, wer ist die Schönste im ganzen Land?" Diesen Satz aus dem Märchen Schneewittchen kennt jeder. Geht es dir nicht ähnlich, wenn du dich kritisch im Spiegel betrachtest? Wie sehe ich aus, wie ist meine Frisur, passt meine Kleidung, fällt der Pickel sehr auf, sieht man mir meine Traurigkeit an? Solche und ähnliche Fragen hast du sicherlich deinem Spiegelbild gestellt.

Das ist ein ganz natürliches Verhalten. Spätestens mit der Pubertät entwickeln Jugendliche ein anderes Gefühl für ihren Körper als bisher. Sie betrachten sich häufiger im Spiegel. Bei der kritischen Prüfung beurteilen sie nicht nur, wie sie aussehen, sondern auch wie sie auf andere wirken. Bei der Betrachtung des Gesichts achten Mädchen vorwiegend auf das Aussehen der Augen-, Nasen- und Mundpartien. Meist wünschen sie sich große Augen, eine kleine Nase und volle Lippen. Durch Schminken versuchen sie vielfach, einem Vorbild aus Film oder Musik ähnlich zu sehen. Jungen dagegen haben als Wunschbild meist ein kräftiges markantes Gesicht. Haarfrisur und auch die Farbe der Haare spielen eine wichtige Rolle. Ebenso großen Wert legen Jugendliche auf eine glatte und reine Haut. Sie sorgt für ein gutes Körpergefühl.

Als Idealfigur haben die meisten Mädchen den Wunsch nach einem schlanken, harmonischen Körper. Jungen dagegen streben nach einem kräftigen, muskulösen Körper mit breiten Schultern und einem flachen Bauch. Um ihren Wunschvorstellungen und Idealbildern ähnlich zu sehen, gehen einige Jugendliche in Fitness-Studios, um die Muskeln zu stärken, die Figur zu erhalten und körperlich fit zu bleiben. Um gesund und attraktiv gebräunt auszusehen, besuchen einige Jugendliche Sonnenstudios. Doch diese Streben nach Idealbildern hat auch Schattenseiten. Wenn jemand z. B. täglich intensives Krafttraining durchführt, kann das der Gesundheit sogar schaden. Übertriebenes „Sonnenbaden" lässt die Haut altern und kann sogar Krebs verursachen.

Wer immer nur Vorbildern aus Filmen und Musikgruppen nacheifert, vergisst, dass außer der äußeren Erscheinung auch Persönlichkeit und Charakter zählen. Wenn Menschen sich kennen lernen mit Hobbys, Ansichten und Träumen und sich verlieben, spielt die äußere Schönheit nicht mehr die entscheidende Rolle. Wer dies erkennt, dem fällt es leichter, seine eigene Persönlichkeit zu entwickeln. Dies möchte schließlich jeder – und nicht nur die schlechte Kopie eines anderen Menschen sein.

1. Die untenstehenden Bilder zeigen Schönheitsideale aus verschiedenen Zeitaltern.
   a) Vergleiche die Bilder und beschreibe die Unterschiede.
   b) Erkläre, warum füllige Frauen früher als besonders schön galten. Berücksichtige dabei, dass viele Menschen früher nicht genug zu essen hatten.
   c) Nenne Risiken, die mit dem jeweiligen Schönheitsideal verbunden sind.

EXKURS

Basiskonzept „Struktur und Funktion"

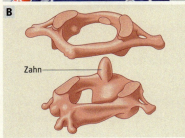

1 Halswirbel. **A** Beweglichkeit; **B** Bau

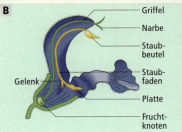

2 Wiesensalbei. **A** Blüte mit Biene; **B** Schemazeichnung der Blüte

3 Gecko. **A** An einer Glasscheibe; **B** Härchen unter dem Mikroskop

Vor dem Überqueren einer Straße schaut man nach links, nach rechts und wieder nach links. Diese seitlichen Bewegungen unseres Kopfes ermöglichen die beiden oberen Halswirbel. Der oberste Halswirbel ist ein ringförmiger Knochen ohne Wirbelkörper. Stattdessen besitzt er seitlich zwei bohnenförmige Verbreiterungen, die den Kopf tragen. Der zweite Halswirbel besitzt einen auffälligen Zahn. Dieser Zahn ragt in den Ring des ersten Wirbels hinein und wird von starken Bändern in seiner Position gehalten. So kann sich der erste Wirbel um den Zahn des zweiten Wirbels drehen.
Durch ihren speziellen Bau bilden die beiden obersten Halswirbel ein Drehgelenk. Der Bau der beiden Wirbel, ihre Struktur, weist also einen deutlichen Zusammenhang zu ihrer Funktion auf.
Auch bei Pflanzen ist der Zusammenhang zwischen Struktur und Funktion zu beobachten.

Besucht eine Biene die Blüte eines Wiesensalbeis, senkt sie den Kopf in die Kronröhre. So gelangt sie an den Nektar. Dabei drückt sie auf die beiden Plättchen an den Staubfäden, die den Zugang zum Nektar versperren. Dadurch senken sich die Staubblätter herab und stäuben den Rücken der Biene mit Pollen ein. Nach der Landung auf der nächsten Blüte bleibt ein Teil der Pollen an der klebrigen Narbe hängen, sodass die Blüte bestäubt wird.
Dieser Aufbau der Blüte weist also ebenfalls einen deutlichen Zusammenhang zu ihrer Funktion, der Sicherstellung der Fortpflanzung durch Bestäubung, auf.
Zusammenhänge zwischen der Struktur und Funktion findet man bei allen Lebewesen. Man spricht von dem **Basiskonzept „Struktur und Funktion"**.
Wissenschaftler versuchen, diese in der Natur entdeckten Beziehungen zwischen Struktur und Funktion nachzubauen und technisch zu nutzen. So können z. B. bestimmte Eidechsenarten warmer Länder, die Geckos, an einer Glasscheibe senkrecht hinaufklettern. Dies wird ihnen ermöglicht durch Millionen von elastischen Fortsätzen an ihren Zehen und Ballen. Diese spalten sich an ihren Enden in eine Vielzahl winziger Härchen, sodass pro Quadratmillimeter eine halbe Milliarde Härchen für Haftung sorgen. Durch diese große Zahl an Härchen auf engstem Raum entstehen zwischen ihnen und der Glasplatte gewaltige Anziehungskräfte. Wissenschaftler wollen mit diesem Wissen ein Trockenklebeband herstellen, das hundertmal stärker haftet als ein Klebezettel, aber dennoch so leicht abzulösen ist wie ein Geckofuß.

1. Gib in einer zweispaltigen Tabelle sechs Beispiele für das Basiskonzept „Struktur und Funktion" aus dem Bereich des menschlichen Skeletts an.

Bau und Leistungen des menschlichen Körpers

1 Daniela im Zahnwechsel

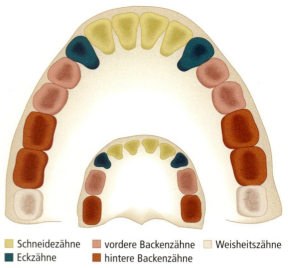

☐ Schneidezähne ☐ vordere Backenzähne ☐ Weisheitszähne
☐ Eckzähne   ☐ hintere Backenzähne

2 Milchgebiss und Dauergebiss

6.3 Zähne zerkleinern die Nahrung

Daniela hat Mühe ein Stück vom Apfel abzubeißen. Sie ist im *Zahnwechsel*. Ihre Milchzähne sind teilweise ausgefallen, weil die Zähne des bleibenden Gebisses nachwachsen. Mit ihnen wird sie ohne Probleme wieder richtig zubeißen können. Aber nur gesunde Zähne können diese Aufgabe ein Leben lang erfüllen. Ob dein Gebiss gesund bleibt, hängt von deiner regelmäßigen Zahnpflege ab.

Sicherlich hast du schon einmal Zahnschmerzen verspürt und dabei gemerkt, dass deine Zähne keine toten Werkzeuge sind wie Meißel, Raspel oder Kneifzange, sondern lebende Körperteile. Dir ist bestimmt dabei auch aufgefallen, dass du nur mit einem gesunden Gebiss richtig zubeißen kannst.

Dein **Gebiss** besteht aus Schneidezähnen, Eckzähnen und Backenzähnen. Mit den **Schneidezähnen** im Ober- und Unterkiefer beißt du mundgerechte Bissen von der Nahrung ab. Die daneben stehenden spitzen **Eckzähne** halten beim Abbeißen besonders zähe und harte Nahrung fest. Anschließend wird der Bissen zwischen den breiten Kronen der **Backenzähne** zerquetscht und zerrieben.

Bei kleineren Kindern entwickelt sich zuerst das **Milchgebiss** mit 20 Zähnen. Etwa vom 6. Lebensjahr an wachsen im Kiefer unter den Zähnen des *Milchgebisses* die Zähne des Dauergebisses heran. Sie schieben die Milchzähne vor sich her: Die Milchzähne werden locker und fallen aus.

Das vollständige Gebiss eines Erwachsenen, das **Dauergebiss**, hat 32 Zähne. Die hintersten Backenzähne nennt man *Weisheitszähne*. Sie erscheinen meist erst nach dem 23. Lebensjahr.

Wachsen die Zähne des Dauergebisses schief, muss die Zahnstellung reguliert werden. Dies geschieht mithilfe einer Zahnklammer. Solange der Kiefer noch wächst, kann so die Fehlstellung der Zähne leichter korrigiert werden.

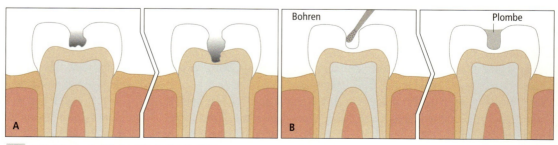

3 Entstehung und Behandlung der Karies

Bau und Leistungen des menschlichen Körpers

Werkzeuge, die wie deine Zähne täglich beansprucht werden, müssen stabil und widerstandsfähig sein. Der sichtbare Teil – die **Zahnkrone** – ist deshalb mit hartem **Zahnschmelz** überzogen. Dieser glänzt wie Porzellan. Er ist härter als Stahl, aber auch zerbrechlich wie Glas. Darunter liegt das knochenartige **Zahnbein**. Den nicht sichtbaren Teil des Zahnes im Kiefer nennt man **Zahnwurzel**. Hier ist das Zahnbein von *Zahnzement* überzogen. Die Wurzel verankert den Zahn fest im Kiefer. Die **Zahnhöhle** im Inneren des Zahnes wird von Blutgefäßen und Nerven durchzogen. So wird der Zahn mit den notwendigen Nährstoffen versorgt. Er schmerzt, wenn er beschädigt oder erkrankt ist.

Die Zahnfäule oder **Karies** ist eine der häufigsten Zahnkrankheiten. Nach jeder Mahlzeit bleiben Speisereste im Mund zurück. Sie bilden eine gute Nahrungsgrundlage für die im Zahnbelag lebenden Bakterien, die sich schnell vermehren können. Wenn du Süßigkeiten oder zuckerhaltige Nahrungsmittel gegessen hast, entstehen durch die Bakterien verschiedene Säuren. Diese greifen den Zahnschmelz an und können auch das Zahnbein schädigen. Erreicht das durch Karies entstandene Loch die Zahnhöhle, bekommst du Zahnschmerzen.
Erfolgt keine rechtzeitige Behandlung, können Bakterien in den Blutkreislauf gelangen und Folgeerkrankungen auslösen.

Der Zahnarzt kann den an Karies erkrankten Zahn retten, indem er das Loch durch eine Zahnfüllung verschließt. Zur Vorbeugung solltest du regelmäßig – mindestens 2 × jährlich – deine Zähne vom Zahnarzt untersuchen lassen. Bei den Vorsorgeuntersuchungen kann er bereits kleine kariöse Stellen erkennen und behandeln, bevor der Zahn stark geschädigt wird.

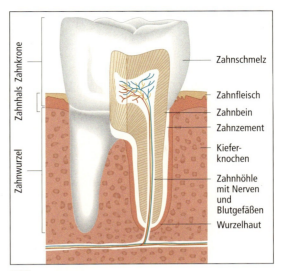

4 Zahnaufbau

Damit dein Gebiss gesund bleibt, muss es regelmäßig von dir gepflegt werden. Nach jeder Mahlzeit solltest du deine Zähne mindestens drei Minuten lang sorgfältig putzen.

1. Erkläre, warum der Zahnwechsel kaum mit Schmerzen verbunden ist.
2. Mit welchen Werkzeugen kann man die einzelnen Zahnarten vergleichen? Welche Aufgaben haben die verschiedenen Zahnarten? Lege dazu eine Tabelle an.
3. Beschreibe mithilfe der Abbildung 3 die Entstehung und Behandlung der Karies.
4. Beschreibe, wie du deine Zähne täglich putzen solltest, damit sie gesund bleiben.
5. Warum ist die Reinigung der Zahnzwischenräume mit Zahnseide besonders wichtig?
6. Welche anderen Maßnahmen – außer der täglichen Zahnpflege – sind wichtig für die Gesunderhaltung der Zähne?
7. Begründe, warum schief stehende Zähne gerichtet werden müssen.

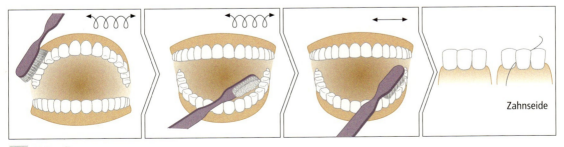

5 Zahnpflege

1 Verdauungsorgane des Menschen

Labels: Nahrungsbissen, Speicheldrüsen, Speiseröhre, Gallenblase, Leber, Zwölffingerdarm, Magen, Bauchspeicheldrüse, Blinddarm, Wurmfortsatz, Dünndarm, Dickdarm, Enddarm, After

6.4 Verdauungsorgane verarbeiten unsere Nahrung

Was geschieht eigentlich mit dem Wurstbrot, das du in der Pause isst? Im **Mund** wird der Brotbissen zunächst mithilfe der Zähne zerkleinert und beim Kauen gleichzeitig mit Speichel vermischt. Drei Paar Speicheldrüsen sondern täglich etwa 1,5 Liter Speichel ab. Er macht die Nahrung gleitfähig. Außerdem sind im Speichel Wirkstoffe – auch *Enzyme* genannt – enthalten, welche die Nährstoffe in dem Brotbissen in ihre kleinsten Bausteine zerlegen. Ein Enzym zerlegt jeweils nur einen bestimmten Nährstoff. Das Verdauungsenzym im Speichel zerlegt z. B. das Kohlenhydrat Stärke in Zuckerbausteine. Dieser Vorgang ist der Beginn der **Verdauung.**

Der zerkleinerte und eingespeichelte Brotbissen rutscht nach dem Schlucken in die **Speiseröhre.** Die Wände der Speiseröhre ziehen sich in Abständen zusammen und drücken kleine Portionen der Nahrung in den Magen.

Im **Magen** wird die Verdauung fortgesetzt. Viele kleine Drüsen, die in den Falten der Magenschleimhaut sitzen, sondern bis zu 2 Liter Magensaft ab. Die kräftige Muskulatur der Magenwand knetet den Speisebrei durch und vermischt ihn dabei mit Magensaft. Der Magensaft enthält stark verdünnte *Salzsäure*. Diese tötet die mit der Nahrung aufgenommenen Bakterien ab. Außerdem trägt sie dazu bei, dass andere Verdauungsenzyme im Magensaft mit der Zerlegung der Eiweißstoffe beginnen können.

Am Magenausgang liegt ein ringförmiger Muskel, der *Pförtner*. Er öffnet und schließt sich in bestimmten Zeitabständen. Dabei gelangen kleine Portionen des Nahrungsbreies in den **Dünndarm.** Er ist 3 bis 4 Meter lang und liegt in Schlingen gelegt im Bauchraum. Die Muskeln in den Dünndarmwänden ziehen sich zusammen und schieben den Nahrungsbrei durch den Dünndarm. Die mit der Nahrung aufgenommenen Ballaststoffe unterstützen diese Bewegungen des Darmes. Im oberen Dünndarmabschnitt – dem *Zwölffingerdarm* – wird der Nahrungsbrei mit verschiedenen Verdauungsenzymen vermischt. In den Zwölffingerdarm münden

Bau und Leistungen des menschlichen Körpers

zwei wichtige Verdauungsdrüsen: die *Leber* und die *Bauchspeicheldrüse.* Die Leber erzeugt Gallenflüssigkeit, die *Galle.* Sie wird in der Gallenblase gespeichert und bei Bedarf abgegeben. So werden z. B. die Fette aus der Butter oder der Wurst des Pausenbrotes in kleine Tröpfchen zerlegt, damit die Verdauungsenzyme besser einwirken können.

Die Bauchspeicheldrüse sondert den Bauchspeichel ab. Drüsen in der Dünndarmwand bilden den Darmsaft. Beide Flüssigkeiten enthalten Enzyme, die alle bisher noch nicht verarbeiteten Fette, Kohlenhydrate und Eiweißstoffe zerlegen. Nun nimmt der Körper die Nährstoffbausteine auf. Dies geschieht durch die *Darmzotten* im Dünndarm. Die Nährstoffbausteine gelangen ins Blut und können nun über den Blutkreislauf zu allen Stellen des Körpers transportiert werden. Dort werden sie zur Aufrechterhaltung der Lebensvorgänge und zur Bildung neuer Körperzellen benötigt.

Die unverdaulichen Reste gelangen nun in den **Dickdarm**. Hier wird dem flüssigen Brei der größte Teil des Wassers entzogen. Im *Enddarm* sammeln sich die unverdaulichen Reste. Durch den After werden sie als Kot ausgeschieden.

1. Nimm ein Rumpfmodell des menschlichen Körpers auseinander. Zeige und benenne dabei die einzelnen Verdauungsorgane und setzte sie in der richtigen Lage wieder ein.
2. Zeige die Lage der Verdauungsorgane mithilfe der Abbildung 1 an deinem Körper.
3. Beschreibe den Weg des Brotbissens durch deinen Körper.
4. Was geschieht bei der Verdauung im Mund, Magen, Dünndarm und Dickdarm? Lege für die Antwort eine Tabelle an.
5. Du kannst auch im Handstand trinken. Erkläre, warum die Flüssigkeit trotzdem in den Magen kommt.
6. Warum benötigt unser Körper Ballaststoffe?
7. Speichel zerlegt Stärke in Zucker. Überlegt euch einen Versuch, mit dem ihr dies nachweisen könnt.
8. Begründe die Aussage „Gut gekaut, ist halb verdaut".
9. Erkläre, warum Nährstoffe in ihre Bausteine zerlegt werden müssen.

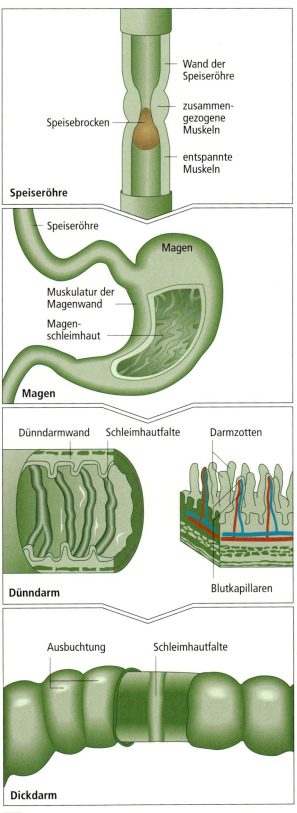

2 Stationen der Verdauung

Zusatzstoffe in der Nahrung

Was sind Zusatzstoffe?

Zusatzstoffe wie Essig und Pökelsalz als Konservierungsmittel und Hefe als Backtriebmittel sind schon seit Jahrhunderten bekannt. Bei der Herstellung von Lebensmitteln erfüllen sie wichtige Funktionen. Zusatzstoffe werden Lebensmitteln zugefügt, um ihre Haltbarkeit zu verlängern, ihre Transportfähigkeit zu sichern, ihren Geschmack und/oder ihr Aussehen zu verbessern sowie ihre Verarbeitung zu unterstützen.

Was verbirgt sich in diesem Fertiggericht?

Welche Zusatzstoffe enthalten Nahrungsmittel?

Konservierungsstoffe ...
verlängern die Haltbarkeit, indem sie das Wachstum von Pilzen und Bakterien hemmen.

Antioxidationsmittel ...
verlängern die Haltbarkeit. Sie verhindern z. B., dass Fette ranzig werden.

Gelier – und Verdickungsmittel ...
binden Wasser und geben z. B. Soßen oder Marmeladen eine feste Beschaffenheit.

Emulgatoren ...
erlauben z. B. das Zusammenfügen von Wasser und Fett. Sie verhindern die Entmischung dieser beiden Stoffe.

Säuren und Salze ...
wie z. B. Zitronen- oder Weinsäure dienen zur Stabilisierung von Lebensmitteln und auch zur Beeinflussung des Geschmacks.

Aromastoffe ...
werden vielen Lebensmitteln nur zur Verbesserung des Geschmacks zugesetzt. Sie werten z. B. den Geschmack von Bonbons und Limonaden auf.

Farbstoffe ...
verändern das Aussehen. Sie verstärken z. B. die Farbe eines Produkts oder geben ihm die bei der Verarbeitung verlorene Farbe zurück.

Geschmacksverstärker ...
z. B. Glutamat, sind Stoffe, die selbst geschmacklos sind, aber bestimmte Geschmacks- oder Geruchsrichtungen verstärken.

Schaden Zusatzstoffe der Gesundheit?

Eigentlich sollten alle Zusatzstoffe gesundheitlich unbedenklich sein. Einige können aber allergische Reaktionen wie z. B. Hautausschlag oder Asthma hervorrufen.

Fremdstoffe sind keine Zusatzstoffe

Fremdstoffe gelangen normalerweise unbeabsichtigt in die Nahrung. Es sind z. B. Rückstände von Pflanzenschutzmitteln oder Düngemitteln. Reste von Arzneimitteln für Tiere findet man z. B. im Fleisch.
Auch Umweltgifte aus Abgasen der Industrie und dem Autoverkehr wie z. B. Blei gelangen in die Nahrung und können unseren Körper schädigen.

Was bedeutet das „E"?

Welche Zusatzstoffe der Nahrung zugeführt werden dürfen, ist in Verordnungen und Gesetzen geregelt. Die meisten Zusätze sind mit E-Nummern zugelassen und auf dem Etikett aufgelistet. Das „E" steht für Europäische Union. Hinter den Nummern E 100 bis E 180 verbergen sich z. B. alle zugelassenen Farbstoffe. Beispiele:

E-Nr.	Zusatz/Name	Anwendung
150	Farbstoff (Zuckercouleur)	Bonbons, Brot, Soßen
160	Farbstoff (Betacarotin)	Butter, Bonbons, Limonaden
200	Konservierungsstoff (Sorbinsäure)	Kartoffelsalat, Fischsalat
220	Konservierungsstoff (Schwefeldioxid)	Trockenobst
300	Antioxidationsmittel (Ascorbinsäure)	Fertigsuppen, Fruchtjogurt
322	Emulgator (Guakernmehl)	Spagettisoßen

Missbrauch von Alkohol

Andi – 20 Jahre – Alkoholiker

Als Andi – so nennen seine Freunde Andreas – 15 Jahre alt wurde, feierte er mit seinen Freunden eine große Geburtstagsparty. Sein Freund Mike hatte heimlich eine Flasche Rum mitgebracht, den sie mit der Cola mischten. Erst als Andi aufstehen wollte, merkte er an seinen unsicheren Bewegungen, dass er betrunken war. Am nächsten Morgen hatte er einen Brummschädel. Er schwor sich, nie wieder Alkohol zu trinken. Doch schon wenige Wochen später gab es bei Mike eine Fete, da dessen Eltern über das Wochenende verreist waren. Auch einige Mädchen aus ihrer Klasse waren da. Aus den Vorräten seiner Eltern hatte Mike verschiedene alkoholische Getränke aufgefahren mit den Worten: „Sonst gibt es doch keine Stimmung!" Als Andi ablehnte, fragte Mike so laut, dass alle es hören konnten: „Soll ich unserem Kleinen ein Glas Milch bringen?"

Im Laufe der Zeit wurde es Andi und seinen Freunden immer mehr zur Gewohnheit, Alkohol zu trinken. In den Schulpausen brüsteten sie sich oft mit ihren Trinkerfahrungen und ihrer Trinkfestigkeit. Doch nach solchen Wochenenden bekam Andi immer öfter Schwierigkeiten. Er hatte nicht alle Hausaufgaben gemacht, Bücher und Hefte fehlten. Wenn er nach dem Stress in der Schule nach Hause kam, trank er heimlich ein bis zwei Schnäpse. So ließ sich alles schon ein bisschen besser ertragen. Seine Schulleistungen wurden allerdings ständig schlechter, was ihm seine Eltern immer öfter vorhielten. Auch mit den Mitschülern aus seiner Klasse gab es Ärger, denn man konnte sich immer weniger auf ihn verlassen. Aus geringsten Anlässen begann er mit anderen zu streiten und wurde rasch gewalttätig. Als Andi dann noch beim Sportunterricht im Umkleideraum Geld gestohlen hatte, um sich Schnaps kaufen zu können, hatte er keinen Freund mehr in der Klasse. Doch darauf legte er keinen großen Wert mehr. Auch vor dem Unterricht trank er jetzt schon, und in der Schultasche hatte er immer eine kleine Flasche dabei.

1 Alkohol trinkende Jugendliche

Bald musste er die Schule beenden und begann eine Lehre. Auch hier fiel er durch seine Unzuverlässigkeit auf. Er konnte sich schlecht konzentrieren, bei Problemen wurde er sauer und gab schnell auf. Als sein Meister ihn dann mit der Flasche in der Hand erwischte, dachte Andi nur noch: „Ist mir doch egal!" Sein Meister nahm ihn mit in sein Büro und führte ein Gespräch mit ihm, an das sich Andi noch lange erinnerte. Der Meister schilderte ihm die Geschichte seiner eigenen Alkoholabhängigkeit und deren Folgen: das Zerbrechen seiner Ehe und die Beinahe-Pleite seiner Firma. Alle Versuche, vom Alkohol loszukommen, waren gescheitert. Denn sein Körper hatte sich über die Jahre so an den Alkohol gewöhnt, dass er ohne ihn bald starke Schmerzen und Schwindel spürte und am ganzen Körper zitterte. Fast noch schlimmer waren die Gefühle der Unruhe und der Unausgeglichenheit. Er war zu einem Arzt gegangen, der ihn darüber aufklärte, dass dies Entzugserscheinungen seien. Eine Untersuchung zeigte, dass durch den Alkoholkonsum auch die Leber und die Magenschleimhaut geschädigt waren. Er hatte sich dann in einer besonderen Klinik einer langwierigen Entzugsbehandlung unterzogen.

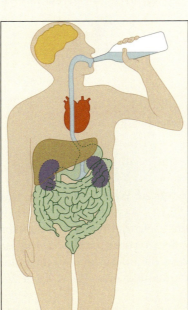

Gehirn
Konzentration, Denken, Lernen, körperliche Leistungen werden beeinträchtigt. Nervenzellen sterben ab. Sie werden nicht ersetzt.

Herz
Herzschwäche, Kreislaufstörungen

Leber
Abbau hauptsächlich in der Leber; schwere Leberschäden: Fettleber, Leberverhärtung, Leberschrumpfung

Nieren
Nieren können schrumpfen

Verdauungsorgane
Entzündungen der Schleimhäute von Magen und Darm

2 Wirkung des Alkohols

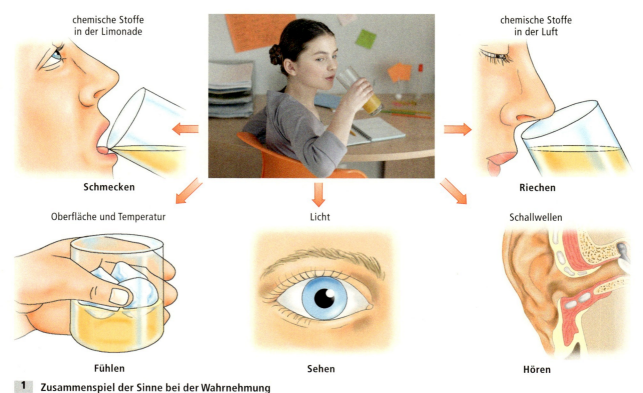

1 Zusammenspiel der Sinne bei der Wahrnehmung

7 Wahrnehmung

7.1 Die Sinne – unser Fenster zur Welt

Jeden Tag führen wir „automatisch" zahlreiche Tätigkeiten aus, ohne besonders darüber nachzudenken oder uns besonders darauf zu konzentrieren. Betrachten wir einmal so eine Tätigkeit genauer.

Wenn Tanja ein Glas Limonade trinkt, sind zahlreiche **Sinne** beteiligt: Sie *sieht* das Glas. In dem Augenblick, in dem sie es mit den Fingern berührt, *fühlt* sie die glatte Oberfläche und die *Temperatur* des Glases. Sobald sie das Glas zum Trinken ansetzt, kommt sein Inhalt in die Nähe ihrer Nase und Tanja kann die Limonade *riechen*. Im Mund kann sie das Getränk schließlich auch *schmecken*. Würde sie ihr Ohr über das Glas halten, so könnte sie die Sprudelbläschen vermutlich sogar *hören*.
Bevor Tanja die Limonade herunterschluckt, hat ihr Körper also bereits zahlreiche Informationen eingeholt. Wir sammeln und verarbeiten ständig Informationen über unsere Umwelt. Dies nennt man **Wahrnehmung.** Nur die Wahrnehmung ermöglicht es uns, z. B. die richtige Nahrung auszuwählen und Gefahren frühzeitig zu erkennen. Wäre die Limonade etwa verschimmelt, so könnte Tanja dies sehen. Auch der Geruch wäre auffällig. Sollte sie die Limo dennoch in den Mund nehmen, würde ein faulig-erdiger Geschmack ihr unmissverständlich anzeigen, dass es besser ist, die Limo nicht zu trinken.

Derselbe Gegenstand, in diesem Beispiel das Glas mit Limonade, sendet fast immer mehrere Reize gleichzeitig aus und wird mit mehreren Sinnen gleichzeitig untersucht. Die einzelnen *Sinneswahrnehmungen* werden schließlich zu einem *Gesamteindruck* zusammengefügt. Auf diese Weise werden einzelne Sinneswahrnehmungen abgesichert. Wahrnehmungsfehler kann man dadurch meist vermeiden.

Wie funktioniert die Wahrnehmung? Wenn Tanja das Glas sieht, treffen die davon zurück-

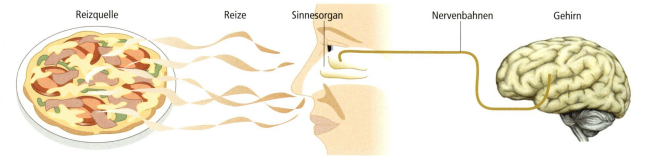

2 Stationen der Wahrnehmung

kommenden Lichtstrahlen auf ihr Auge. Sie wirken als **Reize**. Das Glas sendet diese Reize aus, ist also die *Reizquelle*. Das Auge als Sinnesorgan wandelt die Reize in **Nervenimpulse**, die *Erregung*, um. Sie wird über *Nerven* ins *Gehirn* geleitet und dort verarbeitet. Als Ergebnis der Verarbeitung entsteht im Gehirn die **Wahrnehmung.**

Dieser Ablauf ist bei allen Sinnen ähnlich. So verschieden die Reize auch sind, sie alle werden von den einzelnen Sinnesorganen zunächst in Erregung umgewandelt. Sinnesorgane übersetzen sozusagen die Reize in die „Sprache" des Gehirns, damit die Informationen dort verarbeitet werden können.

1. Ordne den Sinnen in Abbildung 1 die jeweiligen Organe zu.
2. Beschreibe anhand der Abbildung 2 die Stationen, die eine Information aus der Umwelt durchläuft, ehe wir sie wahrnehmen.
3. Mit welchen Sinnesorganen könnten wir eine brennende Kerze untersuchen? Nenne auch die jeweiligen Reize.
4. „Wir hören mit den Ohren!" Inwiefern ist diese Aussage richtig und inwiefern ist sie falsch?
5. Warum ist es sinnvoll für die Wahrnehmung, dass wir unsere Umwelt mit mehreren Sinnen untersuchen?

Wahrnehmung bei Tieren

Die Augen der Fliege bestehen wie ein Mosaik aus über 3000 Einzelaugen. Auch das Bild, das diese Komplexaugen liefern, ist wie ein Mosaik aufgebaut. Es ist gröber und unschärfer als das, was wir sehen. Dafür sieht die Fliege manche für uns unsichtbaren Lichtstrahlen und kann alle Bewegungen viel besser erkennen als wir Menschen.

Weibchen der Seidenspinnermotte geben zur Paarungszeit Duftmoleküle ab. Die Männchen nehmen bereits ein einziges dieser Moleküle wahr, wenn es auf ihre Antennen trifft. So können sie die paarungsbereiten Weibchen nicht nur über Distanzen bis zu 11 km riechen, sondern der Duftspur auch bis zum Weibchen folgen.

Haie verfügen über ein „elektrisches Organ", das Spannungen im Wasser aufnehmen kann. Manche Haie orten so eine im Sand vergrabene Flunder – anhand der elektrischen Impulse ihrer Nerven und ihres schlagenden Herzens. Haie können auch sehr gut riechen und etwa das Blut verletzter Tiere noch wahrnehmen, wenn es 10-milliardenfach verdünnt ist.

7.2 Wahrnehmung und Wirklichkeit

Auf dem Tisch stehen drei Schälchen mit Wasser: links kalt, in der Mitte Zimmertemperatur, rechts warm. Zunächst werden die Hände 30 Sekunden in die äußeren Schälchen getaucht. Fasst man nun mit beiden Händen in das mittlere Schälchen, empfindet man plötzlich unterschiedliche Temperaturen an den beiden Händen. Wie kommt das?

Mit unseren Sinnen sammeln wir Informationen über unsere Umwelt. Dies läuft immer nach dem gleichen Schema ab: Eine Reizquelle sendet Informationen in Form von Reizen aus. Sinnesorgane wandeln diese in Nervenimpulse um, die zum Gehirn gelangen. Dort werden sie verarbeitet. Die Informationen stehen anschließend als Wahrnehmung zur Verfügung. Auf dem Weg werden die Informationen verändert. Es kommt zu Abweichungen zwischen der Wirklichkeit und der Wahrnehmung. Wahrnehmung ist individuell unterschiedlich.

So beeinflusst z. B. auch die Farbe unserer Nahrung den Geschmack. Testpersonen „schmecken" bei gefärbtem süßen Milchreis die verschiedensten Fruchtsorten heraus, obwohl alle Portionen völlig gleich schmecken. Seh- und Geschmackssinn beeinflussen sich also gegenseitig.

Nicht nur die Verarbeitung im Gehirn, schon die Umwandlung der Reize in Erregung durch die Sinnesorgane macht Wahrnehmung individuell unterschiedlich.

2 Wärmeempfindung

Eine Nachttischlampe scheint direkt nach dem Aufwachen viel heller zu sein als am Abend davor. Sinnesorgane passen ihre Empfindlichkeit ständig an die jeweilige Reizstärke an. Im Dunkeln wird das Auge daher immer lichtempfindlicher. Die Lampe sieht also heller aus, weil das Auge noch an die Dunkelheit angepasst ist.

Andere Sinnesorgane passen sich auch an die augenblicklichen Bedürfnisse des Körpers an: Den hohen Salzgehalt isotonischer Sportgetränke schmeckt man nicht, wenn man geschwitzt und dabei viel Salz verloren hat.

1. Führe den im Text beschriebenen Versuch durch.
2. Stelle die im Text genannten Abläufe, die zu individuell unterschiedlicher Wahrnehmung führen, in einer Tabelle zusammen. Erkläre sie kurz und nenne Beispiele.

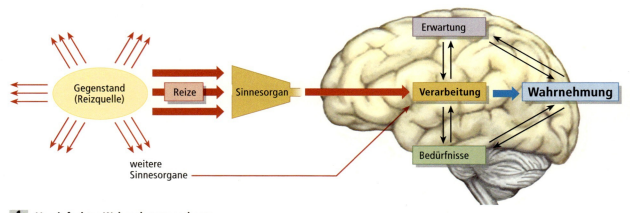

1 Vereinfachtes Wahrnehmungsschema

130 Bau und Leistungen des menschlichen Körpers

Optische Täuschungen

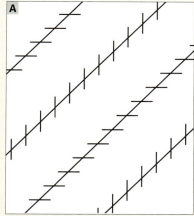

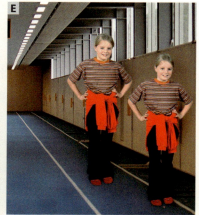

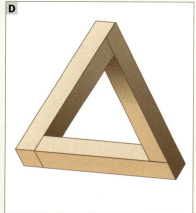

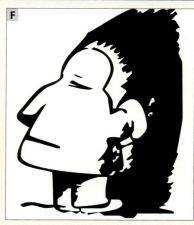

Der optische Eindruck, also das, was wir sehen, entsteht erst im Gehirn. Bis dahin sind die Bilder aber schon vom Körper „bearbeitet" worden: Sie wurden in Nervenimpulse umgewandelt, über Nerven ins Gehirn geleitet und dort ähnlich wie in einem Computer verarbeitet. Bei dieser Umwandlung und Verarbeitung entstehen immer wieder Fehler und es kommt auch zu Täuschungen. Wer sich hiermit auskennt, kann gezielt solche und ähnliche Täuschungen erzeugen.

A und **B**: In beiden Fällen sind die langen Linien parallel – miss ruhig nach!

Das räumliche Sehen ist stark von der Verarbeitung der Nervenimpulse im Gehirn abhängig. Dabei wird aus den beiden Bildern des rechten und des linken Auges ein einziges, räumliches Bild erzeugt. Darüber hinaus gehen aber auch alle Erfahrungen mit dem Verlauf von Linien und Schatten bei räumlichen Objekten mit in die Auswertung ein.

Hier setzen die beiden Bilder **C** und **D** an. Durch geschickte Linienführung und durch Schatten wird ein dreidimensionaler Eindruck erzeugt. Das Dumme ist nur: Beide Objekte sind leider unmöglich.

E: Unsere räumliche Wahrnehmung beruht auch auf Perspektive. Die Linien im Hintergrund scheinen schräg nach hinten zu verlaufen. Entfernte Objekte erscheinen normalerweise kleiner. Das linke, „hinten stehende" Mädchen ist jedoch genauso groß wie das andere. Das Gehirn folgert: Steht es hinten und sieht gleich groß aus, muss es in Wirklichkeit größer sein. Und so wird es als größer wahrgenommen.

F: Das Gehirn versucht, in dem, was wir sehen, bekannte Formen zu entdecken. Sehen alle in deiner Klasse hier dasselbe? Versuche eine Erklärung.

Bau und Leistungen des menschlichen Körpers

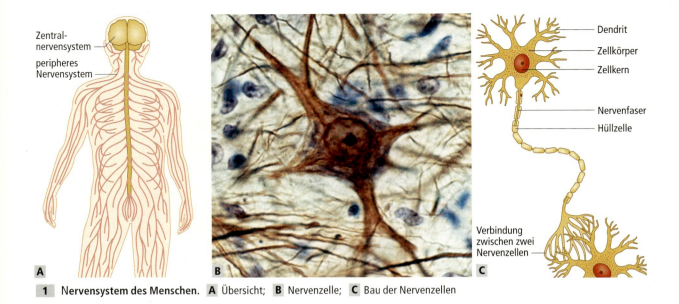

1 Nervensystem des Menschen. A Übersicht; B Nervenzelle; C Bau der Nervenzellen

5.6 Nerven und Gehirn

Unser **Nervensystem** steuert die sinnvollen Zusammenhänge aller Organe. Es ist stark verästelt und durchzieht den gesamten Körper. Das aus *Gehirn* und *Rückenmark* bestehende **Zentralnervensystem** stellt die Steuerzentrale für alle Nerventätigkeiten dar. Die von den Sinnesorganen kommenden Informationen werden hier aufgenommen, verarbeitet und beantwortet.

Alle zum Zentralnervensystem hinführenden und von ihm ausgehenden Nervenbahnen bilden das *periphere Nervensystem*. Es besteht aus etwa 25 Milliarden **Nervenzellen.** Die Gesamtlänge des peripheren Nervensystems schätzt man auf etwa 360 000 km. Diese Nerven haben die Aufgabe, Informationen zu verarbeiten und diese über kurze oder längere Strecken dorthin zu leiten, wo eine Reaktion erfolgen muss.

Nervenzellen bestehen aus drei unterschiedlichen Abschnitten. Der verdickte Teil mit dem Kern und anderen Zellorganellen bildet den *Zellkörper*. Dieser besitzt meist mehrere Fortsätze. Die kurzen, bäumchenartigen Verästelungen heißen *Dendriten*. Sie übernehmen von Sinneszellen oder von anderen Nervenzellen Informationen und führen sie dem Zellkörper zu. Die Weiterleitung der Informationen erfolgt über einen fadenförmigen Fortsatz, den man *Nervenfaser* oder *Neurit* nennt. Nervenfasern sind also die eigentlichen „Leitungsbahnen".

Über die Nerven gelangen die Informationen zum **Gehirn.** Das menschliche Gehirn besteht aus etwa 125 Milliarden Nervenzellen. Jede ist mit mindestens 10 000 anderen verbunden. Das Gehirn liegt geschützt in einer knöchernen *Schädelkapsel*. Unser Gehirn ist von vielen Furchen durchzogen. Dazwischen liegen die stark durchbluteten Gehirnwindungen. Die Furchungen vergrößern die Oberfläche des Gehirns. So können mehr Nervenzellen Platz finden. Die Oberfläche des Gehirns ist von *Hirnhäuten* überzogen und durch Flüssigkeit gegen die Schädelwand „gepolstert".

Man kann fünf Gehirnbereiche unterscheiden: Das **Großhirn** macht die Hauptmasse der Gehirnsubstanz aus. Unter dem hinteren Teil des Großhirns liegt das **Kleinhirn,** dessen Furchen viel feiner sind. Etwa in der Mitte des Gehirns liegen **Zwischenhirn, Mittelhirn** und verlängertes Mark. Sie bilden zusammen das **Stammhirn.**

Alle bewussten Handlungen werden vom Großhirn gesteuert. Dort gibt es Bereiche oder *Felder*, die jeweils ganz bestimmte Aufgaben übernehmen und zum Beispiel für Bewegungen, Schmerzempfindungen oder das Wiedererken-

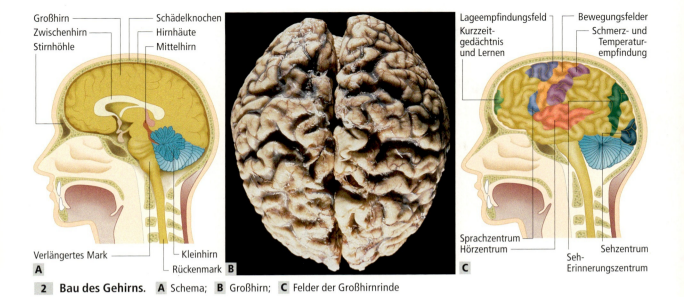

2 Bau des Gehirns. **A** Schema; **B** Großhirn; **C** Felder der Großhirnrinde

nen von Bildern oder Gegenständen zuständig sind.

Insgesamt zeigt sich, dass im Großhirn das bewusste Erleben und die bewusste Steuerung unseres Körpers ablaufen. Immer wenn wir zum Beispiel bewusst nach einem Gegenstand greifen, etwas zeichnen oder ein Wort schreiben, hat das Großhirn die Kontrolle. Auch unsere geistigen Fähigkeiten werden vom Großhirn gesteuert.

Das Kleinhirn dagegen steuert die unbewussten Bewegungen. Dies geschieht zum Beispiel, wenn man beim Radfahren das Gleichgewicht hält. Bei einiger Übung hält man automatisch während des Fahrens das Gleichgewicht, ohne dass man sich bewusst darauf konzentriert.

Im Stammhirn werden lebenswichtige Vorgänge gesteuert, die ständig ablaufen müssen. So müssen wir natürlich auch während des Schlafes atmen. Die Atmung wird vom verlängerten Mark aus reguliert, ohne dass wir bewusst darauf einwirken. Wird das Atemzentrum im verlängerten Mark zerstört, setzt die Atmung aus, sobald man einschläft oder vergisst, bewusst zu atmen.

1. Zeichne eine Nervenzelle und beschrifte sie.
2. Vergleiche die im Text angegebene Länge des peripheren Nervensystems mit dem Erdumfang. Erläutere, warum die Länge des Nervensystems notwendig ist.
3. **a)** Nimm einen kleinen, leeren Lebensmittelkarton (Reis, Nudeln z. B.). Beklebe ihn an allen sechs Seiten mit Rechenkästchen-Papier (DIN A4). Scheide die obere größere Seite des Kartons als aufklappbaren Deckel auf.
Schneide aus dem Rechenpapier etwa 8 Streifen in der Breite deines Kartons. Falte diese Streifen zieharmonikaartig zusammen und fülle soviel davon in den Karton bis er ausgefüllt ist. Die Streifen sollen nur locker aneinander gelegt werden.
b) Vergleiche die Anzahl der Kästchen auf dem Karton mit der Anzahl der Kästchen auf den eingebrachten Streifen. Was stellst du fest? Welchen Zusammenhang kannst du zwischen deinem Ergebnis und dem Bau des Gehirns erkennen? Erläutere.

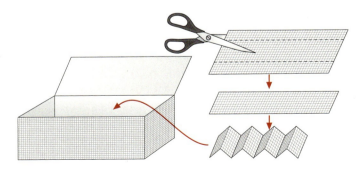

Bau und Leistungen des menschlichen Körpers

Bau und Leistungen des menschlichen Körpers

A1 Benenne die unterschiedlich gefärbten Bereiche des menschlichen Skeletts.

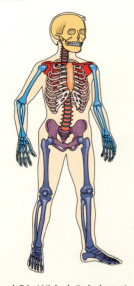

A2 a) Die Wirbelsäule hat eine bestimmte Form. Welche?
b) Was befindet sich an den blau gekennzeichneten Stellen?
c) Nenne die Abschnitte der Wirbelsäule und die Anzahl der dort befindlichen Knochen.

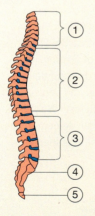

A3 a) Bestimmte Gelenke funktionieren so wie die abgebildeten Gegenstände. Wie heißen sie?
b) Nenne je zwei Gelenke des Skeletts zu diesen Gelenkarten.

A4 a) Benenne die Knochen ① bis ④ und die Gelenke G_1 und G_2.
b) Wie heißen die Muskeln M_1 und M_2? Welche Aufgaben haben diese beiden Muskeln jeweils?

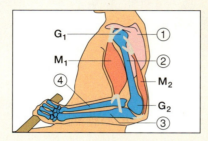

A5 Nenne die drei lebenswichtigen Nährstoffe und ihre Aufgaben für den menschlichen Körper.

A6 Hier sind die Paare Nahrungsmittel – Grundnährstoffe durcheinander geraten: Fett – Nudeln; Kohlenhydrate – Fisch; Eiweiß – Öl. Schreibe die richtigen Paare auf.

A7 Außer den drei Grundnährstoffen benötigt der Körper noch weitere Stoffe. Such sie aus der folgenden Aufzählung heraus:
Schokolade, Vitamine, Wasser, Zucker, Mineralstoffe, Ballaststoffe.

A8 Bringe die Stationen, die die Nahrung auf dem Weg durch unseren Körper durchläuft, in die richtige Reihenfolge: Magen, Zwölffingerdarm, Dickdarm, Dünndarm, Mund, After, Speiseröhre.

A9 Finde zu den Ziffern in der rechts oben stehenden Abbildung die richtige Beschriftung.

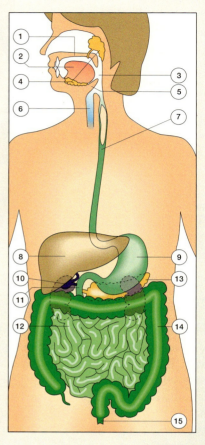

A10 Benenne die mit Ziffern gekennzeichneten Atemorgane.

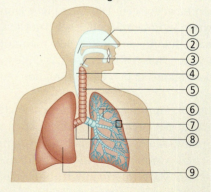

A11 a) Nenne die drei wichtigsten Schadstoffe im Zigarettenrauch.
b) Welche Auswirkungen auf den Körper haben diese Schadstoffe?

Bau und Leistungen des menschlichen Körpers

Knochen

- Knochen bilden das Skelett des menschlichen Körpers. Es gliedert sich in Kopf, Rumpf und Gliedmaßen und gibt unserem Körper Halt.
- Die Wirbelsäule bildet die Hauptachse des Skeletts. Sie ist doppelt s-förmig gebogen und ermöglicht so den aufrechten Gang.
- Die Wirbelsäule setzt sich aus Halswirbeln, Brustwirbeln, Lendenwirbeln, Kreuzbeinwirbeln und Steißbeinwirbeln zusammen.

Gelenke und Muskeln

- Gelenke ermöglichen zusammen mit den Sehnen und Muskeln die Bewegungen unseres Körpers.
- Ein einfaches Gelenk besteht aus einem Gelenkkopf und einer Gelenkpfanne, die von einer Gelenkkapsel umgeben sind.
- Aufgrund ihrer Form – z. B. Scharnier- oder Kugelgelenk – ermöglichen verschiedene Gelenktypen unterschiedliche Bewegungsmöglichkeiten.
- Zur Bewegung eines Gelenkes sind immer ein Beuge- und ein Streckmuskel notwendig.

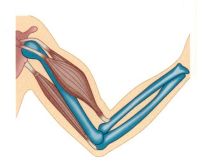

Atmung

- Sauerstoff wird beim Atmen über die Lunge aufgenommen, Kohlenstoffdioxid wird abgeben.
- Durch Heben und Senken des Brustkorbs erfolgt die Brustatmung.
- Durch Heben und Senken des Zwerchfells erfolgt die Bauchatmung.

Ernährung und Verdauung

- Kohlenhydrate, Fette und Eiweißstoffe sind die Nährstoffe für unseren Körper.
- Kohlenhydrate und Fette liefern dem Körper die lebensnotwendige Energie.
- Eiweißstoffe dienen zum Aufbau neuer Zellen.
- Neben den Nährstoffen benötigt der Körper noch Wasser, Mineralstoffe, Vitamine und Ballaststoffe.
- In den Verdauungsorganen werden die Nährstoffe in ihre Bestandteile zerlegt und gelangen über den Dünndarm ins Blut.

Rauchen ist ungesund

- Mund, Nase, Rachen, Kehlkopf, Luftröhre, Bronchien und Lungenbläschen sind Stationen der Rauchstraße.
- Schadstoffe im Tabakrauch sind z. B. Kondensat, Nikotin und Kohlenstoffmonooxid.
- Rauchen schädigt die Atemwege und mindert die Leistungsfähigkeit.
- Rauchen macht süchtig.

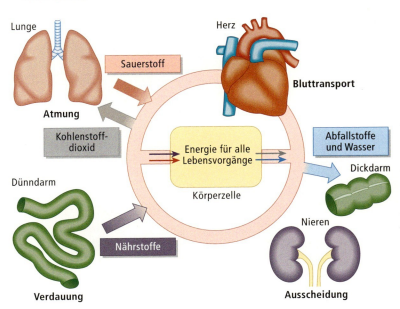

Pubertät – Zeit der Veränderungen

Sind sie so cool wie sie tun?

Wer versteht mich?

Woher weiß ich, ob ich wirklich verliebt bin?

Kann ich dir alles erzählen?

Was geschieht bei der Geburt?

Wer darf mich anfassen?

1 In der Fußgängerzone

1 Auf dem Weg zum Erwachsenwerden

Sebastian wird heute 12 Jahre alt. Eigentlich hätte er die beiden Mädchen aus dem Nachbarhaus gerne zu seiner Geburtagsfete eingeladen, doch das war auf einmal gar nicht mehr so einfach. Letztes Jahr noch feierte er gemeinsam mit Lisa und Jenny. Dieses Jahr aber traute er sich nicht so recht, sie wieder einzuladen. Jan, sein bester Freund, spielt sich in Gegenwart von Mädchen immer so „obercool" auf. Und überhaupt: Was würden wohl die anderen sagen, wenn er Mädchen einladen würde? Außerdem war er sich auch nicht sicher, ob Lisa und Jenny überhaupt kommen würden. Neulich, als er sie in der Fußgängerzone mit ihren Freundinnen getroffen hatte, hatten sie ihn ziemlich doof behandelt und albern gekichert. Alle waren plötzlich so komisch. Was war in der letzten Zeit mit ihnen geschehen?

Mädchen und Jungen verändern sich auffällig zwischen dem 10. und 14. Lebensjahr. Während sie früher noch gerne miteinander gespielt haben, finden sie sich jetzt gegenseitig albern und wollen nichts mehr miteinander zu tun haben. Mädchen fühlen sich nun mit Freundinnen am wohlsten, denen sie alles erzählen können. Sie suchen sich gemeinsam Kleider aus, schminken sich und träumen zusammen. Jungen testen sich gemeinsam aus, wer der Stärkste oder Mutigste ist. Die Clique ist für Mädchen und Jungen wichtig, um mit anderen zu diskutieren und herumzualbern, oder über die Probleme zu reden, die sie in der Schule und zuhause haben. Um dazu zu gehören und von den anderen anerkannt zu werden, sind sie oft bereit, eigene Meinungen oder Einstellungen aufzugeben. So verändern viele ihren Kleidungsstil, um „in" zu sein oder tun Dinge, die sie sich früher nicht getraut hätten. Diese Phase des Ausprobierens ist notwendig auf dem Weg zum Erwachsenwerden. Manchmal erwarten die anderen aber auch Dinge, die man nicht mitmachen möchte. Dann ist es wichtig, zu seiner eigenen Meinung zu stehen, denn wirkliche Freunde lassen auch andere Ansichten gelten.

Aber nicht nur der Umgang mit Gleichaltrigen verändert sich, auch die Erwachsenen sind in der Meinung vieler Jugendlicher „komisch" und „anstrengend".
Dies liegt vor allem daran, dass sich die Gefühle und Ansichten der Mädchen und Jungen sehr schnell ändern können. An manchen Tagen scheint alles problemlos zu laufen

und sie fühlen sich gut. Manchmal geht aber offenbar alles daneben und niemand scheint sie zu verstehen. In solchen Situationen gibt es häufig Streit mit den Eltern. Auch in der Schule wollen die Mädchen und Jungen immer häufiger selbst entscheiden und übernehmen nicht mehr ohne Diskussion die Anforderungen der Lehrer. Dies führt oft zu Spannungen. Der Umgang mit den Heranwachsenden erfordert von den Erwachsenen jetzt viel Geduld.

Diese Entwicklungsphase des Erwachsenwerdens, in der sich Mädchen und Jungen so stark verändern, nennt man **Pubertät.** Wann sie beginnt, ist von einem zum anderen unterschiedlich. Auslöser für die inneren und auch äußeren Veränderungen ist die vermehrte Bildung von *Geschlechtshormonen.* Dies sind chemische Botenstoffe, die im Körper gebildet werden. Sie bewirken, dass Mädchen zu Frauen und Jungen zu Männern heranreifen. Die Produktion von Geschlechtshormonen beginnt bei Mädchen manchmal schon vor dem 10. Lebensjahr. Jungen kommen meist etwas später in die Pubertät. Dieser zeitliche Unterschied, der bis zum 14. Lebensjahr sehr deutlich zu beobachten ist, gleicht sich nach einigen Jahren wieder aus.

2   Ständig gibt es Ärger

3   Schminken macht Spaß!

4   Bin ich nicht toll?

1. Fertige eine Collage an, um zu zeigen, wie sich dein Leben seit deiner Kindheit verändert hat. Wie soll dein Leben in Zukunft aussehen?
2. Manche Themen führen immer wieder zu Streit mit Erwachsenen.
   a) Entwerft einen Fragebogen, um herauszufinden, worum es bei solchen Streitereien meistens geht.
   b) Zeigt in Rollenspielen (siehe Methode „Rollenspiel") vor der Klasse den typischen Verlauf eines Streites mit Erwachsenen. Diskutiert darüber.
   c) Wo fühlt ihr euch ungerecht behandelt? Welches Verhalten der Erwachsenen könnte helfen, Streit zu vermeiden? Erstellt ein Plakat dazu.
3. **a)** Nimm zwei Zettel und schreibe auf den einen, was deiner Meinung nach „typisch Mädchen", auf den anderen, was „typisch Junge" ist.
   b) Sammelt die Zettel ein und vergleicht sie miteinander. Haben der Schreiber oder die Schreiberin des Zettels recht?

Pubertät – Zeit der Veränderungen

1 Jungen einer Klasse beim Schwimmunterricht

2 Jungen entwickeln sich zu Männern

2.1 Das männliche Erscheinungsbild

Bei kleinen Kindern sehen sich Jungens und Mädchen sehr ähnlich. Sieht man Kinder jedoch nackt, ist eine Unterscheidung nicht schwer. Die Geschlechtsorgane zeigen, ob es sich um einen Jungen oder um ein Mädchen handelt. Da diese Organe von Geburt an vorhanden sind, nennt man sie **primäre Geschlechtsmerkmale**.

Ab einem Alter von 11 bis 12 Jahren kann man Mädchen und Jungen auch an der veränderten Körperform erkennen. Bei Jungen beginnt sich eine männlichere Statur zu entwickeln. Hormone bewirken, dass *Schultern* breiter werden und die Muskulatur sich kräftiger entwickelt. Auch die *Körperbehaarung* nimmt zu. Es wachsen *Schamhaare* oberhalb des Gliedes und etwas später setzt die Behaarung der Achselhöhlen ein. Schließlich beginnt der *Bartwuchs*. Manche Jungen bekommen außerdem Haare auf der Brust, auf dem Rücken oder dem Bauch. Außerdem kommen sie in den *Stimmbruch*. Der Kehlkopf wird größer und ist als „Adamsapfel" sichtbar. Auch die Stimmbänder verlängern sich. Deshalb „kippt" über eine bestimmte Zeit die hohe Kinderstimme in die tiefe Männerstimme um.

Alle diese Merkmalsveränderungen, die bis zum 18. Lebensjahr meist abgeschlossen sind, bewirken das männliche Erscheinungsbild. Weil sich diese Merkmale erst im Laufe der Pubertät entwickeln, spricht man von **sekundären Geschlechtsmerkmalen**.

1. Beschreibe die körperlichen Unterschiede der Jungen in Abbildung 1.
2. Lege eine Tabelle nach folgendem Muster an und vervollständige sie.

Primäre Geschlechtsmerkmale	Sekundäre Geschlechtsmerkmale
…	…

3. Erkläre die Abbildungen 2 und 3. Was bedeutet die allmähliche Farbveränderung in Abbildung 3 von hell nach dunkel?

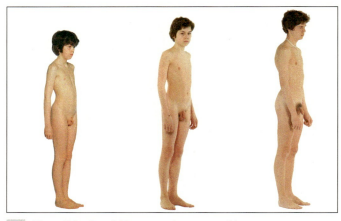

2 Körperliche Entwicklung vom Jungen zum Mann

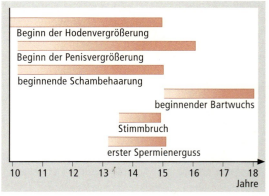

3 Entwicklung der Geschlechtsmerkmale beim Jungen

140 Pubertät – Zeit der Veränderungen

2.2 Die männlichen Geschlechtsorgane

Hormone, die das Erscheinungsbild des Jungen verändern, bewirken auch eine Vergrößerung der Geschlechtsorgane.

Das **Glied** wird länger und der *Hodensack* größer. Die beiden **Hoden**, die sich darin befinden, bilden jetzt täglich mehrere Millionen männlicher Geschlechtszellen. Diese **Spermien** werden in den *Nebenhoden* gespeichert. Sind diese angefüllt, können die Spermien zusammen mit Flüssigkeiten aus der *Bläschendrüse* und der *Vorsteherdrüse* ausgestoßen werden. Dies geschieht mithilfe von Muskeln. Die Spermien gelangen dabei aus den Nebenhoden in den *Spermienleiter* und von dort in die *Harn-Spermienröhre*, die nach außen führt. Sobald ein Junge seinen ersten Spermienerguss hat, ist er geschlechtsreif und könnte ein Kind zeugen.

Die empfindliche *Eichel* am Ende des Gliedes wird durch die *Vorhaut* geschützt. In manchen Religionen wird die Vorhaut entfernt. Diese Beschneidung ist manchmal auch aus medizinischen Gründen notwendig.

Mit Beginn der Pubertät wird das Glied häufiger steif. Dabei füllen sich die Blutgefäße der *Schwellkörper* mit Blut. Das Glied wird dadurch länger und dicker und richtet sich auf. Dies nennt man *Erektion*. Wenn das Blut abfließt, wird das Glied wieder weich und schlaff.

In der Pubertät bekommen Jungen im Schlaf Erektionen, die zu einem Spermienerguss führen können. Auch durch Berührung kann sich das Glied versteifen. Da dies natürliche Vorgänge sind, braucht sich niemand dafür zu schämen.

1. Nenne die Bestandteile der männlichen Geschlechtsorgane.
2. Was geschieht bei der Geschlechtsreife?
3. Beschreibe den Weg der Spermien beim Spermienerguss.

EXKURS

Tipps zur Körperpflege

Besonders in der Pubertät ist es wichtig, sich regelmäßig zu waschen, um unangenehme Gerüche zu vermeiden.
Dusche oder wasche dich täglich. Benutze eine milde Seife für Achselhöhlen und Füße. Um die talgähnlichen Absonderungen an der Eichel zu entfernen, ziehe die Vorhaut zum Waschen vorsichtig zurück. Dies verhindert Entzündungen.

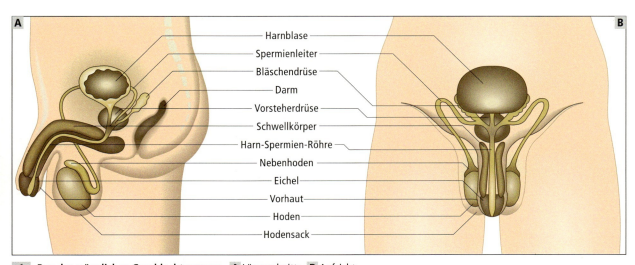

1 Bau der männlichen Geschlechtsorgane. **A** Längsschnitt; **B** Aufsicht

1 Mädchen einer Klasse beim Schwimmunterricht

3 Mädchen entwickeln sich zu Frauen

3.1 Das weibliche Erscheinungsbild

Mädchen kommen früher in die Pubertät als Jungen. Bei Mädchen ist die Veränderung der primären Geschlechtsmerkmale weniger sichtbar, denn die meisten Geschlechtsorgane befinden sich im Inneren des Körpers.

Äußerlich kann man bei Mädchen körperliche Veränderungen feststellen. Das Becken und die Hüften werden breiter, die Oberschenkel nehmen rundlichere und damit weiblichere Formen an. Die Brust beginnt zu wachsen und die Warzenhöfe werden größer und runder. Gleichzeitig zeigen sich im Bereich der Geschlechtsorgane und in den Achselhöhlen feine Haare.

Die Entwicklung dieser **sekundären Geschlechtsmerkmale** wird durch weibliche Geschlechtshormone ausgelöst. Unter ihrem Einfluss können sich außerdem auf der Haut Pickel bilden, da die Talgdrüsen mehr Fett als vorher produzieren. Wird die Haut nicht regelmäßig gereinigt, können die Poren der Haut durch das Fett verstopfen.

Viele Mädchen freuen sich an den Veränderungen ihres Körpers durch die Pubertät, die ihnen zeigen, dass sie erwachsen werden. Auch bei den Mädchen beginnt und verläuft die Pubertät nicht bei allen gleich, aber bis spätestens mit 18 Jahren ist sie in der Regel beendet.

1. Beschreibe die körperlichen Unterschiede der Mädchen in Abbildung 1.
2. Lege eine Tabelle nach folgendem Muster an und vervollständige sie.

Primäre Geschlechtsmerkmale	Sekundäre Geschlechtsmerkmale
…	…

3. Erkläre die Abbildungen 2 und 3. Was bedeutet die allmähliche Farbveränderung in Abbildung 3 von hell nach dunkel?

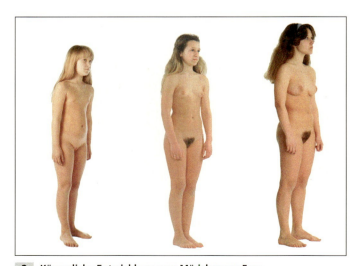

2 Körperliche Entwicklung vom Mädchen zur Frau

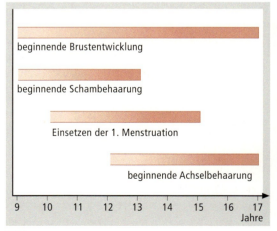

3 Entwicklung der Geschlechtsmerkmale beim Mädchen

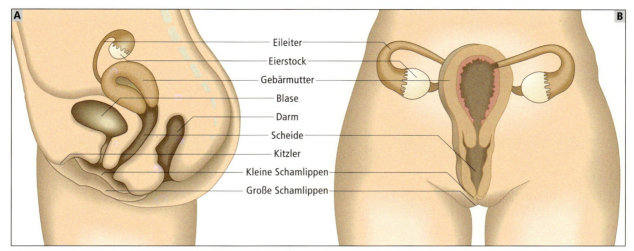

1 Die weiblichen Geschlechtsorgane. **A** Längsschnitt; **B** Aufsicht

3.2 Die weiblichen Geschlechtsorgane

Im Gegensatz zum Jungen liegen beim Mädchen die Geschlechtsorgane zum größten Teil im Inneren des Körpers. Man sieht von außen lediglich die *großen Schamlippen*, die die *kleinen Schamlippen* umschließen und schützen. Diese wiederum umschließen den *Kitzler*, die *Harnröhrenöffnung* und die *Scheidenöffnung*. Der Scheideneingang ist häufig von einem dünnen Häutchen bis auf eine kleine Öffnung verschlossen. Dieses *Jungfernhäutchen* reißt spätestens beim ersten Geschlechtsverkehr auf.

Die Scheide ist eine etwa 10 cm lange Röhre. Sie ist von einer Schleimhaut ausgekleidet. Bei der Geburt wird das Kind durch diese sehr dehnbare Röhre hindurchgepresst. Die Scheide führt zur sehr muskulösen **Gebärmutter**. Hier entwickelt sich während einer Schwangerschaft das Kind. In den oberen Teil der Gebärmutter münden die beiden Eileiter. An ihrem Ende befinden sich die walnussgroßen **Eierstöcke**. In jedem Eierstock liegen seit der Geburt des Mädchens ungefähr 200 000 **Eizellen**.

Zum Beginn der Pubertät reift jeden Monat abwechselnd im rechten und linken Eierstock in einem *Eibläschen* eine der Eizellen heran. Innerhalb von etwa 14 Tagen wandert das Bläschen von der Mitte des Eierstockes an seinen Rand. Das Bläschen platzt und die Eizelle tritt aus. Dieser Vorgang heißt **Eisprung**. Nachdem er das erste Mal stattgefunden hat, könnte ein Mädchen Kinder bekommen.

Die Eizelle wird von der trichterförmigen Öffnung des Eileiters aufgefangen, die sich über den Eierstock gestülpt hat. Der Eileiter ist ein dünner Schlauch, der den Eierstock mit der Gebärmutter verbindet. Im Laufe von drei bis vier Tagen wird die Eizelle in die Gebärmutter transportiert. Dies geschieht durch Muskelbewegungen und durch feine *Flimmerhärchen* des Eileiters. In der Gebärmutter hat sich die Schleimhaut verdickt. Sie ist stark durchblutet und weich. Darin könnte sich jetzt ein Kind entwickeln. Dazu muss die Eizelle im Eileiter befruchtet worden sein.

Ist dies nicht der Fall, stirbt die Eizelle ab. Die Schleimhaut braucht ihre Aufgabe als „Kinderstube" nicht mehr zu erfüllen. Sie bleibt noch etwa 10 bis 14 Tage erhalten und löst sich dann von der Gebärmutterwand ab. Dadurch setzt die *Regelblutung* oder **Menstruation** ein. Schleimhautreste und Blut fließen durch die Scheide nach außen ab. Die Menstruation dauert im Durchschnitt vier bis fünf Tage. Unmittelbar danach reift wieder eine neue Eizelle heran und entwickelt sich. Da sich dieser Vorgang immer wiederholt, spricht man von einem *Menstruationszyklus*. Bei erwachsenen Frauen dauert er etwa 28 Tage. Vor allem bei jungen Mädchen ist es ganz normal, wenn der Zyklus von dieser Regel abweicht.

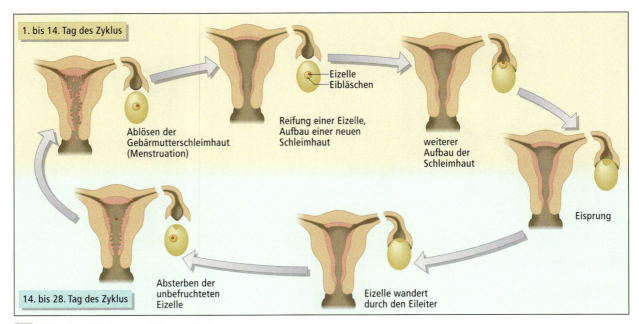

2 Ablauf von Eisprung und Monatsblutung

Manchmal dauern die Blutungen länger und sind ziemlich stark. Sie können auch mit Schmerzen verbunden sein. Wenn die Blutungen häufiger mit starken Schmerzen verbunden sind, kann ein Frauenarzt oder eine Frauenärztin weiterhelfen. Manchmal ist die Menstruation sehr schwach und nach zwei Tagen schon beendet. Es kann sein, dass der Abstand zur nächsten Blutung nur 25 Tage lang ist oder auch länger als einen Monat dauert. Alles das ist kein Grund zur Besorgnis. Denn auch Aufregung, Reisen, Prüfungsstress oder veränderte Essgewohnheiten können Veränderungen des Menstruationszyklus zur Folge haben.

1. Nenne die Bestandteile der weiblichen Geschlechtsorgane und beschreibe deren Aufgabe.
   Stelle dazu eine Tabelle auf.
2. Beschreibe, wie sich der Körper während der Geschlechtsreife verändert.
3. Was passiert mit der Eizelle während eines Menstruationszyklus auf dem Weg durch die Geschlechtsorgane?
4. Warum ist während der Menstruation das gründliche Waschen der Geschlechtsorgane besonders wichtig?
5. Tampons werden in die Scheide eingeführt und saugen dort Menstruationsblut auf.
   Erkläre, warum ein Mädchen seinen Tampon nicht herausnehmen muss, wenn es auf die Toilette geht.
   Nutze dazu auch die Schnittzeichnung der weiblichen Geschlechtsorgane.
6. Untersuche eine Binde und einen Tampon näher. Wie sind sie aufgebaut und aus welchen Materialien bestehen sie? Fertige einen kurzen Bericht und eine Zeichnung an.

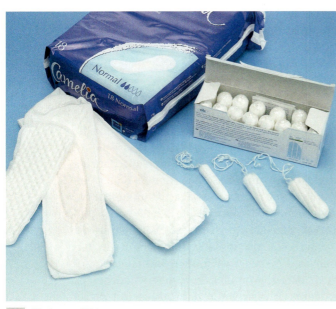

3 Binden und Tampons

Pubertät – Zeit der Veränderungen

4 Liebe und Freundschaft in der Pubertät

In der Pubertät verändert sich die Beziehung zum anderen Geschlecht. Zunächst empfinden Jungen die Mädchen als „zickig", während diese die Jungen als „blöd" ansehen. Später ändert sich diese ablehnende Haltung und das andere Geschlecht wird als Partner interessant. Die Jugendlichen beginnen füreinander zu schwärmen, möchten einander kennen lernen und erleben das erste Verliebtsein. Der Wunsch, mit dem anderen Zeit zu verbringen, Gefühle und Gedanken mitzuteilen, werden größer. Allmählich wächst auch das Bedürfnis nach dem Alleinsein mit dem Partner. Dabei kann der Wunsch nach Zärtlichkeit und körperlicher Nähe immer wichtiger werden. Bei einem Liebespaar kann das Bedürfnis nach Austausch von sexuellen Zärtlichkeiten auch zur körperlichen Vereinigung führen. Doch auch schon beim ersten Geschlechtsverkehr kann ein Kind gezeugt werden. Beide Partner müssten also die **Verantwortung** für ein Kind übernehmen können. Dies ist aber in der Jugendzeit nicht möglich. Deshalb sollte jeder für sich entscheiden, ob es sich lohnt, eine ungewollte Schwangerschaft zu riskieren, oder ob es doch besser wäre zu „warten". Zur Vermeidung einer Schwangerschaft gibt es auch verschiedene Möglichkeiten der *Empfängnisverhütung*.

In der Zeit der Pubertät ändern sich meist auch die Ansichten der Jugendlichen schnell. Liebesbeziehungen sind oft nicht von langer Dauer. Auch aus diesem Grund ist es wichtig, sich mit den sexuellen Kontakten etwas mehr Zeit zu lassen, um zu prüfen, ob die Bindung an einen Partner auch über einen längeren Zeitraum Bestand hat. So ist es ganz normal, dass Partnerschaften während der Pubertät wieder auseinander gehen können.

Häufig fragen Jugendliche bei der Bewältigung von Schwierigkeiten, zum Beispiel nach einer „enttäuschten Liebe", nicht ihre Eltern. Dann sind verlässliche Freunde gut, die mit ähnlichen Problemen und Fragen zu kämpfen haben. Aber ein Mitmachen um jeden Preis, nur um anerkannt und akzeptiert zu sein, hat mit verlässlichen Freunden nicht viel zu tun. Jeder sollte sich in der Gruppe seine eigene Meinung bilden dürfen, um selbst zu entscheiden, was gut oder schlecht für ihn ist.

1. Teilt euch in der Klasse nach Mädchen und Jungen auf. Jede Gruppe schreibt mit einem Filzstift groß das Wort „Liebe" auf einen Bogen Packpapier. Schreibt nun Stichworte und kurze Sätze zu diesem Thema auf. Stellt anschließend die Bögen einander vor und diskutiert in der Klasse über euer Verständnis von „Liebe".
2. Was ist dir in einer Beziehung wichtig? Gestalte dazu eine Collage.
3. „Es ist gut, mit dem Geschlechtsverkehr zu warten, bis man Verantwortung für ein Kind übernehmen kann". Diskutiert darüber in Gruppen. Stellt dann eure Ergebnisse vor der Klasse vor.

1 Jugendliche in einer Clique

2 Partnerschaft

5 Empfängnis, Schwangerschaft und Geburt

Wenn sich zwei Menschen lieben, möchten sie einander ganz nahe sein und sind miteinander auf verschiedene Weise zärtlich. Manchmal möchten sie „miteinander schlafen". Damit wird der *Geschlechtsverkehr* umschrieben, bei dem der Mann das steife Glied in die Scheide der Frau einführt. Wenn es dort zu einem Samenerguss kommt, kann ein Kind entstehen.

Die Spermien im Samenerguss bestehen aus einem Kopfteil und einem Schwanzfaden, der sie durch die Gebärmutter in die Eileiter vorantreibt. Treffen sie dort auf eine *reife Eizelle*, dringt ein einziges Spermium in sie ein. Es kommt zur **Befruchtung**, bei der die Zellkerne der Eizelle und des Spermiums verschmelzen. Es beginnt ein neues Leben.

Die befruchtete Eizelle beginnt sich zu teilen. Sie wird mithilfe von Flimmerhärchen des Eileiters in die Gebärmutter befördert. Auf dieser etwa vier bis fünf Tage dauernden „Reise" ist aus der einen Zelle ein Zellverband geworden. Er nistet sich in die Schleimhaut der Gebärmutter ein, die für die kommenden etwa neun Monate die „Kinderstube" sein wird. Die **Schwangerschaft** hat begonnen.

Innerhalb der ersten vier Wochen entstehen Millionen von Zellen. Das Herz des kleinen

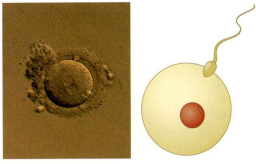

1 Ein Spermium dringt in die Eizelle ein

Menschen beginnt bereits zu schlagen, wenn er erst 15 mm groß ist. Bis zum dritten Monat sind alle seine Organe vorhanden und man nennt ihn **Embryo**.

Der Embryo wird über die *Nabelschnur* versorgt. Die Nabelschnur beginnt am Bauch des Kindes und endet im *Mutterkuchen*. Dort gelangen der Sauerstoff und die Nährstoffe aus dem Blut der Mutter in das kindliche Blut.

Vom 4. Monat an wird der menschliche Keim **Fetus** genannt. Er „schwimmt" bis zu seiner Geburt in der *Fruchtblase*, die mit *Fruchtwas*ser gefüllt ist. Sie schützt ihn vor Erschütterungen und bietet ihm Platz genug, sich zu bewegen. Diese Bewegungen kann die Mutter bereits ab dem 4. Monat spüren.

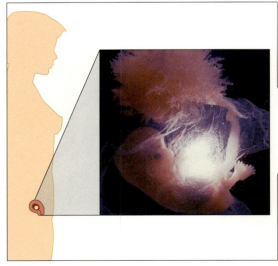

2 Embryo im 1. Monat

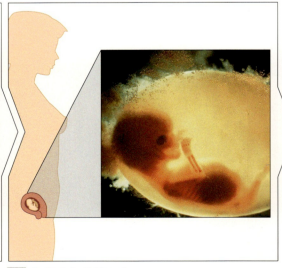

3 Embryo im 3. Monat

Pubertät – Zeit der Veränderungen

Während der weiteren Schwangerschaftsmonate nimmt der Fetus ständig an Größe und Gewicht zu. Er entwickelt seine Organe weiter, damit er später außerhalb des Mutterleibes leben kann. Nach etwa 40 Wochen ist seine Entwicklung abgeschlossen.

Die bevorstehende **Geburt** bemerkt die Mutter durch krampfartige Schmerzen, die *Wehen*. Die Muskeln der Gebärmutter ziehen sich für kurze Zeit zusammen, um das Kind allmählich nach außen zu drücken. Nach einiger Zeit platzt die Fruchtblase und das Fruchtwasser fließt ab. Die Scheide wird durch den Kopf des Kindes sehr stark gedehnt. Mithilfe der Presswehen und dem aktiven Anspannen der Bauchmuskeln wird das Kind geboren. Eine Hebamme und manchmal ein Arzt helfen, indem sie das Kind vorsichtig aus der Scheidenöffnung ziehen. Wenige Minuten danach wird die Nabelschnur abgebunden und zerschnitten. Aus dem Fetus ist ein **Säugling** geworden.

Der Säugling atmet nun selbstständig und nimmt auch zum ersten Mal Nahrung auf. Er wird der Mutter an die Brust gelegt, die ihn mit der dort gebildeten Milch stillt. Sie gibt ihrem Kind dadurch Geborgenheit und Sicherheit. Das Kind wird noch lange Zeit auf diese Fürsorge angewiesen sein.

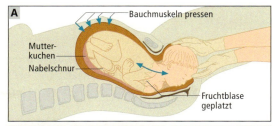

6 Geburt. **A** Schema; **B** Neugeborenes

1. Beschreibe mithilfe der Abbildungen 2 – 5 die Veränderungen am Körper der Frau während der Schwangerschaft.
2. Informiere dich, zum Beispiel im Internet, über das Wachstum und die Gewichtszunahme von Embryo und Fetus in den einzelnen Monaten der Schwangerschaft.
Lege eine Tabelle an.
3. Wie verändert sich das Leben während der Schwangerschaft? Befrage Eltern und berichte in der Klasse.
4. Wie sollte sich eine Schwangere verhalten, damit das Ungeborene möglichst gesund aufwächst?
5. Beschreibe die Vorgänge bei der Geburt anhand der Abbildung 6.

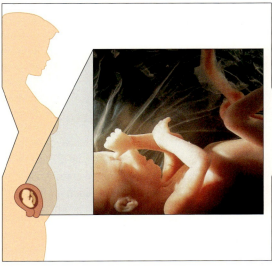

4 Fetus im 5. Monat

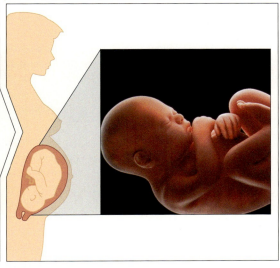

5 Fetus im 9. Monat

Pubertät – Zeit der Veränderungen

Verhütungsmittel

Frank und Petra Müller kennen sich schon sehr lange. Sie haben viel gemeinsam unternommen und sich lieben gelernt. Inzwischen sind sie verheiratet und schlafen miteinander. Da sie sich aber im Moment nicht vorstellen können, für ein Kind zu sorgen, überlegen sie, welche Verhütungsmethode sie anwenden.

Kondom

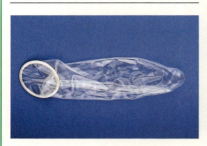

Das Kondom ist ein dünner Gummischutz, der vor dem Verkehr über das steife Glied gezogen wird. Er soll verhindern, dass Spermien in die Scheide gelangen. Bei geübter Anwendung gilt diese Empfängnisverhütung als relativ sicher. Außerdem bieten Kondome als einzige Verhütungsmittel Schutz vor Geschlechtskrankheiten wie Tripper und Syphilis sowie vor Aids.

Scheidenzäpfchen oder Cremes

Scheidenzäpfchen oder Cremes werden kurz vor dem Geschlechtsverkehr in die Scheide eingeführt. Die enthaltenen chemischen Substanzen töten die Spermien ab. Diese Verhütungsmittel sind in Apotheken und Drogerien erhältlich. Sie gelten als sehr unsichere Methode.

Anti-Baby-Pille

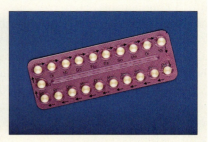

Die Anti-Baby-Pille ist eine Hormontablette für die Frau und verhindert den Eisprung. Außerdem sorgt sie dafür, dass sich eine möglicherweise befruchtete Eizelle nicht in der Gebärmutter einnisten kann. Um eine sichere Verhütung zu gewährleisten, muss sie täglich zur gleichen Zeit eingenommen werden. Sie wird vom Arzt verschrieben. Trotz häufiger Nebenwirkungen ist sie das meist genutzte Verhütungsmittel und gilt als die sicherste Empfängnisverhütung.

Diaphragma

Das Diaphragma ist eine gewölbte Gummikappe, die vom Frauenarzt angepasst werden muss. Sie wird von der Frau vor dem Geschlechtsverkehr auf den Gebärmuttereingang gesetzt und verhindert das Eindringen von Spermien in die Gebärmutter. Sie ist eine relativ unsichere Methode.

Spirale

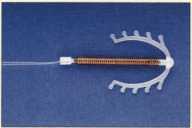

Die Spirale ist ein Plastikhaken, der mit einer Kupferspirale umwickelt ist. Sie verhindert das Einnisten einer befruchteten Eizelle in die Gebärmutter. Die Spirale wird vom Arzt eingesetzt und gilt als sicheres Verhütungsmittel. Sie führt jedoch oft zu Nebenwirkungen.

Temperaturmethode

Durch regelmäßige Messung der Körpertemperatur kann die Zeit des Eisprungs festgestellt werden. Die Temperatur steigt dann um etwa 0,5°C. Ein Verzicht auf Verkehr in dieser Zeit kann eine Schwangerschaft verhindern. Die Methode ist für junge Mädchen sehr unsicher.

Basiskonzept „Entwicklung"

Auf dem Foto oben siehst du einen Familienausflug mit der ganzen Verwandtschaft. Die Kinder unterscheiden sich deutlich von den Erwachsenen. Auch untereinander sehen Kinder und Erwachsene verschieden aus. Wie lässt sich das erklären?

Die *Entwicklung* eines Menschen beginnt, wenn bei der Befruchtung die Zellkerne der Eizelle der Frau und der Spermienzelle des Mannes miteinander verschmelzen. In diesen Geschlechtszellen sind die Erbinformationen enthalten. Das entstehende Kind enthält somit das Erbmaterial beider Eltern. Es zeigt daher auch viele Merkmale, die Vater oder Mutter aufweisen. Das Kind gleicht jedoch keinem der beiden vollständig. Bei jeder Befruchtung werden die Erbinformationen der Eltern unterschiedlich kombiniert. Deshalb sehen selbst Geschwister verschieden aus.

Im Laufe der Schwangerschaft entwickelt sich ein vollständiges Kind.

Doch auch nach der Geburt geht die Entwicklung weiter. Das Kind wächst und lernt. Es wird zum Jugendlichen und schließlich zum Erwachsenen. Man bezeichnet dies als *Individualentwicklung*.

Die Entwicklung eines Lebewesens wird nicht nur von seinem Erbmaterial, sondern auch von seiner Umwelt beeinflusst. Die *Anpassung* an Umwelteinflüsse ist zum Beispiel der Grund, warum es beim Menschen verschiedene Hautfarben gibt. Dunklere Haut schützt vor Sonnenbrand, daher haben die Menschen in sehr sonnigen Gegenden dunklere Haut.

Auch Tiere und Pflanzen haben sich durch Anpassung an ihren jeweiligen Lebensraum entwickelt. So hat der Polarfuchs ein dichteres Fell als unser heimischer Fuchs, um der Kälte besser zu widerstehen.
Wüstenpflanzen haben sehr kleine oder sogar überhaupt keine Blätter, um die Wasserverdunstung zu begrenzen.

Dies wird als *evolutionäre Entwicklung* bezeichnet.

Auch ganze Ökosysteme entwickeln sich, zum Beispiel Wälder oder Seen. Sie verändern sich abhängig von Umwelteinflüssen wie Sonnenlicht und Regenmenge. Unterschiedliche Tiere und Pflanzen siedeln sich an oder verschwinden wieder.

Alle diese Vorgänge lassen sich mit dem **Basiskonzept „Entwicklung"** beschreiben.

1. Beschreibe, was mit dem Begriff „Entwicklung" gemeint ist.
2. Erkläre, warum Geschwister verschieden aussehen, obwohl sie dieselben Eltern haben.
3. Informiere dich in einem Lexikon oder dem Internet über Delfine. Beschreibe, wie diese Säugetiere an das Leben im Meer angepasst sind.

1 Lydia berichtet ihrer Freundin

6 Nicht mit mir – mit mir nicht!

Vielleicht ist dir schon einmal etwas ähnliches passiert wie Lydia. Jemand ist dir zu nahe gekommen oder hat dich berührt, ohne dass du es wolltest. Es war dir unangenehm oder hat dir sogar Angst gemacht. Vielleicht hast du auch in der Zeitung einen Artikel darüber gelesen, wie Mädchen von Fremden belästigt wurden.

Meistens sind es Männer, die Mädchen oder auch Jungen belästigen oder sogar sexuell missbrauchen. Aber selten sind es Unbekannte, die sich Kindern gewaltsam nähern. Häufig kennt das Opfer den Täter, denn es sind möglicherweise andere Schüler, Nachbarn oder sogar jemand aus der eigenen Familie.

Jeder darf aber selbst bestimmen, ob und wie er angefasst werden möchte. Wenn dir eine Berührung oder Zärtlichkeit nicht gefällt und unangenehm ist, solltest du deine **Ablehnung** deutlich zeigen. Du hast das Recht, selbst zu bestimmen, wer dich berühren darf und wer nicht.

Auch Angriffe anderer durch Worte wie Beleidigungen oder Beschimpfungen darfst du deutlich ablehnen. Du musst es nicht für dich allein tragen, wenn dir jemand mit Worten oder Taten Verletzungen zufügt. Du darfst dich anderen anvertrauen und deine Erlebnisse erzählen. Re-den ist gerade nach solchen unangenehmen Erlebnissen sehr wichtig. Sicher gibt es auch in deinem Umfeld Menschen, denen du solche Dinge erzählen kannst und die dir helfen können – deine Freundin oder dein Freund, Eltern, Lehrer oder eine öffentliche Stelle mit Hilfsangeboten.

Mädchen und Jungen, die sexuell missbraucht worden sind, haben oft Angst, anderen ihre Erlebnisse zu erzählen. Sie schämen sich oder fürchten, dass man ihnen nicht glaubt. Oder sie haben das Versprechen geben müssen, ihr „Geheimnis" nicht weiterzuerzählen. Gerade für sie gibt es Stellen, in denen sehr verschwiegen mit den Problemen umgegangen wird und die ihnen weiterhelfen.

1. Auch in deiner Stadt gibt es Hilfsangebote von Einrichtungen, die Kindern in Not helfen.
a) Erstelle eine Liste mit Telefonnummern vom Jugendamt, Kinderschutzbund, Kindernotdienst, Telefonseelsorge, Frauenhaus, Pro Familia und anderen Stellen, die Kindern in Not helfen könnten.
b) In welchen Fällen sollte man mit diesen Einrichtungen Kontakt aufnehmen?
2. a) Enthalten die Briefe in Abb. 2 Beleidigungen oder Demütigungen? Begründe deine Meinung.
b) Versetze dich in die Rolle von Lisa und Peter. Überlege, wie du auf die Aussagen reagieren würdest.

2 Briefe zwischen Schülern

3. In Gesichtern kann man viel „lesen" (Freude, Ärger, Überraschung …).
   a) Schreibt auf Zettel unterschiedliche Gefühle auf.
   b) Bildet Gruppen, die sich gegenseitig Gefühle pantomimisch vorspielen und diese erraten. Ihr könnt die gesuchten Begriffe auch in einer passenden Situation darstellen.

4. Wie kann ich Grenzen ziehen?
   a) Warum hängt Sven dieses Schild auf? Begründe deine Meinung.
   b) Annika möchte zur Begrüßung ihren Onkel nicht immer auf die Wange küssen. Wie könnte sie ihre Grenzen ziehen?
   c) Überlege dir weitere Situationen, in denen es wichtig ist, Grenzen zu ziehen. Sprecht in kleinen Gruppen darüber, wie ihr in solchen Fällen Grenzen ziehen könnt.

5. Es gibt gute und schlechte Geheimnisse. Gute Geheimnisse zu bewahren ist etwas Schönes. Wenn sie verraten werden, ist der Spaß oder die Vorfreude weg – z. B. bei Weihnachtsgeschenken. Schlechte Geheimnisse aber bedrücken oft oder lasten schwer auf der Seele. Diese Geheimnisse darf man weitererzählen – manchmal muss man es sogar, um Schlimmeres zu vermeiden. Entscheide bei den folgenden Beispielen, ob es sich um gute oder schlechte Geheimnisse handelt. An wen könnte man sich wenden, damit geholfen werden kann?
   a) Im Umkleideraum beobachtest du, wie zwei Klassenkameraden die Sportsachen eines Mitschülers durchwühlen und Dinge daraus wegnehmen.
   b) Deine Freundin erzählt dir, dass sie einen Jungen aus der Parallelklasse ganz toll findet. Du sollst aber davon niemandem erzählen.
   c) Ein Freund deiner Eltern möchte dich berühren und küssen, wenn ihr allein im Zimmer seid. Er sagt, dass es nur euer Geheimnis sein soll.

6. Es ist in manchen Situationen sehr wichtig, deutlich zu sagen, dass man etwas nicht möchte. Dies könnt ihr in der Klasse mit folgenden Übungen ausprobieren.
   a) Stellt euch paarweise gegenüber und berührt einander mit ausgestreckten senkrecht stehenden Händen. Der eine Partner sagt immer wieder „Ja", der andere „Nein". Die Botschaft soll ernsthaft und mit ständigem Wechsel der Tonlage und der Gefühle sein (bittend, überzeugend, ernst, bedrohend, brüllend).
   b) Lasst nun eure Hände los. Diesmal sagt der eine Partner „Ja", der andere entgegnet entschieden „Hau ab!". Diese Botschaft darf mit der Körperhaltung, mit den Händen und dem Gesichtsausruck unterstützt werden.
   c) Bildet kleine Gruppen und spielt Situationen durch, in denen man unangenehm „angemacht" wird (siehe Methode „Rollenspiel"). Ziel sollte immer sein, dem „Anmacher" die eigne Ablehnung deutlich zu machen (in der Fußgängerzone, im Park, an der Bushaltestelle, im Aufzug …).

7. Wie kann man sich vor sexuellem Missbrauch schützen? Erstelle eine Liste mit Tipps und Ratschlägen.

Pubertät – Zeit der Veränderungen

Pubertät – Zeit der Veränderungen

A1 Übertrage die Tabelle in dein Heft und ordne folgende Merkmale ein:

	Mann	Frau
Primäre Geschlechtsmerkmale		
Sekundäre Geschlechtsmerkmale		

a) Brüste
b) tiefe Stimme
c) Penis
d) Scheide
e) Bartwuchs
f) Hoden
g) breites Becken
h) breite Schultern
i) Achselbehaarung

A2 Benenne die nummerierten Teile der männlichen Geschlechtsorgane.

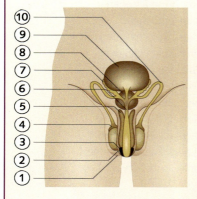

A3 Benenne die nummerierten Teile der weiblichen Geschlechtsorgane.

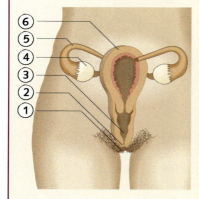

A4 Die Abbildung zeigt einen Vorgang im Körper einer Frau.

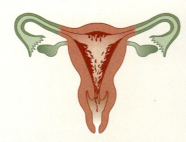

a) Benenne den dargestellten Vorgang.
b) Beschreibe, was bei diesem Vorgang geschieht.
c) Wie kann eine Frau den Zeitpunkt des Vorganges vorhersagen?

A5 a) Was zeigt die Abbildung?
b) Wozu werden diese Dinge verwendet?

A6 Wie kommt es zu einer Schwangerschaft?
Beschreibe den Vorgang mit eigenen Worten. Benutze dabei die Fachbegriffe:
– Samenerguss,
– Eisprung,
– Spermium,
– Eizelle,
– Befruchtung.

A7 a) Nenne das Verhütungsmittel auf der Abbildung.

b) Wie wird es angewendet?
c) Nenne weitere Verhütungsmittel und erkläre, wie sie angewendet werden. Wie sicher sind sie?

A8 a) Bringe die folgenden Begriffe in die richtige Reihenfolge:
– Säugling,
– Fetus,
– Embryo,
– befruchtete Eizelle.
b) Zu welchen Zeitpunkten der Entwicklung benutzt man diese Begriffe?

A9 Ein Mädchen aus deiner Klasse wird von einem Bekannten sexuell belästigt.
a) Wie soll sie sich verhalten?
b) Nenne ihr Stellen, bei denen sie um Hilfe fragen kann.

A10 In der Pubertät verändert sich die Beziehung zum anderen Geschlecht.
a) Beschreibe, wie sich die Beziehungen zwischen Mädchen und Jungen verändern.
b) Nenne neue Möglichkeiten, die sich mit dem Erwachsenwerden ergeben.
c) Nenne neue Verantwortungen, die sich mit dem Erwachsenwerden ergeben.

Pubertät – Zeit der Veränderungen

Auf dem Weg zum Erwachsenwerden

- Jedes Mädchen und jeder Junge erlebt zwischen dem 9. und 14. Lebensjahr den Beginn einer starken Veränderung ihres bzw. seines Körpers, der Gefühle und Einstellungen.
- Durch die beginnende Produktion von chemischen Botenstoffen – den Geschlechtshormonen – wird die Pubertät ausgelöst.
- Die Pubertät bewirkt die Entwicklung vom Kind zum Erwachsenen.
- Der Beginn und der Verlauf der Pubertät ist bei jedem anders.

Jungen entwickeln sich zu Männern

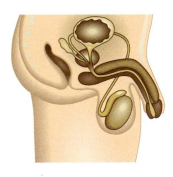

- Die Geschlechtsmerkmale, die ein Kind von Geburt an besitzt, nennt man primäre Geschlechtsmerkmale.
- Während der Pubertät bekommt ein Junge breitere Schultern, eine tiefere Stimme und Körperbehaarung. Dies sind sekundäre Geschlechtsmerkmale.
- Die Hormone, die in der Pubertät gebildet werden, bewirken die Vergrößerung der Geschlechtsorgane beim Jungen.
- Mit der Pubertät beginnt die lebenslange Bildung von Spermien in den Hoden.

Mädchen entwickeln sich zu Frauen

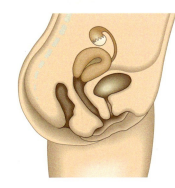

- Auch Mädchen besitzen Geschlechtsmerkmale von Geburt an, die primären Geschlechtsmerkmale.
- Die Geschlechtshormone bewirken die Ausbildung der Brüste, ein breiteres Becken und rundere Hüften – die sekundären Geschlechtsmerkmale des Mädchens.
- Mit dem Beginn der Pubertät reift jeden Monat in einem der beiden Eierstöcke eine Eizelle heran.
- Wird die reife Eizelle nicht befruchtet, stirbt sie ab und wird mit der nutzlos gewordenen Gebärmutterschleimhaut ausgestoßen. Dies ist die Regelblutung.

Empfängnis, Schwangerschaft und Geburt

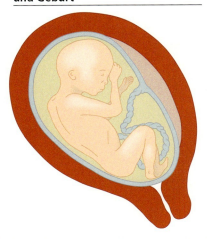

- Wird eine Eizelle im Eileiter der Frau von einem Spermium befruchtet, beginnt ein neues menschliches Leben.
- Mit der Einnistung des befruchteten Eies in die Gebärmutter beginnt die 40 Wochen andauernde Schwangerschaft.
- Das Kind wird über die Nabelschnur mit allen lebensnotwendigen Stoffen bis zur Geburt versorgt.
- Während der Zeit der Schwangerschaft wächst das Kind sehr stark und seine Organe reifen.
- Durch Wehen wird die Geburt eingeleitet.
- Nach der Geburt wird das Kind abgenabelt und ist noch lange Zeit auf die Fürsorge einer Bezugsperson angewiesen.

Partnerschaft und Verantwortung

- Im Laufe der Pubertät wächst das Bedürfnis nach körperlicher Zärtlichkeit.
- Sexuelle Kontakte bergen immer auch das Risiko einer Schwangerschaft.
- Wir haben das Recht, selbst zu entscheiden, ob und wie wir berührt werden möchten.
- Wir dürfen und sollen auch unsere Ablehnung deutlich zeigen, wenn ein anderer Dinge verlangt, die wir nicht möchten.
- Mädchen und Jungen, die sexuell belästigt worden sind, sollten mit anderen Menschen darüber reden. Dies gilt auch dann, wenn sie versprochen haben, es nicht zu tun.

BIO KOMPAKT

Lebensräume

Wald – Holzfabrik oder Erholungsort?

Was ist ein naturnaher Schulhof?

Betreten erlaubt?

Wie können wir die Natur schützen?

Warum sind Hecken wertvolle Lebensräume?

Wie viele Pflanzen leben in diesem Teich?

1 Luftbildaufnahme der Lebensräume im Schulumfeld

1 Lebensräume für Pflanzen

Stell dir vor, du schwebst mit einem Heißluftballon über deine Schule hinweg. Dann schaust du vielleicht auf eine Landschaft, wie sie auf der obigen Luftaufnahme zu sehen ist.

Man erkennt nicht nur Wohnhäuser und die Gebäude der Schule, sondern auch *Gärten, Rasenflächen, Felder, kleine Waldstücke* und eventuell auch einen *Teich* oder einen *Park*. Auch einen *Bach* oder einen *Fluss* gibt es in manchen Gegenden. Die Landschaft bietet also kein einheitliches Bild. Sie besteht aus verschiedenen **Lebensräumen.**

Jeder dieser Lebensräume ist durch bestimmte Umweltbedingungen gekennzeichnet. Zu diesen gehören zum Beispiel Temperatur, Licht- und Bodenverhältnisse, aber auch stehendes und fließendes Wasser. In jedem dieser Lebensräume kommen typische Pflanzen- und Tierarten vor. Bereits auf dem Schulgelände können wir verschiedene Lebensräume untersuchen.

Im Wasser des **Schulteiches** kann man unterschiedliche Tiere wie die Larven von Fröschen, Kröten oder Libellen beobachten. Am Ufer wachsen Schilf und Seerosen. Selbst in den **Pflasterritzen** wachsen Pflanzen wie Mastkraut und Vogelknöterich. Sie haben lange Wurzeln. So können sie bei längerer Trockenheit Wasser aus tieferen Bodenschichten aufneh-

2 Lebensräume auf dem Schulgelände. **A** Schulteich; **B** Pflasterritze; **C** Trockenmauer

men. Blätter vom Breitwegerich sind hart und liegen flach auf dem Boden. Sie bilden eine Blattrosette, die gegenüber dem Betreten sehr widerstandsfähig ist.

Die Pflanzen einer **Trockenmauer** müssen mit sehr wenig Wasser auskommen. Ihre Blätter sind häufig dick und fleischig und dienen als Wasserspeicher.

Verlässt du das Schulgelände, triffst du vielleicht auf eine **Wiese.** Die Pflanzen stehen hier das ganze Jahr über im vollen Sonnenlicht. Zu jeder Jahreszeit verändert die Wiese ihr Aussehen, weil die Pflanzen zu unterschiedlichen Zeiten blühen. Viele Insekten finden zur Blütezeit auf einer Wiese ihre Nahrung.

Im **Park** deines Wohnortes gibt es neben Rasenflächen und Blumenbeeten unterschiedliche Bäume wie beispielsweise Kastanien und Rotbuchen. Eichhörnchen und verschiedene Vogelarten kannst du dort beobachten.
Am **Feldrand** kannst du teilweise selten gewordenen Ackerkräutern wie Kornblumen oder Klatschmohn begegnen. Von den Getreidefeldern sind diese Pflanzen durch Pflanzenschutzmittel „vertrieben" worden.
Ein **Wald** ist geprägt durch Laub- oder Nadelbäume wie Eichen, Buchen, Eschen, Kiefern, Lärchen und Fichten. Er ist Lebensraum für viele unterschiedliche Vogelarten wie Singdrossel und Habicht. In größeren Wäldern halten sich zum Beispiel auch Rehe und Füchse auf.

3 Lebensräume im Umfeld der Schule.
 A Wiese; **B** Park; **C** Feldrand

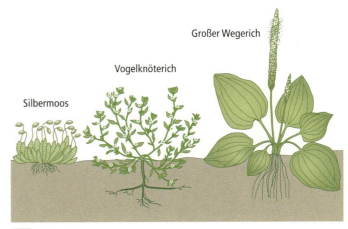

4 Trittpflanzen

1. a) Nenne Lebensräume für Pflanzen und Tiere, die du in der Abbildung 1 entdecken kannst.
   b) Überlege, welche Lebensbedingungen in den unterschiedlichen Lebensräumen herrschen. Nenne Unterschiede.
2. a) Nenne verschiedene Lebensräume, die in deiner näheren Umgebung vorkommen.
   b) Ordne jedem Lebensraum jeweils eine häufig vorkommende Pflanze und ein häufig vorkommendes Tier zu.
3. Auch ein einzelner Baum wie der Apfelbaum oder eine Fichte kann ein Lebensraum sein. Begründe.
4. a) Untersuche den Bau und die Beschaffenheit der Pflanzen in den Pflasterritzen.
   b) Begründe, warum sich diese sogenannten „Trittpflanzen" in Pflasterritzen besonders gut halten können.

Anlegen einer Blättersammlung

V1 Blattherbarium

Ein Herbarium ist eine Sammlung gepresster und getrockneter Pflanzen oder Pflanzenteile. Sie enthält die Namen der Pflanzen, ihren Fundort, das Funddatum sowie Besonderheiten.
Du kannst dir ein Blattherbarium leicht selbst herstellen.

Material: Blätter von Laubbäumen; Bestimmungsbuch für Bäume; Zeitungen oder Löschblätter; Bücher oder Ziegelsteine zum Beschweren; Zeichenkarton; durchsichtiges Klebeband; Schere; Schreibmaterial

Durchführung: Sammle verschiedene Laubblätter und bestimme sie mithilfe des Bestimmungsbuches und der nebenstehenden Methode. Notiere auf einem Zettel Namen, Fundort und Datum. Lege jeweils ein Laubblatt mit dem Beschriftungszettel auf eine Lage Zeitungspapier. Beschwere den Zeitungsstapel mit Büchern/Ziegelsteinen.

Aufgabe: Lege ein Herbarium mit verschiedenen Blättern an. Du kannst die einzelnen Herbarbögen schützen, indem du sie in einer Klarsichthülle aufhebst und in einen Aktenordner heftest.
Nimm nach etwa zwei Wochen die gepressten Laubblätter aus dem Zeitungsstapel heraus.

Vorbereitung

Pressen

Klebe jeweils ein Laubblatt mit einem dünnen Streifen Klebeband auf einem Zeichenkarton und beschrifte.

Name: Spitzahorn
Fundort: Stadtpark
Datum: 30. 06. 2002

V2 Formenkenntnis

Material: Blätter aus dem Herbar

Durchführung: Betrachte unterschiedliche Laubblätter oder Blätter aus deinem Herbar.

Aufgabe: Beschreibe die Blattform und den Blattrand. Vergleiche dabei mit der Abbildung.

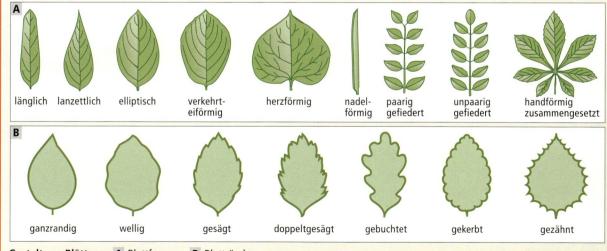

Gestalt von Blättern. **A** Blattformen; **B** Blattränder

Bestimmung von Laubbäumen

Mithilfe des Bestimmungsschlüssels auf dieser Seite kannst du vermutlich feststellen, zu welchem Strauch oder Laubbaum ein von dir gesammeltes Blatt stammt. Beginne am Startpunkt. Hier hast du zwei Möglichkeiten für den weiteren Weg. Lies die Begriffe sorgfältig und schau dir dein Blatt genau an. Entscheide dich dann für einen Weg. Du musst jetzt an jeder Weggabelung erneut entscheiden, welches der genannten Merkmale für dein Blatt zutrifft. Steht am Ende eines Pfeils ein Baumname, hast du dein Ziel erreicht. Zur Kontrolle vergleichst du nochmals die Zeichnung und die im Text genannten Merkmale mit deinem Blatt.

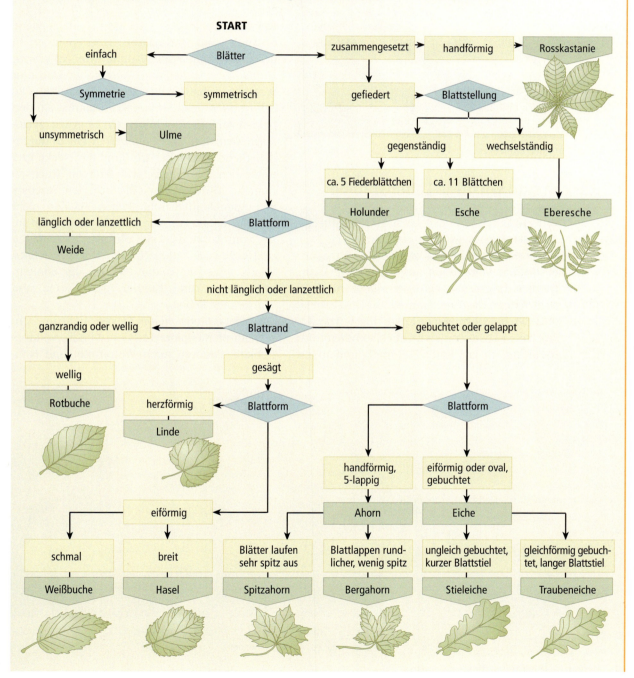

Lebensräume

1 Landschaft mit Feldhecken

2 Hecken sind wichtige Lebensräume

Wir erkunden eine frei wachsende Feldhecke. Zu jeder Jahreszeit kann man dort etwas Neues entdecken. – Im Mai zum Beispiel machen bestimmte **Vogelarten** auf sich aufmerksam. Die sperlingsgroße *Dorngrasmücke* hüpft in dem dichten Gesträuch umher. Ihr Nest baut sie dort, wo die Dornbüsche am dichtesten sind. Solch ein Lebensraum wird auch vom *Neuntöter* bevorzugt. Er jagt Käfer, Hummeln und andere Insekten, aber auch Eidechsen und Mäuse. Einen Teil der Beute spießt er als Nahrungsreserve auf Dornen von Heckensträuchern.

Aber auch anderen Vogelarten begegnen wir in der Hecke. *Amsel, Heckenbraunelle, Zaunkönig* und *Zaungrasmücke* nisten dort. *Blau- und Kohlmeisen* suchen Insekten, Spinnen und Sämereien. *Ringeltauben* und *Rebhühner* wählen die Hecke als Schlafplatz. Ein *Turmfalke* startet von dort aus zur Jagd nach Mäusen.

In der Feldhecke wachsen verschiedene **Strauch- und Baumarten** nebeneinander. In der Mitte finden wir Bäume wie *Feldahorn, Hainbuche, Eiche* und *Eberesche*. Darunter wachsen schattenverträgliche Sträucher wie *Schwarzdorn* und *Schwarzer Holunder*. An den beiden Außenseiten bilden *Heckenrosen, Weißdorn, Geißblatt* und *Brombeeren* ein undurchdringliches Dickicht. Am Rand der Hecke und unter den Sträuchern und Bäumen wachsen manche **Wildkräuter**, die auf den intensiv genutzten landwirtschaftlichen Flächen nicht mehr gedeihen können. Manche davon sind sogar vom Aussterben bedroht. An der feuchten und kühlen Schattenseite der Hecke wachsen häufig typische Waldkräuter, an der Sonnenseite Gräser und Kräuter, die Wärme und Trockenheit lieben.

Die Hecke bietet vielen **Tieren** nicht nur Unterschlupf, Rastplatz und Überwinterungsmöglichkeit, sondern auch Wohnraum und Nah-

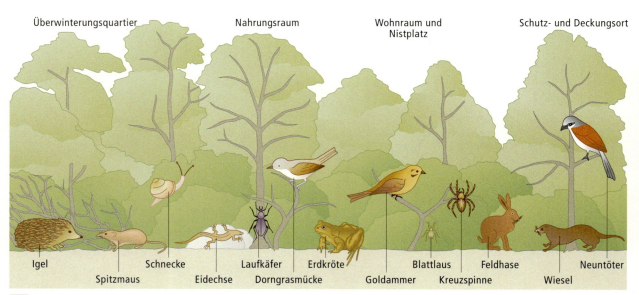

2 Hecken als Lebensraum für viele Tierarten

rung. *Insekten* aller Art, *Schnecken, Spinnen, Erdkröten, Eidechsen, Blindschleichen,* aber auch *Wühlmäuse, Spitzmäuse, Igel* und *Wiesel* findet man dort. Für manche Tierarten sind Hecken zu dem einzigen Rückzugsgebiet in einer veränderten Umwelt geworden. Hecken dienen also auch dem **Artenschutz**.

Große Bedeutung haben Hecken auch für die Landschaft. Sie bremsen die Winde und vermindern die Abtragung leichter Böden. Außerdem bleibt die Bodenfeuchtigkeit im Sommer länger erhalten.

Zwischen den Lebewesen der Hecke bestehen vielfältige Nahrungsbeziehungen. Sehen wir uns das an einem Beispiel an: Kleine *Käfer* fressen von den Blütenblättern der Heckenrose. Ein *Rotkehlchen* pickt den Käfer auf. In einem Überraschungsangriff erbeutet ein *Sperber* das Rotkehlchen. – Solche Nahrungsbeziehungen lassen sich als Kette mit verschiedenen Gliedern darstellen. Man bezeichnet diese als **Nahrungskette**.

Die ersten Glieder sind immer Pflanzen, von denen sich Pflanzenfresser ernähren. Die Pflanzenfresser werden wiederum von Fleischfressern gefressen. Häufig sind mehrere Nahrungsketten miteinander verknüpft. Es entsteht dann ein **Nahrungsnetz**.

3 Nahrungskette (→ wird gefressen von)

1. Stelle zusammen, welche der genannten Tiere in Abb. 4 die Hecke
   a) als Wohn- und Nahrungsraum,
   b) als Wohnraum,
   c) als Nahrungsraum,
   d) als Unterschlupf,
   e) als Winterquartier benutzen.
2. Beschreibe, wie der Neuntöter dem Lebensraum Hecke angepasst ist.
3. **a)** Sammle im Herbst Blätter und Früchte von Heckensträuchern. Gestalte eine Ausstellung.
   b) Schreibe zu den einzelnen Pflanzen einen Steckbrief und zeichne sie.
4. Welche Eingriffe des Menschen bedrohen den Fortbestand von Heckenlandschaften?
5. Beschreibe die Nahrungskette in Abbildung 3.
6. Zeige Beziehungen im Nahrungsnetz auf. Was passiert, wenn ein Lebewesen des Netzes ausfällt?

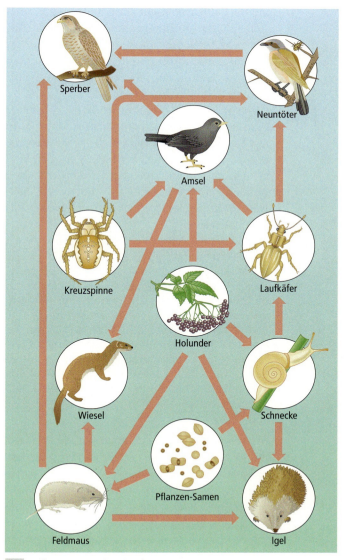

4 Nahrungsnetz einer Hecke

Lebensräume **161**

3 Der Wald

3.1 Artenreich und wandelbar im Laufe der Jahreszeiten

Auf einem Sommerspaziergang im dichten Laubwald entdeckt man zwar viele Bäume und Sträucher, jedoch kaum Tiere. Dennoch gibt es in einem Buchenmischwald z. B. etwa 6000 Arten – davon etwa 4500 Insekten wie Fliegen, Käfer, Bienen, Blattläuse oder Ameisen. Wo leben diese Tierarten also? Betrachtet man den Wald genauer, so kann man erkennen, dass er in einzelne **Stockwerke** gegliedert ist.

Wo die Laubstreu nicht allzu hoch liegt, breitet sich auf dem Waldboden die **Moosschicht** aus. Hier wachsen verschiedene *Moosarten, Pilze* und *Flechten.* An feuchten Stellen erkennt man das Vorkommen von *Algen* am blaugrünen bis grünen Bodenbelag.
Diese nur einige Zentimeter hoch werdende Moosschicht speichert das Wasser und gibt es nur langsam an den Boden ab. Viele Kleintiere wie *Milben, Käfer, Spinnen, Ameisen* und *Schnecken* finden hier und in der Laubstreu Nahrung und Unterschlupf. Hier leben auch *Igel, Blindschleichen, Schlangen, Waldmaus* und *Rötelmaus.*

Das Nahrungsangebot an Kleintieren nutzt auch ein im Laubwald häufig zu hörender Vogel. Der *Zilpzalp* sucht als Bodenbrüter dichtbewachsene Stellen, wo er sein Nest gut verstecken kann. Es ist ein kugelförmiger Bau mit seitlichem Einschlupfloch. Als Nistmaterial verwendet der Zilpzalp alte Blätter, dürre Halme und feine Wurzeln aus der unmittelbaren Nähe. So ist sein Nest auf dem Waldboden gut der Umgebung angepasst und kaum auszumachen.

Bis etwa ein Meter hoch wachsen die Pflanzen der **Krautschicht.** Sie besteht aus verschiedenartigen *Gräsern* und Kräutern wie z. B. *Buschwindröschen, Sauerklee, Scharbockskraut, Waldbingelkraut, Waldmeister, Leberblümchen, Frühlingsplatterbse, Lerchensporn, Bärlauch, Lungenkraut, Haselwurz* und viele mehr. Dazu kommen noch *Farne, Schachtelhalme* und *Bärlappgewächse.* Auch niedrig wachsende Zwergsträu-

1 Tiere und Pflanzen in einem Wald

cher wie *Heidel-* und *Preiselbeere* sowie Jungbäume sind Bestandteile dieser Pflanzenschicht. Viele Insekten, zum Beispiel *Bienen*, *Fliegen* und *Schmetterlinge*, suchen hier nach Nahrung.

Bis in etwa 5 Meter Höhe erstreckt sich die **Strauchschicht.** *Traubenholunder, Hasel, Weißdorn, Faulbaum, Himbeere* und *Brombeere* sind häufige Vertreter. Sie wachsen jedoch nur an lichten Stellen des Waldes oder am Waldrand. Die Strauchschicht bietet auch Unterschlupf für die größeren Tierarten wie *Rehe, Wildschweine, Füchse, Marder, Dachse, Rotwild* oder *Waschbären.*
Einige Kletterpflanzen wie *Efeu, Waldgeißblatt* und *Waldrebe* benutzen Sträucher und Bäume als Halt und streben dem Licht entgegen.

Bis zu einer Höhe von 40 Metern oder darüber breitet sich die **Baumschicht** aus. Sie bildet allerdings keinen ebenen Abschluss, denn neben hohen *Buchen, Eichen, Ahornbäumen* und *Eschen* stehen niedrigere *Hainbuchen, Ebereschen* und *Birken*. Strauchschicht und Baumschicht sind dabei bevorzugte Lebensräume für viele Vogelarten.

Von den Früchten der Bäume leben z. B. *Eichelhäher, Kohlmeise, Tannenmeise, Kleiber* und *Kreuzschnabel*. Der *Buntspecht* nutzt morsche oder abgestorbene Bäume, um hier mit seinem kräftigen Schnabel eine Bruthöhle anzulegen. Er frisst Schadinsekten der Bäume und sorgt so für die Gesunderhaltung der Bäume. Die verlassenen Baumhöhlen nutzt auch der *Waldkautz*, um seine Brut aufzuziehen.
In den Baumkronen nisten Greifvögel wie *Mäusebussard, Habicht* oder *Gabelweihe*, die vor allem Kleinsäuger wie Mäuse erbeuten. Auch *Raben* und *Krähen* finden hier Nist- und Schlafbäume.

Aber auch ein Säugetier lebt hauptsächlich in der Baumregion, das *Eichhörnchen*. Es ernährt sich von Samen der Bäume, Haselnüssen, Obst, der Rinde junger Triebe und Knospen. Es frisst aber auch Insekten, Vogeleier oder „raubt" sogar Jungvögel aus ihren Nestern. – Wälder sind also vielfältige und artenreiche Lebensräume in unserer Umgebung.

2 Laubwald mit Scharbockskraut im Jahresverlauf

Im Verlauf eines Jahres zeigt ein **Laubwald** verschiedene Gesichter. Im Winter gelangt durch die unbelaubten Baumkronen das Licht ungehindert auf den Boden. Dieser ist allerdings noch zu kalt für ein Wachstum der Pflanzen am Boden.

Im März kann die Sonne den Boden durch die noch unbelaubten Bäume erwärmen. Bis Ende April gelangt Sonnenlicht fast ungehindert durch die blattlosen Baumkronen auf den Boden. Trotz der niedrigen Lufttemperaturen erwärmt sich dann die feuchte Laubstreu auf 20 °C und mehr. Feuchtigkeit und hohe Bodentemperatur begünstigen das Austreiben der **Frühblüher.** Die notwendigen Nährstoffe erhalten die Pflanzen aus besonderen *Speicherorganen* wie Erdstängeln, Wurzelknollen oder Zwiebeln. Bald ist der Boden so von einem Blütenteppich überzogen. Dann blüht zuerst das *Buschwindröschen*. Bald darauf blühen *Leberblümchen* und *Scharbockskraut*. Wir finden *Märzenbecher, Gelbe Windröschen* und weiß oder lila blühenden *Hohlen Lerchensporn*.

Während zu Beginn des Ausschlagens der Bäume noch 30 % des Lichtes auf den Boden fallen, sinkt der Lichtanteil in einem Buchenwald bis August bis auf etwa 5 %. Nun bilden sich die **Schattenpflanzen** aus. Hierzu gehören u. a. *Goldnessel, Schattenblume, Waldziest* und *Bingelkraut*. Einige Pflanzen wie *Efeu, Haselwurz, Sauerklee* und *Immergrün* behalten sogar das ganze Jahr über ihre Blätter. Diese **immergrünen Gewächse** besitzen derbe Blätter, die den Winter überdauern.

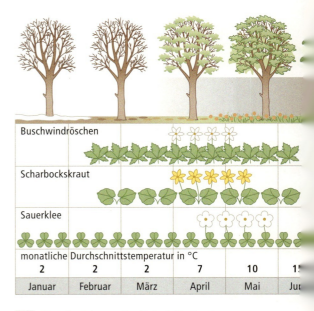

3 Wald im Jahresverlauf. (Lichtstärke, Temperatur,

1. Suche möglichst im Frühjahr einen Laubwald in deiner näheren Umgebung auf.
   a) Skizziere und beschreibe den stockwerkartigen Aufbau des Waldes und vergleiche mit Abb. 1.
   b) Stecke eine Untersuchungsfläche von mindestens 10 x 10 m ab.
   c) Bestimme die vorkommenden Baumarten. Notiere in einer Liste Pflanzen der Bodenschicht, Krautschicht und Strauchschicht.
   d) Fertige eine Draufsicht deiner Untersuchungsfläche an und trage jeweils Standort und Flächenbedeckung der Pflanzen ein.
   e) Welche Tierarten sind dir während deiner Beobachtungen des Waldstückes aufgefallen? Vergleiche mit der Abbildung 1 oder mit Tieren aus einem Bestimmungsbuch.
2. Im Wald bilden dessen Tiere und Pflanzen eine Lebensgemeinschaft. Benenne die Tiere, die in Abb. 1 gezeigt sind. Zeige an drei Beispielen Beziehungen zwischen ihnen auf.
3. a) Beschreibe die Abbildungen des Waldes in den vier Jahreszeiten. Achte dabei besonders auf die Boden- und Krautschicht. Gib eine Erklärung für die Unterschiede.
   b) Die Abbildung 2 zeigt in einem Beispiel den Zustand des Scharbockskrautes in den Jahreszeiten. Beschreibe die jeweilige Wuchsform und erläutere den Wuchs des Scharbockskrautes.
4. Erläutere die Abbildung 3. Achte dabei auf Belaubung und Lichtverhältnisse. Vergleiche den Wuchs von Buschwindröschen und Scharbockskraut mit dem Sauerklee und erläutere.

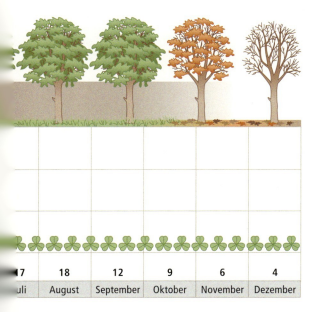

Blühperiode von Pflanzen der Krautschicht)

3.2 Der Stoffkreislauf im Wald

Zwischen den Lebewesen im Wald bestehen Nahrungsbeziehungen. Die einfachsten bezeichnen wir als *Nahrungskette*. Alle Nahrungsketten beginnen mit grünen Pflanzen. Nur sie können durch Fotosynthese aus Wasser und Kohlenstoffdioxid mithilfe von Sonnenlicht Nährstoffe herstellen. Sie erzeugen für Pflanzenfresser Blätter, Pflanzensaft, Holz, Früchte und Samen. Man nennt grüne Pflanzen daher auch **Erzeuger** oder *Produzenten*.

Alle nachfolgenden Glieder einer Nahrungskette können selbst keine Nährstoffe bilden. Sie müssen Nährstoffe mit der Nahrung aufnehmen, in körpereigene Stoffe umwandeln und daraus Energie gewinnen. Es sind **Verbraucher,** auch *Konsumenten* genannt.

Pflanzenfresser sind die *Erstverbraucher* oder Konsumenten 1. Ordnung. Sie werden von Fleischfressern verzehrt. Es sind *Zweitverbraucher,* Konsumenten 2. Ordnung. Am Ende einer Nahrungskette stehen die *Endverbraucher,* zum Beispiel Greifvögel und Eulen.

Sterben Pflanzen und Tiere, beginnen die **Zersetzer** mit ihrer Tätigkeit. Regenwürmer, Fadenwürmer, Käfer, Schnecken fressen Teile der toten Organismen. Zusammen mit den Ausscheidungen dieser *Abfallfresser* wird der Waldboden mit Mineralstoffen angereichert. Die Abfälle ergeben den Humus, die dunkle obere Schicht des Waldbodens.

Dort setzt die eigentliche Tätigkeit der Zersetzer ein. Dazu gehören Bakterien, Pilze und einzellige Lebewesen. So hat man in einem Gramm Kot vom Regenwurm bis zu 52 Millionen Bakterien nachgewiesen. Die Zersetzer lassen von den Pflanzen- und Tierresten nur noch Mineralstoffe, Wasser und Kohlenstoffdioxid übrig.

Die Pflanzen wiederum bauen mithilfe der Sonnenenergie aus Wasser, Mineralstoffen und Kohlenstoffdioxid körpereigene Stoffe auf. So schließt sich der Kreislauf der Stoffe im Wald. Man bezeichnet diesen Vorgang als **Stoffkreislauf** im Lebensraum Wald.

1. Beschreibe den Stoffkreislauf im Wald anhand der Abbildung 1.

1 Stoffkreislauf im Wald

4 „Jäger" und „Gejagte" leben in einem Gleichgewicht

Nach dem Schmelzen der Schneedecke kommen die Felder, Wiesen und Weiden wieder zum Vorschein. Viele Landwirte erleben jetzt aber ein böse Überraschung. Ihre Grünflächen sehen stellenweise wie umgepflügt aus. Auch die mit Wintergetreide bestellten Felder sind zum Teil kahl gefressen. Wie so oft haben wieder Tausende von *Wühlmäusen* – darunter vor allem *Feldmäuse* und *Rötelmäuse* – schwere Fraßschäden verursacht.

Auf **Feldmäuse** deuten die vielen dicht an dicht liegenden Mauselöcher hin, die durch tief liegende Laufgänge miteinander verbunden sind. In Wohnkesseln unter der Erdoberfläche bringen die Weibchen bis zu sechsmal im Jahr etwa sechs Junge zur Welt. Diese haben nach vier Wochen wieder selbst Nachwuchs. Sind nicht genügend Feinde der Feldmaus wie Eulen, Wiesel und Füchse vorhanden, nimmt ihre Anzahl rasch zu. Das Gleichgewicht zwischen Jägern und Gejagten ist gestört.

Gibt es jedoch mehrere Jahre für die Feinde der Feldmaus reichlich Beute, vermehren sich die Jäger stark und können viele Nachkommen großziehen. Diese tragen dann dazu bei, dass die Mäuseplage zurückgeht. Da nun aber viele Jäger reichlich Beute machen, geht die Zahl der Gejagten zurück. Für die Feinde der Feldmaus wird die Nahrung knapp. Sie bekommen weniger Nachwuchs oder weichen in benachbarte Gebiete aus. Schließlich bleiben nur noch so viele Jäger zurück, dass die Nahrung reicht. Es stellt sich ein **biologisches Gleichgewicht** zwischen Jägern und und Gejagten ein.

Der Mensch kann ein solches Gleichgewicht stören, wenn er zum Beispiel in der Landschaft Hecken rodet. Dann fehlen die natürlichen Feinde der Feldmaus.

1. Nenne Feinde der Feldmaus. Siehe Abbildung1.
2. Erläutere den Begriff „Biologisches Gleichgewicht".

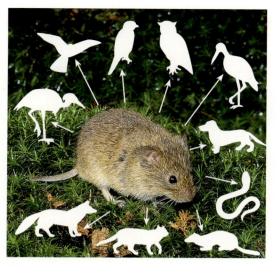

1 Natürliche Feinde der Feldmaus

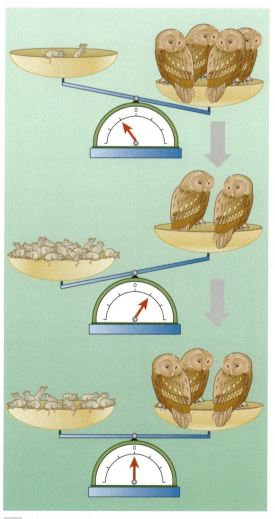

2 Gleichgewicht zwischen „Jägern" und „Gejagten"

Lebensräume

1 Untersuchung eines Schulteiches

5 Gewässer sind wichtige Lebensräume

5.1 Gewässer unterscheiden sich

An einem Schulteich kann man feststellen, welche Pflanzen und Tiere sich an diesem Gewässer angesiedelt haben. Neben Wasser- und Sumpfpflanzen gibt es immer wieder auch neue Tiere zu entdecken (z. B. Libellen, Wasserläufer, Wasserflöhe, Gelbrandkäfer). Wo Wasser ist, da herrscht also auch vielfältiges Leben. So wie den Schulteich gibt es bei uns verschiedenartige Gewässer mit zum Teil unterschiedlichen Pflanzen und Tieren.

Überall in der Landschaft gibt es kleine, flache Gewässer. Es sind **Tümpel**. Sie erwärmen sich im Frühjahr und Sommer stark und trocknen auch von Zeit zu Zeit aus. Dort laichen zum Beispiel Wasserfrösche und Molche. Ihre Larven halten sich an den Randzonen auf, wo das Wasser am wärmsten ist und sich ihre Nahrung – vor allem Grünalgen – am besten entwickelt.
Weiher dagegen sind flache, natürlich entstandene stehende Gewässer, die das ganze Jahr über Wasser führen. Für sie gibt es weder einen Zulauf, noch fließt aus ihnen Wasser ab. Ein reiches Pflanzen- und Tierleben bestimmt dieses Kleingewässer. Wenn ein See im Laufe der Zeit verlandet, kann daraus ein Weiher entstehen.

Zu den *stehenden Gewässern* gehören auch **Teiche.** Sie wurden von Menschen geschaffen und sind öfter in Dörfern, Kleinstädten und Parkanlagen anzutreffen. Wenn Menschen es zulassen, kann sich am Ufer ein vielfältiger Pflanzenwuchs bilden. Dies ist bei Fischteichen nicht der Fall. Dort steht die Fischzucht an erster Stelle.

Seen wie der *Dümmer* in Niedersachsen sind auf natürliche Weise entstanden. Ihre Ufer

2 Bach – ein Fließgewässer

3 Stehende Gewässer. **A** Tümpel; **B** Teich; **C** See

säumen verschiedene Pflanzenzonen mit typischen Sumpf- und Wasserpflanzen. Sie bieten vielen Wasservögeln Brut- und Lebensraum. Der *Bodensee* ist mit einer Tiefe von 252 m der tiefste See in Deutschland.

Bäche gehören zu den *Fließgewässern*. Sie entstehen aus *Quellen* und erhalten Zulauf aus mehreren weiteren Bächen und **Gräben.** Wir unterscheiden zwischen kalten, schnell fließenden Bergbächen und wärmeren, langsam fließenden Wiesenbächen. Sie werden höchstens zwei Meter breit.

Bäche münden in **Flüsse,** die Zulauf aus anderen Flüssen erhalten. So führt zum Beispiel die Oker ihr Wasser der Aller und diese wiederum der Weser zu. Größere Flüsse wie Elbe, Weser und Ems, die ins Meer münden, bezeichnet man als **Strom**.

Gräben dienen der Entwässerung von Feuchtgebieten, um diese zum Beispiel für die Landwirtschaft nutzbar zu machen. Da diese immer wieder zuwachsen, müssen sie regelmäßig „gereinigt" werden.

1. **a)** Erkundige dich über verschiedenartige Gewässer deiner Umgebung und benenne sie.
b) Beschreibe ihre Beschaffenheit. Beachte dabei: Lage des Gewässers, Umgebung, langsam- oder schnellfließend, Uferbeschaffenheit, Uferbewuchs, Nutzung des Gewässers und der Randzonen.
2. Manche Lurche, wie z. B. Unken, legen ihre Eier in Tümpel ab. Welche Gefahr besteht für die Entwicklung der Larven im Vergleich zum Wasserfrosch, der seine Eier in Teichen ablegt?
3. Soll ein Schulteich ganzjährig ein Lebensraum für Frösche und Fische sein, muss er an wenigstens einer Stelle über 1,20 m tief sein. Warum wohl?
4. **a)** Erkundige dich, z. B. bei der Gemeinde oder beim örtlichen Heimatverein, über die „Geschichte" eines Gewässers. Wie hat sich das Gewässer im Laufe der Zeit verändert?
b) Beurteile die möglichen Veränderungen im Hinblick auf den Nutzen für die Menschen und für die Landschaft.

4 Fließgewässer. **A** Fluss; **B** Bach (begradigt)

Lebensräume

1 Gewässeruntersuchung an einem Bach

5.2 Eine Exkursion an einen Bach

Bei einer Exkursion und Untersuchungen an einen Bach lernt ihr einen vielfältigen Lebensraum kennen. Dazu muss man vor der Arbeit gegebenenfalls die Erlaubnis des Eigentümers einholen.
Beim Arbeiten am Bach sollen die **Naturschutzbestimmungen** beachtet werden. Geschützte Pflanzen dürfen nicht gepflückt werden. Auch Tiere sollte man nach einer Bestimmung sofort wieder frei lassen.

Zu Beginn der eigentlichen Arbeit steht das gemeinsame **Betrachten** des Lebensraumes Bach. Dabei bespricht man in den Gruppen, an welcher Stelle die Beobachtungen und Untersuchungen vorgenommen werden sollen und wer aus der Gruppe welche Aufgaben übernimmt. Wichtig ist auch, dass jede Gruppe von ihrem Gewässerabschnitt eine Skizze vom Querschnitt (siehe Abbildung 2) und eine Skizze von der Draufsicht anfertigt.

Will man den Bach mit seinen Lebewesen erkunden, genügt es nicht, nur die Pflanzen und Tiere zu erfassen. Da Umweltbedingungen darüber entscheiden, welche Pflanzen und Tiere an einem bestimmten Ort vorkommen, müssen auch diese untersucht werden. Zu solchen Umweltfaktoren an einem Bach gehören zum Beispiel seine Lage – ob sonnig oder schattig – Wasser- und Lufttemperatur, Strömungsgeschwindigkeit, Eigenschaften des Wassers – die Gewässergüte – sowie die Beschaffenheit des Bachbettes – ob Sand, Kies oder Geröll. Alle diese „unbelebten" Umweltfaktoren heißen auch **abiotische Faktoren**.
Daneben gibt es aber auch Einflüsse der belebten Umwelt. So fressen zum Beispiel Fische kleine Wasserinsekten, während Eisvögel wiederum Fische erbeuten. Solche von Lebewesen ausgehenden Umwelteinflüsse nennt man auch **biotische Faktoren**.

Alles dies gilt es bei der Exkursion zu berücksichtigen. Denn nicht jeder Bach gleicht dem anderen. Ein Bergbach mit seinem kalten, sauerstoffreichen und schnell strömenden Wasser unterscheidet sich durchaus von einem Wiesenbach mit seinem warmen, sauerstoffarmen und langsam fließenden Wasser.

Untersucht in Gruppen einen Bachabschnitt. Die benötigten Materialien findet ihr in Abb. 3 und die Vorlage zum Protokoll in Abb. 4.

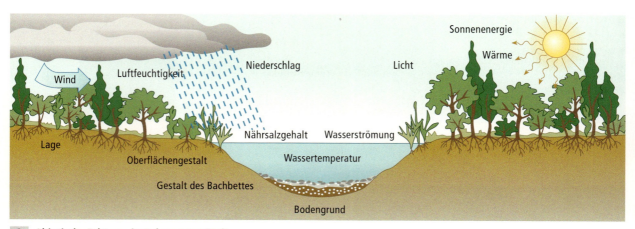

2 Abiotische Faktoren im Lebensraum Bach

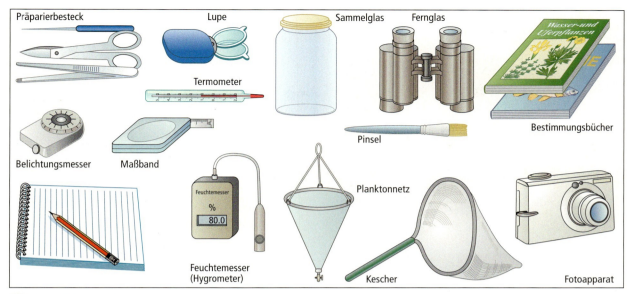

3 Exkursionsmaterial

1. *Lage:* Beschreibe die Lage in der Landschaft, die Beschaffenheit der Ufer (Böschung, Boden, umgebende Pflanzen) und den Lichteinfall auf das Gewässer. Fertige dazu eine kleine Skizze an.
2. *Fließgeschwindigkeit:* Lass von einer „Startlinie" Stöckchen mit verschiedenen Farben ins Wasser. Miss die Zeit, in der sie eine Ziellinie erreichen. Überlege, warum sie unterschiedlich schnell ankommen.
3. *Wasser und Untergrund:* Miss die Wasser- und Lufttemperatur. Stelle Farbton, Trübung und Geruch des Wassers fest. Schüttle das Wasser kräftig im Schraubglas und beurteile die Schaumbildung. Untersuche die Beschaffenheit des Bachbettes.
4. *Lebewesen:* Fange mit Glas, Kescher und Planktonnetz Kleintiere und Wasserpflanzen im Wasser und auf dem Grund. Gebe sie in eine Plastikschale und bestimme sie.
5. *Dokumentation:* Fotografiere das Gewässer und protokolliere deine Beobachtungen.

Datum: _____ Gewässername: _____

Lage: _____

Gewässertyp: _____

Umgebung des Gewässers: _____

Beschaffenheit des Ufers: (steil, flach,...) _____

Wetter:
☐ Regen ☐ bewölkt ☐ heiter-bewölkt ☐ sonnig

Lufttemperatur: _____ Wassertemperatur: _____

Strömungsgeschwindigkeit (Fließgewässer):
☐ schwach ☐ mittel ☐ stark

Farbstärke:
☐ farblos ☐ schwach gefärbt ☐ stark gefärbt

Farbton:
☐ gelblich ☐ grünlich ☐ bräunlich ☐ _____

Trübung:
☐ klar ☐ schwach ☐ getrübt ☐ stark getrübt

Schaumbilung:
☐ keine ☐ kaum ☐ schwach ☐ stark

Geruchsstärke:
☐ geruchlos ☐ schwach ☐ stark

Art des Geruchs:
☐ frisch ☐ aromatisch ☐ modrig ☐ jauchig

Besonderheiten: _____

4 Protokollblatt

1 Teich – ein stehendes Gewässer. **A** Posthornschnecke; **B** Sumpfdeckelschnecke; **C** Wasserfrosch; **D** Libelle

5.3 Der Teich – ein Lebensraum

Wir nehmen am Ufer eines Teiches Platz und beobachten. – Eine *Libelle* fliegt an uns vorüber. Sie erbeutet Insekten im Flug. Eine andere Libelle hat sich an einem Schilfhalm niedergelassen. Sie taucht ihren Hinterleib ins Wasser, um dort am Stängel ihre Eier abzulegen. Libellen brauchen diesen Uferbereich – die **Röhrichtzone** – für ihre Fortpflanzung, denn ihre Larven entwickeln sich im Wasser. In der Röhrichtzone entdecken wir neben dem *Schilf* auch *Rohrkolben, Froschlöffel* und *Wasserschwertlilien*. Hier können wir auch Insekten wie *Käfer* und *Fliegen* beobachten.

Und was bewegt sich dort? Ein grüner *Wasserfrosch* sitzt auf dem Blatt einer *Seerose* und lauert auf Insekten. Oben auf den Blättern lassen sich gern *Fliegen, Käfer* und *Libellen* nieder. Nach den Blättern heißt diese Pflanzenzone auch **Schwimmblattzone.** In ihr entdecken wir auch andere Pflanzen wie die gelb blühenden *Teichrosen, Froschbiss* sowie *Teichlinsen*.

Wir gehen etwas dichter an das Ufer heran. Auf der Wasseroberfläche flitzen kleine, zarte Insekten hin und her und fangen ihre Beute, meist kleine, ins Wasser gefallene Insekten. Es sind *Wasserläufer*. Ihre Beine tragen am Ende eine Vielzahl kleiner Härchen, die es ihnen ermöglichen, auf dem Wasser zu laufen.

Wir sehen uns die Wasseroberfläche genauer an. Ab und zu kommt ein *Gelbrandkäfer* an die Oberfläche und taucht sofort wieder unter. Das Öl an seiner Körperoberfläche stößt das Wasser ab und lässt ihn so mühelos durch das Wasser gleiten. Die kräftigen Hinterbeine sind dicht mit Haaren besetzt. Sie wirken als starke Ruder.

Ab und zu taucht ein *Rückenschwimmer* auf, um frische Atemluft aufzunehmen. Dazu streckt er seinen Hinterleib aus dem Wasser und saugt

Atemluft unter seine Bauchseite. Durch ein solches Luftpolster gelangt seine Bauchseite nach oben. Nach dem Luftholen taucht er schnell wieder ab.

Daneben beobachten wir Schnecken, wie sie mit der Fußsohle unterhalb der Wasseroberfläche „schweben". Es sind *Posthornschnecken* beim Luftholen. Durch ein Atemloch strömt Luft in eine kleine „Kammer", die wie eine Lunge wirkt. Im Wasser halten sich an untergetauchten Pflanzen Schnecken, die ständig unter Wasser bleiben, denn sie holen sich den Sauerstoff zum Atmen über ihre Kiemen aus dem Wasser.
Unter der Wasseroberfläche wachsen *Hornblatt, Wasserpest, Tausendblatt* und *Kammlaichkraut*. Ihre Blätter sind schmal und dünn oder sogar fein zerteilt, um Wasserbewegungen nur wenig Widerstand zu bieten. In diesem Bereich – der **Tauchblattzone** – findet man neben den *Wasserschnecken* und *Kaulquappen*, den Larven des Wasserfrosches, viele Insekten und deren Larven sowie manchmal auch *Wasserspinnen*.

Die Lebewesen des Teiches stehen in vielfältigen Nahrungsbeziehungen zueinander: *Algen* bilden die Nahrungsgrundlage. Es sind pflanzliche Organismen, die in großer Menge im Wasser schweben. Sie heißen **pflanzliches Plankton**. Dieses pflanzliche Plankton wird z. B. von *Wasserflöhen* oder *Hüpferlingen* verzehrt, dem **tierischen Plankton**. Von ihnen ernähren sich *Libellenlarven*, die wiederum von den Fischen wie z. B. *Rotfedern* gefressen werden. Schließlich fängt der *Haubentaucher* die Rotfedern. Solche Nahrungsbeziehungen, die sich wie Glieder einer Kette aneinanderreihen, nennt man eine **Nahrungskette**.

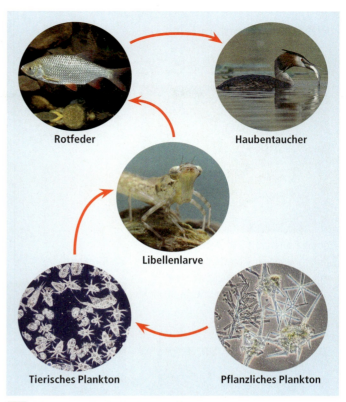

3 Nahrungskette im Teich (⟶ wird gefressen von)

1. Suche einen Teich auf. Notiere, welche Pflanzen und Tiere du dort findest.
2. Ordne die Teichpflanzen aus dem Bioskop „Pflanzen am und im Teich" den Pflanzenzonen zu. Nenne weitere Beispiele.
3. Führe eine Untersuchung am Teich durch, wie sie in diesem Kapitel beschrieben ist. Beurteile die Qualität deines untersuchten Gewässers und beschreibe gegebenenfalls die Nutzung.
4. Welche Bedeutung haben Teiche für unseren Lebensraum und wodurch kann ihr Bestand gefährdet sein?

2 Gelbrandkäfer

4 Rückenschwimmer holt Luft.

Pflanzen am und im Teich

Teichrose

gelbe Blüten mit 5 Blütenblättern; lederartige Schwimmblätter eiförmig mit glatter Wachsschicht; Wasseroberfläche von Teichen und Seen

Froschlöffel

feste, löffelförmige Laubblätter; Pflanze bis 1m hoch; rötlich-weiße Blüten; wächst im flachen Wasser am Ufer

Tausendblatt

wächst unterhalb der Wasseroberfläche; Blätter fein zerteilt; quirlig am Stängel

Teichquerschnitt

① Röhrichtzone
② Schwimmblattzone
③ Tauchblattzone

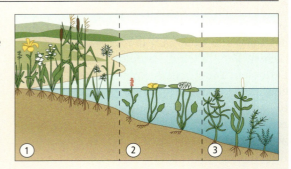

Weiße Seerose

weiße Kronblätter; dottergelbe Staubblätter; ovale bis rundliche Schwimmblätter, am Grund tief eingeschnitten; glänzende Oberseite

Wasserhahnenfuß

mit drei- bis fünflappigen Schwimmblättern und zerschlitzten Unterwasserblättern

Rohrkolben

1–2 Meter hohe Stängel mit samtartigen, walzenförmigen, schwarzbraunen Kolben; im Volksmund „Zylinderputzer" genannt; der untere nur braun gefärbte Abschnitt besteht nur aus weiblichen Blüten, darüber befinden sich die männlichen Blüten

Tiere am und im Teich

Teichhuhn

entengroß ; schwarzbraunes Gefieder; rote Stirnplatte; roter Schnabel mit gelbem Rand; läuft geschickt über Schwimmblätter; Nest in Ufernähe zwischen dichten Pflanzen

Wasserspinne

einzige Wasserspinne; holt Luft von der Wasserobfläche und füllt sie in eine Unterwasserglocke aus Spinnfäden

Grasfrosch

ca. 10 cm; bei uns häufigste Froschart; braun mit schwarzen Flecken; dunkler Fleck an den Schläfen

Plötze

etwa 20 cm; rote Augenringe; netzartig angeordnete Schuppen; schlank; Schwarmfisch; frisst Kleintiere und Pflanzen

Wasserläufer

bewegt sich ruckartig mit flach ausgebreiteten Beinen; wird von der Oberflächenspannung des Wassers getragen

Spitzschlammschnecke

größte Schneckenart im Teich; Gehäuse spitz ausgezogen; kriecht häufig umgekehrt unter der Wasseroberfläche

Stechmückenlarven

hängen kopfunter an der Wasseroberfläche; raupenähnlicher, heller Körper; Atemrohr am Hinterleib; fressen Kleinkrebse und Algen

Stechmücke

schlanker, dunkler Körper mit langen Beinen und Fühlern; nur Weibchen saugen Blut, Männchen dagegen Pflanzensäfte; Eiablage im Wasser

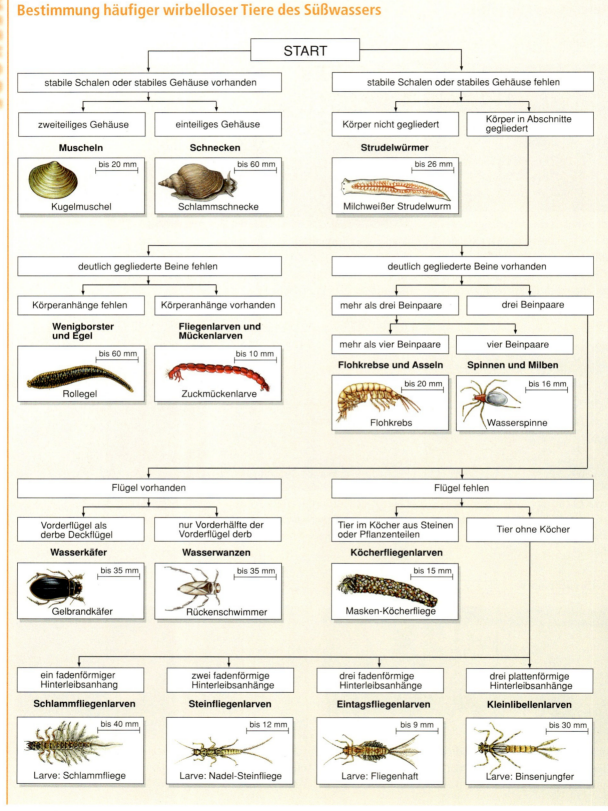

Biologische Untersuchung der Gewässergüte

V1 Gewässergüte

Hinweis: Die verschiedenen Arten wirbelloser Tiere in einem Gewässer stellen unterschiedliche Ansprüche an ihren Lebensraum. Manche leben nur in klarem, sauberem Wasser, andere jedoch in verschmutzten Gewässern. Es sind **Zeigerorganismen** für die **Güteklasse** des Gewässers.

Material: Kescher oder Teesiebe; Pinsel; Lupen; Plastikteller; Pipetten; Löffel; Kopien dieser Seite; Bestimmungstabelle (siehe Methode: Bestimmung häufiger wirbelloser Tiere des Süßwassers).

Durchführung: Sammelt in Gruppen Kleintiere am Ufer eines Fließgewässers in einen Teller. Streicht dazu mit dem Kescher oder dem Teesieb durch die Wasserpflanzen. Dreht Steine um und streift alle daran anhaftenden Tiere mit dem Pinsel in einen Teller. Sortiert nun alle ähnlich aussehenden Tiere. Verfahrt mit den anderen Tieren ebenso. So erhaltet ihr verschiedene Tiergruppen. Verwendet eine Lupe und Bestimmungstabellen, um die Tiere zu bestimmen. Setzt die Tiere anschließend zurück ins Wasser.

Aufgaben:
a) Zählt die Einzeltiere jeder Tiergruppe auf den einzelnen Tellern. Findet ihr von einer Tierart mehr als zehn Einzeltiere, so gelten diese als Zeigerorganismen. Sie geben einen deutlichen Hinweis auf die Güteklasse des Gewässers. Bestimmt mit dieser biologischen Untersuchungsmethode die Gewässergüte des Fließgewässers.
b) Vergleicht euer Ergebnis mit den Messwerten zur Bestimmung der Wassergüte (siehe Praktikum „Bestimmung der Gewässergüte").

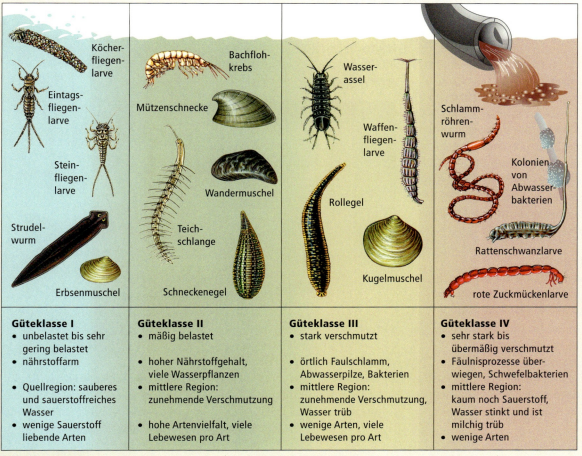

Güteklasse I	Güteklasse II	Güteklasse III	Güteklasse IV
• unbelastet bis sehr gering belastet	• mäßig belastet	• stark verschmutzt	• sehr stark bis übermäßig verschmutzt
• nährstoffarm	• hoher Nährstoffgehalt, viele Wasserpflanzen	• örtlich Faulschlamm, Abwasserpilze, Bakterien	• Fäulnisprozesse überwiegen, Schwefelbakterien
• Quellregion: sauberes und sauerstoffreiches Wasser	• mittlere Region: zunehmende Verschmutzung	• mittlere Region: zunehmende Verschmutzung, Wasser trüb	• mittlere Region: kaum noch Sauerstoff, Wasser stinkt und ist milchig trüb
• wenige Sauerstoff liebende Arten	• hohe Artenvielfalt, viele Lebewesen pro Art	• wenige Arten, viele Lebewesen pro Art	• wenige Arten

Zeigerorganismen

Wassereigenschaften

V1 Luft löst sich in Wasser

Hinweis: Der Sauerstoff der Luft löst sich in Wasser. Tiere im Wasser benötigen ihn zum Atmen.

Material: 2 Bechergläser (200 ml); Folienstift (permanent); Leitungswasser; kleiner Schneebesen

Durchführung:

Zeichne mit dem Folienstift ein Quadrat von einem Zentimeter Kantenlänge auf jedes Glas. Koche das Wasser ab und lass es abkühlen. Fülle die beiden Gläser langsam mit dem Wasser. Schlage eine Wasserprobe mit dem Schneebesen. Stelle die Gläser an einen warmen Ort, z. B. auf eine sonnige Fensterbank. Zähle nach etwa 30 Minuten die Bläschen in den Quadraten.

Aufgaben:
a) Vergleiche die Ergebnisse in beiden Gläsern und erläutere sie.
b) Erläutere, welche Bedeutung Schwellen und Wehre in Fließgewässern haben.
c) Stehende Gewässer leiden im Sommer bisweilen an Sauerstoffarmut. Nenne Möglichkeiten, diese zu beheben.

V2 Gelöste Luft in kaltem und warmem Wasser

Material: wie V1 (ohne Schneebesen)

Durchführung: Markiere auf beiden Gläsern ein Quadrat von einem Zentimeter Kantenlänge. Fülle die Gläser langsam mit Leitungswasser. Stelle das eine Glas an einen warmen Ort (z. B. sonnige Fensterbank), das andere an einen kühlen Ort, z. B. Kühlschrank. Zähle nach etwa 30 Minuten die Bläschen in den Quadraten.

Aufgaben:
a) Vergleiche die Ergebnisse in beiden Gläsern und erläutere sie.
b) Was zeigt der Versuch für die Lebensbedingungen der Tiere im Wasser? Berichte.

V3 Verhalten von Wasser

Material: hohes Glasgefäß; Thermometer; Leitungswasser; Eiswürfel

Durchführung:
Fülle ein hohes Glas zur Hälfte mit kaltem Wasser und gib Eis hinzu. Miss ohne umzurühren nach etwa 20 Minuten die Temperatur in verschiedenen Tiefen.

Aufgaben:
a) Berichte über die Messergebnisse und erkläre sie.
b) Wie wirkt sich das Verhalten des Wassers in einem See im Winter aus? Siehe Abbildungen.

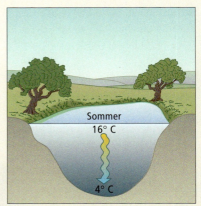

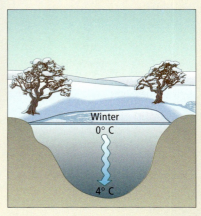

c) Was würde mit den Fischen passieren, wenn im Winter Seen von unten nach oben zufrieren würden?
d) Eiswürfel schwimmen an der Wasseroberfläche. Welchen Grund könnte das haben?

Sauberes Wasser für unsere Gewässer

V1 Mechanische Reinigung von Abwasser

Material: großes Glasgefäß, z. B. Einmachglas; Löffel; Sand; Salatöl; Currypulver; Leitungswasser

Durchführung: Fülle das Glas bis 3 cm unterhalb des Randes mit Leitungswasser. Gib je einen Löffel Sand, Salatöl und eine Löffelspitze Currypulver hinzu. Rühre um und lass die Probe einige Minuten stehen.

Aufgaben:
a) Notiere deine Beobachtungen.
b) Plane Versuche zur Gewinnung von reinem Wasser aus Abwasser. Stelle die benötigten Geräte zusammen und führe die Versuche durch. Beschreibe die Ergebnisse.

V2 Biologische Reinigung von Abwasser

Material: 2 gleich große Glasgefäße, z. B. Gurkengläser; Belüftungseinrichtung für Aquarien; Haushaltsfolie; faulig riechendes Blumenwasser aus einer großen Blumenvase; Gummibänder

Durchführung: Fülle beide Gläser mit dem fauligen Blumenwasser. Decke eines der Gläser mit Folie ab. Belüfte das andere Glas etwa fünf Tage. Lass danach die belüftete Probe einige Stunden ruhig stehen.

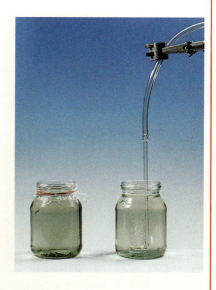

Aufgaben:
a) Vergleiche die Proben nach Aussehen und Geruch. Suche nach Erklärungen für Unterschiede.
b) Begründe, weshalb man bei V1, Aufgabe b) von einer mechanischen Reinigung, bei V2 von einer biologischen Reinigung spricht.

V 3 Bau einer Mini-Kläranlage

Diese Versuche erfolgen in Gruppenarbeit.

Um aus leicht verschmutztem Wasser trinkbares Wasser zu gewinnen, muss man die Verschmutzungen abtrennen. In der Natur geschieht dieses mithilfe der Filtration des Wassers durch die verschiedenen Erdschichten, bis sauberes Grundwasser entstanden ist.

Eure Aufgabe ist es, entsprechend der natürlichen Wasserreinigung Mini-Kläranlagen zu bauen. Füllt dazu einen Blumentopf mit groben Steinen, einen mit Feinkies, einen dritten mit Sand. In den vierten Topf legt ihr einen Filter mit etwas Aktivkohle. Findet selbst eine Anordnung, wie ihr möglichst sauberes Wasser herstellen könnt. Stellt euch nun Schmutzwasser her. Gut geeignet ist abgestandenes Blumenwasser. Ihr könnt es auch noch mit etwas Erde und Sägemehl vermischen.

Testet die Leistung eurer Mini-Kläranlage. Vergleicht eure Modelle und begründet, weshalb manche besser funktionieren als andere.

Bestimmung der Gewässergüte

V1 Bestimmung der Wassertemperatur

Material: Thermometer; Bindfaden; verschiedenfarbige Fäden zur Markierung; Zollstock; Gewicht (zum Beispiel große Schraube)

Durchführung: Befestige das Thermometer zusammen mit dem Gewicht an dem Bindfaden. Markiere im Abstand von 10 cm den Bindfaden mit farbigen Fäden. Bestimme die Wassertemperatur des zu untersuchenden Gewässers in unterschiedlicher Tiefe. Vergleiche mit der Außentemperatur und stelle die Differenz fest. Halte die Ergebnisse schriftlich fest.

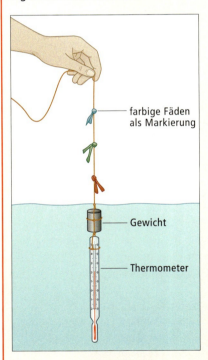

Aufgaben:
a) Stelle das Ergebnis deiner Messungen als Grafik dar.
b) Führe die Messungen an verschiedenen Abschnitten des Gewässers durch. Erläutere.

V2 Messung der Sichttiefe

Hinweis: Die Sichttiefe ist ein Maß für die Wassertrübung. Je geringer die Sichttiefe ist, um so trüber ist das Wasser.

Material: weißer Plastikteller (ca. 30 cm ⌀); 250 cm lange Holzstange; Folienstift (permanent); Zollstock; Hammer; Nagel

Durchführung: Fertige ein Messgerät zur Bestimmung der Sichttiefe an. Nagele den Teller auf ein Ende der Holzstange. Bringe auf der Holzstange im Abstand von 10 cm eine Markierung an. Senke das Messgerät in das zu untersuchende Gewässer. Lies die Sichttiefe ab, wenn der Teller gerade noch zu sehen ist.

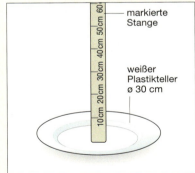

Aufgaben:
a) Halte das Ergebnis deiner Messung fest.
a) Überlege, welche Bedeutung die Sichttiefe für Wasserpflanzen haben könnte. Berichte.

V3 Nachweis von Nitrat

Nitrate sind Salze, die als Mineraldünger oder Flüssigdünger von landwirtschaftlichen Flächen in Gewässer gelangen können.

Material: Wasserproben (Teich, Graben, See, Bach, …); verschraubbare Wassergläser; Nitrat-Teststäbchen

Durchführung: Nimm aus dem Gewässer mehrere Wasserproben. Tauche jeweils ein Nitrat-Teststäbchen kurz in die Wasserprobe. Bestimme anhand der Farbskala die jeweiligen Nitratwerte. Errechne den Mittelwert aller Wasserproben.

Aufgaben:
a) Halte das Ergebnis schriftlich fest. Beurteile dein Messergebnis. Orientiere dich dabei an folgenden Werten. Nitrat ist
- bis 50 mg/l für Trinkwasser erlaubt
- bis 40 mg/l gut   ⎫ für
- zwischen 40–80 mg/l   ⎬ Pflanzen
  noch erträglich   ⎪ und
- über 80 mg/l schädlich   ⎭ Tiere

b) Vergleiche den errechneten Mittelwert mit den Angaben in der Tabelle „Messwerte zur Bestimmung der Wassergüte" auf der rechten Seite. Welcher Wassergüte entspricht der von dir ermittelte Wert?

V4 Messung des pH-Wertes

Hinweis: Der pH-Wert gibt an, ob das Wasser sauer (pH-Wert kleiner als 7), neutral (pH-Wert gleich 7) oder alkalisch (pH-Wert größer als 7) ist. Je weiter der Wert von pH 7 abweicht, desto weniger Tiere kommen in dem Gewässer vor.

Material: Wasserprobe; Gefäß mit Deckel; pH-Test-Set; pH-Farbskala

Durchführung: Nimm aus dem zu untersuchenden Gewässer eine Wasserprobe. Tauche einen Teststreifen kurz ins Wasser und lies den pH-Wert an der Farbskala ab.

Aufgaben:
a) Halte dein Ergebnis schriftlich fest.
b) Welcher Wassergüte entspricht der Wert? Siehe Tabelle unten.

V5 Bestimmung des Sauerstoffgehaltes

Material: Sauerstoff-Messgerät; Becherglas (200 ml); Probenwasser aus einem Gewässer

Durchführung: Schalte das Messgerät ein. Eiche das Gerät nach Gebrauchsanweisung. Spüle das Glas zweimal mit der Wasserprobe. Fülle danach das Glas zur Hälfte mit der Probe. Schwenke darin die Messelektrode langsam, bis sich der angezeigte Sauerstoffgehalt nicht mehr verändert.

Aufgaben:
a) Führe zwei Messungen des Sauerstoffgehalts durch. Berechne den Mittelwert.
b) Vergleiche den errechneten Mittelwert mit den Angaben in der Tabelle „Messwerte zur Bestimmung der Wassergüte".

V6 Temperatur und Sauerstoffgehalt

Material: siehe V1 und V5; Wasserproben aus Fließgewässern und stehenden Gewässern

Durchführung: Siehe V5

Aufgaben:
a) Führe jeweils Messungen durch wie in V1 und V5. Halte das Ergebnis in einer Grafik fest. Orientiere dich an der folgenden Abbildung.

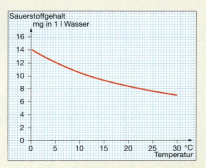

b) Erläutere die Unterschiede im Sauerstoffgehalt.

Güte-klasse	Zustand	Sichttiefe in cm	Wasser-temperatur in °C	Sauerstoff in mg/l	pH-Wert	Nitrat in mg/l
I	**unbelastet:** klar, kaum Lebewesen, da wenig Nährsalze, Trinkwasserqualität	> 200	10 – 12	> 8	7,0	0 – 1
I – II	**gering belastet:** klar, Nährsalze, Uferbewuchs, Wasserpflanzen und Tiere, Badeseen	150 – 200	12 – 14	7 – 8	7,5 6,0	1 – 1,5
II	**mäßig belastet:** leichte Trübung durch Algen und pflanzliche Überreste	100 – 150	14 – 16	6 – 7	8,0 5,5	1,5 – 2,5
II – III	**kritisch belastet:** trüb durch Algen und Bakterien, am Boden Faulschlamm	70 – 100	16 – 18	5 – 6	8,5 5,0	2,5 – 5,0
III	**stark verschmutzt:** stark getrübt durch Bakterien, Fäulnisvorgänge, kaum Fische	40 – 70	18 – 22	3 – 5	9,0 5,5	5 – 30
III – IV	**sehr stark verschmutzt:** sehr starke Trübung verursacht durch Abwässer, Fäulnis	20 – 40	22 – 24	2 – 3	9,5 5,0	30 – 50
IV	**übermäßig verschmutzt:** übel riechend, außer Fäulnisbakterien keine Lebewesen	< 20	> 24	< 2	10 < 5	> 100

Messwerte zur Bestimmung der Wassergüte. < kleiner als; > größer als

1 Eingriff durch Trockenlegung. **A** Feuchtwiese; **B** Trockenlegung; **C** Fettwiese

6 Gefährdete Lebensräume

6.1 Eingriffe des Menschen

Feuchte Wiesen kann ein Landwirt schwer bearbeiten und sie liefern wenig Ertrag. So werden sie vielfach trockengelegt. Der Landwirt verwandelt somit seine **Feuchtwiese** in eine mehrfach gemähte Wiese. Ertragreichere Grassorten werden ihm künftig mehr und besseres Viehfutter liefern.

Welche Folgen hat die Veränderung dieses Lebensraumes für die dort bisher vorkommenden Pflanzen und Tiere? Wenn die Feuchtwiese entwässert, gewalzt, gedüngt und mehrmals im Jahr gemäht wird, überleben dort weniger und andere Pflanzen- und Tierarten. Pflanzen wie Sumpfdotterblume, Geflecktes Knabenkraut, Mädesüß, Wiesenknopf, Sumpfschafgarbe, Schachblume, Kuckuckslichtnelke, Wiesenschaumkraut und viele andere Pflanzen verschwinden. Es entsteht eine artenarme **Fettwiese**.

In Feuchtwiesen zum Beispiel gibt es allein rund 3500 Tierarten. Für viele davon wird bei einer Entwässerung die Lebensgrundlage zerstört, weil ihre Futterpflanzen verschwinden. Damit wird manchen Insekten die Nahrung entzogen. Viele Raupen von Schmetterlingen leben von Pflanzen der Feuchtwiesen. Die Feuchtwiese ist auch Lebensraum für viele Libellenarten. Dort jagen sie nach Insekten wie Schwebfliegen und Mücken. Mit den seltener werdenden Insekten schwindet auch die Lebensgrundlage für Lurche und manche Vogelarten. Hierzu gehören z. B. Kiebitze, Weißstörche, Brachvögel und Rotschenkel.

Lebensräume verändern sich aber auch, wenn sie vom Menschen nicht mehr genutzt werden. Magere **Trockenrasen** wurden früher z. B. durch Schafbeweidung vom Buschwerk freigehalten. Solche Trockenrasen sind artenreiche Lebensräume für viele sehr seltene, wärmeliebende Pflanzen und Tiere, die in Deutschland vom Aussterben bedroht sind. So kommen hier z. B. eine Vielzahl *heimischer Orchideen* vor. Durch die Verbuschung der aufgegebenen Flächen verschwinden auch hier diese seltenen Arten.

Wenn du die Abbildung 3 betrachtest, wirst du feststellen, dass sich der **Wald** im Verlauf mehrerer Jahre verändert hat. Er zeigt Schäden, die auf ein Waldsterben hinweisen. Wie kann es dazu kommen?
Die Erkrankung der Bäume wird vor allem durch Schadstoffe in der Luft verursacht. Diese stammen unter anderem aus den Abgasen der

2 Einstellung der Beweidung. **A** artenreicher Trockenrasen; **B** verbuschter Trockenrasen

Heizungen, von Kraftfahrzeugen und Flugzeugen sowie aus den Rauchgasen von Kohlekraftwerken und anderen Industrien. Wenn sich die Gase mit der feuchten Luft und Wolken verbinden, entsteht ein säurehaltiger Niederschlag, der sogenannte **saure Regen**.

Dieser schädigt Blätter und Wurzeln der Bäume und führt zu deren Absterben. Zusätzlich schädigen Schadinsekten wie *Borkenkäfer* vor allem kranke Bäume. Zur Verringerung der Schäden sind heute viele Kraftfahrzeuge mit einem Katalysator ausgestattet, der den Ausstoß von schädlichen Gasen verringert. In Öl- und Kohlekraftwerken werden zunehmend verbesserte Abgasfilter in die Anlagen eingebaut. In Wohnungen und Häusern soll durch alternative Energiegewinnung und verbesserten Wärmeschutz der Verbrauch von Öl und Gas eingeschränkt werden.

1. a) Informiere dich über das Vorkommen von Feuchtwiesen oder Trockenrasen in deiner Umgebung.
b) Vergleiche zum Beispiel Feuchtwiesen mit einer landwirtschaftlich genutzten Wiese (Aussehen, Bodenbeschaffenheit, Anzahl von Pflanzen und Tieren, …)
c) Nenne Beispiele von Eingriffen des Menschen in einen natürlichen Lebensraum und berichte über die Folgen für Pflanzen und Tiere.
2. a) Informiere dich über den Einfluss des sauren Regens auf unsere Wälder.
b) Welche Maßnahmen zum Schutz der Wälder gibt es?
c) Was kannst du selbst tun, damit weniger Schadstoffe in die Luft gelangen?
d) Führe dazu in Gruppen Rollenspiele mit deinen Mitschülern durch (siehe auch Methode „Rollenspiel").

3 Waldbestand. **A** 1988; **B** Juli 1992; **C** April 1993

1 „Tote" Kiesgrube

2 Ersatzlebensraum Kiesgrube

6.2 Veränderte Lebensräume – neues Leben

Für den Bau neuer Straßen z. B. benötigt man große Sand- und Kiesmengen. Dafür müssen Felder und Wiesen weichen. Die Betreiber verpflichten sich heute jedoch oft, nach der Entnahme von Sand und Kies dort einen **Ersatzlebensraum** zu schaffen. Beim Kiesabbau entsteht zunächst ein ausgedehntes „Loch" mit steilen, sandigen Böschungen, Pfützen und Tümpeln von unterschiedlicher Wassertiefe und mit einem nackten, kiesreichen Boden. In dieser windstillen Senke heizt die Sonne den Boden rasch auf und die Luft ist um einige Grade höher als in der Umgebung. Es sieht dann so aus, als ob in diese trostlose Senke nie wieder Leben einziehen würde.

Das Gegenteil ist der Fall. Es siedeln sich dort nach und nach verschiedenartige Pflanzen und Tiere an. Deren ursprünglichen Lebensraum mit natürlichen Wiesen Flusslandschaften hatte man in der Vergangenheit zerstört. An den steilen Wänden der Kiesgrube bauen jetzt *Uferschwalben* ihre Niströhren etwa 70 cm tief. Im Laufe der Jahre entsteht eine ganze Kolonie. Auch ein *Eisvogel* findet in einer Böschung einen geeigneten Brutplatz. Am flachen Ufer eines Tümpels legt ein *Flussregenpfeifer* seine Eier. Alle diese vom Aussterben bedrohten Vogelarten finden dort einen geeigneten Lebensraum.

Auch die in der Gegend beheimateten und geschützten Lurcharten fanden sich nach kurzer Zeit in den Gewässern der Grube ein. *Geburtshelferkröten* können sich tagsüber in Lücken

3 Bewohner einer ehemaligen Kiesgrube. **A** Uferschwalbe; **B** Flussregenpfeifer; **C** Geburtshelferkröte

Lebensräume

und Spalten der besonnten Hänge zurückziehen. Die wärmeliebenden *Gelbbauchunken* finden in den flachen, besonnten Tümpeln neuen Lebensraum. Auch *Wechselkröten* laichen in den flachen Tümpeln und finden nachts auf den noch warmen Böden reichlich Nahrung.

Biber und *Fischotter* sind in Deutschland selten geworden. Sie gehören zu den vom Aussterben bedrohten Tierarten. Welches sind die Gründe?

Biber sind Nagetiere und bevorzugen stehende oder langsam fließende Gewässer wie Seen oder Nebenarme von Flüssen, die von lichten Laubwäldern umgeben sind. Die Gewässer müssen eine Wassertiefe von mindestens 60 cm haben, denn die Zugänge zur Wasserburg müssen unter Wasser, der Wohnkessel über Wasser liegen.

Anfang 1900 war der Biber in Deutschland fast ausgerottet. Er wurde vor allem wegen seines kostbaren Fells gejagt. Auch seinen Lebensraum zerstörte der Mensch, indem Flüsse begradigt, Sümpfe trocken gelegt und gewässernahe Laubwälder gerodet wurden. Seit einigen Jahrzehnten gibt es Versuche, den Biber vor dem Aussterben zu retten. So wurde das Tier unter Schutz gestellt und darf nicht mehr gejagt werden. Außerdem setzte man Biber in naturnahen Flusslandschaften aus und hatte damit Erfolg. Ihre Zahl stieg in Deutschland bis zum Jahr 2000 auf über 4000 Tiere an. Sie leben heute z. B. an der Donau, Isar, Havel und Elbe.

Fischotter leben in fischreichen sauberen, langsam fließenden Flüssen oder in Seen. Deshalb

4 Natürlicher Lebensraum für Biber und Fischotter

wurden sie in der Vergangenheit von Fischern und Teichbesitzern verfolgt.
Zusätzlich wurde ihr Lebensraum durch Gewässerverschmutzung und Flussbegradigungen verändert. Heute findet man dieses Raubtier nur noch in naturnahen Flusslandschaften. Einige davon stehen unter Schutz, um so den Otter vor dem Aussterben zu retten.

1. **a)** Erkunde, ob es in deiner Umgebung aufgelassene Kiesgruben, Steinbrüche oder stillgelegte Fabrikgelände gibt.
b) Stelle fest, wie lange das Gelände schon brachliegt, und welche Pflanzen und Tiere sich inzwischen angesiedelt haben. (Achtung: Genehmigung des Eigentümers einholen!)
2. Eine Pflanzenart oder eine Tierart allein unter Schutz zu stellen, genügt nicht, um ihr Überleben zu sichern. Nenne Gründe.

5 Biber in ihrem Lebensraum

6 Biber

1 In einem Landschaftsschutzgebiet. **A** Moor; **B** Hinweisschild auf ein Landschaftsschutzgebiet

7 Natur- und Landschaftsschutz – eine Aufgabe für uns alle!

Bei einem Ausflug zum Moor entdecken wir ein Schild mit der Aufschrift „Landschaftsschutzgebiet". Es weist darauf hin, dass es sich hier um eine besondere und daher erhaltenswerte Landschaft handelt. In dieser sind alle Maßnahmen untersagt, die das Landschaftsbild verändern. Daher dürfen wir auch nur auf befestigten Wegen, auf Stegen und Bohlen den sumpfigen Lebensraum betreten.

Ein Führer durch das Gebiet zeigt uns *Torfmoose*, wie sie Wasser speichern, tierfangende Pflanzen wie den *Sonnentau* und das typische *Wollgras*. *Libellen* jagen durch die Luft, und ein *Moorfrosch* hüpft in eine mit Wasser gefüllte Senke. Wir erfahren, dass in diesem Gebiet im Frühjahr und Herbst *Kraniche* rasten und *Bekassinen* zwischen Moorgräsern ihre Nester anlegen.

Zu Schutz bedrohter Pflanzen oder Tiere hat es wenig Zweck, einzelne Arten vor dem Aussterben zu schützen. Wenn zum Beispiel ein Feuchtgebiet wie ein Moor entwässert wird, zerstört man die Lebensgrundlagen der dort vorkommenden Lebewesen. Daher gibt es Bestimmungen, die solche Lebensräume vor Zerstörung schützen, die **Naturschutzgesetze.**

Ihre Bestimmungen enthalten Tier- und Pflanzenarten, die besonders geschützt sind. Diese Pflanzen zum Beispiel dürfen weder gepflückt noch ausgegraben werden. Die geschützten Tiere darf man weder mutwillig beunruhigen noch jagen, fangen oder töten. Wer dagegen verstößt, kann bestraft werden. Naturschutzbehörden und Mitglieder von Naturschutzorganisationen überwachen die Einhaltung des Naturschutzes. Auch du kannst Mitglied in einem Naturschutzverein werden und dich für die Erhaltung der Natur einsetzen.

Will man kleinere Gebiete wegen der dort lebenden seltenen Tier- oder Pflanzenarten oder wegen ihrer einzigartigen landschaftlichen Seltenheit schützen, erklärt man sie zum **Naturschutzgebiet.** Dort sind alle Eingriffe verboten, die zu einer Veränderung oder Störung des Gebietes führen können.

Weniger strenge Regelungen gelten für **Landschaftsschutzgebiete**. Dort will man die landschaftliche Eigenart – zum Beispiel eine Heidelandschaft – mit den dort vorkommenden Pflanzen und Tieren erhalten.

Großräumige Naturlandschaften wie das Wattenmeer oder der Bayerische Wald hat man zu **Nationalparks** erklärt. Sie sollen in ihrem ursprünglichen, vom Menschen weitgehend unbeeinflussten Zustand erhalten bleiben. Zur Überwachung der Bestimmungen werden dort Nationalparkwächter eingesetzt.

1. a) Informiere dich über Landschaftsschutzgebiete oder Naturschutzgebiete, die es in deiner Umgebung gibt. Wende dich dazu zum Beispiel an die Naturschutzbeauftragten deines Kreises, der Region oder der Kommune.
b) Stelle fest, welche besonderen Gründe zur Ausweisung dieses Gebietes als Schutzgebiet maßgeblich waren.
c) Zeichne die Schutzgebiete in eine Skizze (Kreiskarte oder selbst gefertigte Umgebungsskizze) ein, nummeriere und schreibe stichwortartig Begründungen aus b) dazu.

2. a) Liste die 14 in Deutschland ausgewiesenen Nationalparks auf.
b) Informiere dich, zum Beispiel im Internet, über einen bestimmten Nationalpark (Lage, Ausdehnung, Besonderheit, die zu seiner Einrichtung führte) und berichte darüber.

2 Nationalparks in Deutschland

Lebensräume

Lebensräume

A1 An den Blättern kannst du Laubbäume gut erkennen. Welche Baumarten gehören zu den Blättern?

A2 Warum stehen Hecken und Gehölze in unserer Landschaft unter besonderem Schutz?

A3 a) Worin unterscheiden sich Nahrungskette und Nahrungsnetz?
b) Bringe die Glieder der Nahrungskette in einer Hecke in die richtige Reihenfolge und erläutere diese.

A4 a) Benenne die mit Buchstaben bezeichneten Abschnitte des Waldes.

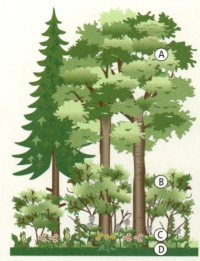

b) Fertige eine Tabelle an, in der du Pflanzen und Tiere einträgst, die in den einzelnen Schichten eines Laubwaldes vorkommen.

A5 Bringe die abgebildeten Wuchsformen des Scharbockskrautes in die richtige Reihenfolge im Jahreslauf.

A6 Wie gelingt es dem Scharbockskraut, sich im dichten, dunklen Laubwald sich zu entwickeln?
a) Seine Blätter brauchen kein Licht.
b) Es wächst zunächst mit den Nährstoffen aus der Speicherknolle.
c) Es vermehrt sich ungeschlechtlich.
d) Es nutzt das Licht, solange die Bäume noch unbelaubt sind.

A7 Benenne die beiden Zonen des abgebildeten Teiches und ordne ihnen Tiere und Pflanzen zu, die in den Zonen leben.

A8 Wie können Fische in zugefrorenen Teichen den Winter überstehen? Erkläre.

A9 Bei längeren Hitzeperioden sterben in flachen Gewässern oft viele Fische. Woran liegt das?

A10 Warum nützt es nichts, nur die einzelne Art zu schützen, wenn ihr Überleben gesichert werden soll?

A11 Was bedeutet das unten abgebildete Schild? Wie muss ich mich in einem solchen Gebiet verhalten?

Lebensräume

Wälder und Hecken

- Es gibt verschiedene Lebensräume wie Wiesen, Bäche, Flüsse, Teiche, Seen, Hecken, Laubwälder, Nadelwälder, Parks, Mauern, Weinberge.
- Lebensräume zeichnen sich durch bestimmte Umweltverhältnisse wie Bodeneigenschaften, Licht, Temperatur und Feuchtigkeit aus. Sie zeigen typische Pflanzen und Tierarten.
- Wälder sind artenreiche Lebensräume mit stockwerkartigem Aufbau aus Boden-, Kraut-, Strauch- und Baumschicht.

- Hecken sind wichtige Lebensräume. Sie bieten Tieren Unterschlupf, Nahrung, Wohnraum und Winterquartier.
- Nahrungsketten sind die einfachsten Beziehungen zwischen Lebewesen. Sie bestehen aus mehreren Gliedern.
- Mehrere miteinander verknüpfte Nahrungsketten bezeichnet man als Nahrungsnetz.
- Am Anfang einer Nahrungskette stehen grüne Pflanzen.
- Das erste Glied einer Nahrungskette sind die Pflanzenfresser.

Gewässer

- Man unterscheidet stehende und fließende Gewässer.
- Gewässer können natürlich entstanden oder künstlich angelegt sein.
- Natürlich entstanden sind z. B. Bäche, Flüsse, Tümpel und Seen.
- Künstlich angelegt sind Gräben, Kanäle, Weiher und Teiche.
- Abiotische Faktoren sind „unbelebte" Umweltbedingungen wie Temperatur, Niederschläge, Strömungsgeschwindigkeit, Beschaffenheit des Untergrundes.
- Biotische Faktoren sind Einflüsse, die von Lebewesen herrühren, z. B. Pflanzenbewuchs, Räuber oder Nahrungskonkurrenz.
- Bei der Untersuchung von Gewässern betrachtet man abiotische und biotische Faktoren.
- Abiotische und biotische Faktoren entscheiden über die Gewässergüte. Man unterscheidet 4 Gewässergüteklassen von I „unbelastet" bis IV „übermäßig verschmutzt".
- Gewässerzonen unterscheiden sich durch verschiedene biotische und abiotische Faktoren.

Gefährdung und Schutz von Lebensräumen

- Der Mensch verändert oder vernichtet z. B. durch Trockenlegung von Feuchtgebieten oder durch Tagebau Lebensräume.
- Durch Veränderung von Lebensräumen werden die in ihnen lebenden Pflanzen- und Tierarten gefährdet oder vernichtet.
- Menschen schaffen für gefährdete Tier- und Pflanzenarten Ersatzlebensräume.
- Viele Pflanzen stehen unter Naturschutz. Man darf sie weder pflücken noch ausgraben.
- Zur Erhaltung von Pflanzen und Tieren, die in ihrem Bestand bedroht sind, werden Lebensräume geschützt.
- Naturnahe Landschaften schützt der Mensch in Gestalt von Naturschutzgebieten, Landschaftsschutzgebieten und Nationalparks.

Überleben in harten Zeiten

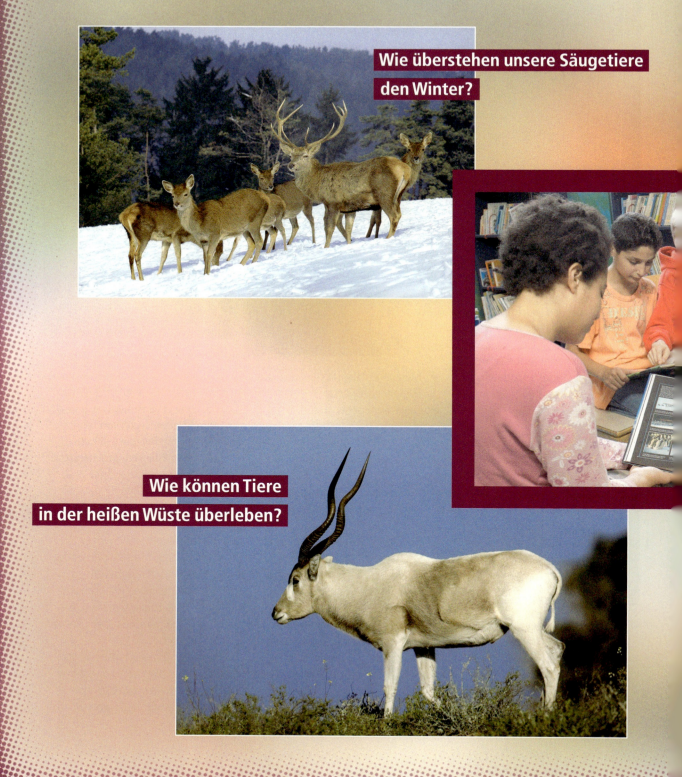

Wie überstehen unsere Säugetiere den Winter?

Wie können Tiere in der heißen Wüste überleben?

Welche Flugleistungen vollbringen unsere Zugvögel?

Warum frieren Eisbären nicht?

1 **Haarwechsel.** **A** Sommerfell; **B** Fuchs im Sommerfell; **C** Winterfell; **D** Fuchs im Winterfell

1 Säugetiere im Winter

Der Winter ist für viele einheimische Säugetiere eine schwere Zeit. Sie finden wenig Nahrung und leiden unter der *Kälte*. Säugetiere sind jedoch in unterschiedlicher Weise dem jahreszeitlichen Wechsel angepasst.

Im Herbst verändert sich zum Beispiel das Fell von Füchsen. Es wachsen viele, eng beieinanderstehende Wollhaare, die den Fuchs vor Wärmeverlust schützen. Dieses *Winterfell* tritt an die Stelle des *Sommerfells.* Das dichte Winterhaar isoliert so hervorragend, dass sogar Schnee auf dem Winterfell nicht schmilzt.

Die Fell tragenden Säugetiere in gemäßigten und polaren Zonen machen einen solchen *Haarwechsel* durch. Bei manchen Tieren, wie dem *Polarfuchs* ist das Fell im Winter sogar anders gefärbt als im Sommer. Während das Sommerfell braunbeige gefärbt ist, haben die meisten Polarfüchse im Winter ein weißes Fell.

Viele Säugetiere sorgen für die nahrungsarme Zeit im Winter vor. Sie fressen sich zum Herbst eine *Nahrungsreserve* in Form eines Fettpolsters an. Davon zehren sie in den Wintermonaten. Nach Möglichkeit bewegen sie sich auch nur wenig und sparen dadurch Energie. Die Tiere leben auf „Sparflamme".

Für den Fuchs bedeutet der Winter gewöhnlich keine Notzeit. Er erbeutet schwache und kranke Tiere. Bei starker und anhaltender Kälte zieht er sich in seinen Fuchsbau zurück. Tiere, die wie Rehe, Hirsche und Füchse den ganzen Winter über aktiv sind, nennt man **winteraktive Tiere.** Auch der *Maulwurf* ist den Winter über aktiv. Wenn der Boden gefriert, verlegt er seine Gänge in tiefere Bodenschichten. Dort steht ihm in der Regel ausreichend Nahrung zur Verfügung.

Das *Eichhörnchen* legt sich rechtzeitig Nahrungsvorräte an. In zahlreichen Verstecken vergräbt es Nüsse, Eicheln, Bucheckern und Zapfen von Fichten und Kiefern. Einen Teil versteckt es auch in alten Nestern und in Astlöchern. Das Anlegen dieser Vorräte ist den Tieren angeboren, sie brauchen es also nicht zu lernen. Den Winter verbringt das Eichhörnchen in seinem warm ausgepolsterten, kugelförmigen Nest, dem Kobel. Dieser liegt hoch oben im Astquirl eines Baumes. Dort hält es einen Ruheschlaf. Von Zeit zu Zeit verlässt das Eichhörnchen seine Behausung, um Kot und Urin auszuscheiden und Nahrung aufzunehmen. Die Verstecke findet es sogar unter einer dichten Schneedecke wieder. Diese Art, den Winter zu überstehen, bezeichnet man als **Winterruhe.**

Einige Tiere wie Fledermäuse und Igel triffst du den ganzen Winter über nicht an. Der *Igel* zum Beispiel sucht sich im Herbst unter einem Laub- oder Reisighaufen ein geeignetes Winterquartier. Dort rollt er sich fest zusammen und

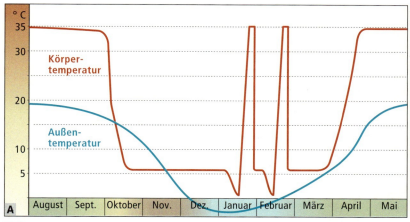

2 Der Igel – ein Winterschläfer. **A** Temperaturvergeich; **B** zusammengerollt

verfällt in einen tiefen **Winterschlaf.** Die Körpertemperatur sinkt in dieser Zeit von +37°C auf etwa +5 °C ab. Er atmet nur noch fünf- bis achtmal in der Minute und das Herz schlägt nur alle drei Sekunden. Alle Lebensvorgänge sind herabgesetzt. Als Nahrungsreserve dient dem Igel das im Körper gespeicherte Fett. Wenn bei ihm jedoch eine bestimmte Körpertemperatur unterschritten wird und er zu erfrieren droht, erwacht er. Atmung, Herztätigkeit und Körpertemperatur erreichen dann für kurze Zeit wieder die normalen Werte. Da dies viel Energie kostet, darf es nicht häufig geschehen.

Siebenschläfer, kleine Nagetiere in Laubwäldern, Parks und Obstgärten, sind ausgesprochene Langschläfer. In einem geschützten Versteck schlafen sie zusammengerollt von Ende September bis in den folgenden Mai. In der restlichen Zeit des Jahres fressen sie sich einen Fettvorrat an. Sie verzehren Eicheln, Kastanien oder auch Früchte aus Obstgärten. Im Herbst bevorzugen sie zum Anfressen des Winterspecks besonders fettreiche Nahrung.

Fledermäuse überwintern in frostgeschützten Felsspalten, Höhlen und hohlen Bäumen. Oft müssen sie Hunderte von Kilometern fliegen, bis sie ihr Ziel erreicht haben. Dort hängen sie dann kopfüber dicht aneinander gedrängt und halten Winterschlaf.

1. Der Haarwechsel ist für viele felltragende Tiere lebensnotwendig. Erläutere.
2. Stelle die unterschiedlichen Arten der Überwinterung von winteraktiven Tieren, Winterruhern und Winterschläfern in einer Tabelle zusammen.
3. Beschreibe die Kurve in Abbildung 2. Was mag bei den Zacken in der roten Kurve passiert sein?
4. Informiere dich über weitere Winterruher und -schläfer. Gestalte dazu ein Plakat (siehe Methode „Ein Informationsplakat erstellen").
5. Winterschläfer dürfen im Winter nicht gestört werden. Begründe.

3 Siebenschläfer im Winterschlaf

4 Fledermäuse im Winterschlaf

Gleichwarme Wirbeltiere im Winter

Feldhamster

Den Sommer über geht der Hamster in der Dämmerung und nachts in Getreidefeldern und anderen Kulturen auf Nahrungssuche. Dabei sammelt er in seinen Backentaschen Vorräte und bringt diese in seine Vorratskammer in seinem unterirdischen Bau. Zum Herbst hin zieht er sich in seinen Erdbau zurück. Sein mit weichem Pflanzenmaterial ausgepolstertes Nest liegt bis zu 2 Meter tief im Erdboden. Er verschließt die nach außen führenden Röhren mit Pflanzenteilen und Erde und fällt dann in einen Winterschlaf. Dabei sinkt seine Körpertemperatur bis auf wenige Grade über 0 °C ab. Ab und zu wacht er auf und zehrt dann von seinen „gehamsterten" Vorräten.

Schneemaus

Diese hell gefärbten Wühlmäuse kommen in den Alpen von etwa 1000 m bis zur Schneegrenze vor. Sie bleiben den ganzen Winter über unter der Schneedecke aktiv. Da sie während dieser Zeit viel Energie benötigen, um ihre Körperwärme aufrecht zu erhalten, müssen sie viel Pflanzennahrung zu sich nehmen. Sie legen sich auch unterirdische Gangsysteme an, um auf diese Weise nicht nur Würmer und Insekten zu erlangen, sondern sich dort auch vor Kälte zu schützen.

Alpen-Murmeltier

Murmeltiere leben in den höheren Lagen der Alpen. Es sind Nagetiere, die sich von Pflanzen ernähren. Während des kurzen Sommers fressen sie sich für den Winter einen Fettvorrat an. Bis zum Herbstbeginn haben sie sich bereits einen wärmenden Pelz zugelegt. Dann sind sie auch nicht mehr besonders aktiv, um so Energie für den Winter zu sparen. Sie ziehen sich in ihre Winterbaue zurück und verschließen diese mit Moos und Pflanzenresten. In solchen Erdhöhlen kommen oft ganze Familienverbände zusammen. Die einzelnen Tiere schmiegen sich eng aneinander und verfallen in einen tiefen Winterschlaf, der bis zu 10 Monate dauern kann. Während dieser Zeit sind Atmung und Herztätigkeit herabgesetzt. Statt bisher 36 °C Körperwärme beträgt diese jetzt nur noch etwa 30 °C. In dieser Zeit zehrt der Körper von dem Fettvorrat. Ab und zu wachen die Tiere während des Winterschlafs auf.

Polarfuchs (Eisfuchs)

Der Polarfuchs lebt nördlich der Baumgrenze im gesamten Nordpolargebiet. Auf einen kurzen Sommer folgt dort ein kalter Winter mit Eis und Schnee und Temperaturen von –50 °C und kälter. Vor Wärmeverlust schützen ihn ein dichter, weicher Pelz, kurze Beine, kleine Ohren und ein buschiger Schwanz. Selbst die Pfoten sind behaart. Das weiße Fell dient ihm im Winter als Tarntracht. – Er frisst alles, was nahrhaft ist: Mäuse, Vögel, ans Ufer geschwemmte Kadaver von Robben und Fischen, sogar die fettreichen Ausscheidungen von Eisbären. Überschüssige Nahrung vergräbt er für Notzeiten und markiert sie mit Urin. So findet er sie auch unter einer dichten Schneedecke wieder.

Wechselwarme Tiere im Winter

Gleichwarme Wirbeltiere wie Vögel und Säugetiere halten ihre Körpertemperatur gleich hoch, so dass sie im Winter über der Außentemperatur und im Sommer unter der Außentemperatur liegt. Bei **wechselwarmen Tieren** wie Eidechsen oder Schnecken, passt sich die Körpertemperatur der Außentemperatur an. Sie haben auch kein Haar- oder Federkleid zum Schutz vor Kälte. Wie überstehen sie die kalte Jahreszeit?

Eidechsen

Eidechsen ziehen sich im Winter in tiefere Erdschichten zurück oder verkriechen sich oft zu mehreren dicht beieinander in Höhlen unter Steinen. Dort sind sie geschützt vor Frost. Sie ruhen bewegungslos und starr in ihrem Versteck. Sie atmen kaum noch und ihr Herz schlägt langsam. Diesen Ruhezustand bezeichnet man als *Winterstarre* oder **Kältestarre.**
Auch viele andere Reptilien wie Blindschleichen oder Ringelnattern und Amphibien wie Kröten ziehen sich in schützende Verstecke zurück und verbringen den Winter in Kältestarre. Manche Frösche und Fische graben sich im Bodenschlamm von Teichen ein.

Zitronenfalter

Zitronenfalter kann man auch mitten im Winter an Zweigen hängend finden. Sie können zur kalten Jahreszeit sogar eine Art Frostschutzmittel bilden, das sie vor dem Erfrieren schützt. Sobald es im Frühjahr wieder wärmer wird, erwacht der Schmetterling aus der Winterstarre.
Die meisten Falterarten jedoch sterben vor Beginn des Winters. Es überleben nur die abgelegten Eier.

Gartenhummel

Hummeln sind wie Honigbienen staatenbildende Insekten. Im Spätherbst sterben die Völker, nur die Jungköniginnen überleben in Bodenverstecken oder Komposthaufen. Im März oder April verlassen sie ihr Winterquartier und suchen einen Nistplatz. Erst wenn sich aus ihren Eiern genügend Arbeiterinnen entwickelt haben, bleibt die Königin nur noch zum Eierlegen im Nest.

Weinbergschnecken

Die Weinbergschnecke verkriecht sich an einen geschützten Ort, zieht sich in ihr Gehäuse zurück und verschließt dieses mit einer Kalkschale. Nach Beendigung der Winterstarre im Frühling stößt sie diesen Verschluss aus Kalk wieder ab.

Regenwürmer

Regenwürmer graben sich im Winter in 40 bis 80 cm Tiefe ein. Zusammengerollt fallen sie in eine Kältestarre. Während eines Winters können sie bis zu 80 % ihre Körpergewichtes verlieren.

1 Schwalben sammeln sich zum Wegzug.

2 Beringung eines Weißstorches

2 Viele Vögel ziehen im Winter fort

Jedes Jahr kannst du von Ende August bis in den September hinein beobachten, wie sich Hunderte von Schwalben auf Leitungsdrähten sammeln. Bald darauf sind sie verschwunden. Rechtzeitig vor Beginn der kalten Jahreszeit suchen sie ihre *Überwinterungsgebiete* im mittleren und südlichen Teil von Afrika auf. Schwalben verbringen also nur den Sommer bei uns. Hier liegen ihre *Brutgebiete*. Es sind **Zugvögel,** die erst im Frühjahr wieder zu uns zurückkehren. Eine solche jährlich wiederkehrende Wanderung heißt **Vogelzug.**

Etwa zwei Drittel unserer einheimischen Vogelarten ziehen im Winter in wärmere Gebiete. Sie entgehen durch die Wanderung dem Nahrungsmangel, der Kälte und dem Schnee. Dafür müssen sie oft Tausende von Kilometern zurücklegen, bis sie ihre Ziele in Südeuropa und Afrika erreicht haben. Viele Arten bilden zur Zugzeit Zuggemeinschaften. Schwalben und Stare zum Beispiel verlassen ihr Brutgebiet im *Schwarm*. Kraniche dagegen ordnen sich bei ihrem Flug zu einem *Keil*. Enten fliegen in einer Reihe hintereinander. Der Kuckuck dagegen verlässt sein Brutgebiet allein.

Woher aber wissen wir, auf welchen Wegen die Zugvögel ziehen, wie lange die Reise in die Überwinterungsgebiete dauert und wo diese liegen?

Eine wichtige Methode zur Erforschung des Vogelzuges ist die **Beringung.** Dabei wird jedem Vogel ein Aluminiumring mit einer Nummer und Adresse der Vogelwarte um den Fuß gelegt. Durch Auswertung von Wiederfunden ist es möglich, Zugkarten verschiedener Vogelarten zu zeichnen. Neben der Beringung hat die **Radarbeobachtung** an Bedeutung gewonnen. Dabei wird zum Beispiel ein Storch gefangen, mit einem leichten Sender versehen und danach wieder freigelassen. Die vom Sender aufgefangenen Funksignale geben den jeweiligen Standort des Vogels wieder.

Störche gelangen auf unterschiedlichen Wegen nach Afrika: Westlich der Elbe lebende Störche fliegen über Spanien, östlich davon lebende Störche wählen die Route über Griechenland und die Türkei. Sie meiden lange Wege über das Meer, denn sie brauchen warme Aufwinde zum Segeln. Das spart Kraft. Zur Zugzeit kann man Tausende dieser Großvögel sehen, wie sie die Meerengen bei Gibraltar und am Bosporus überqueren. Erst gegen Ende des Jahres erreichen sie ihre Überwinterungsgebiete.

Wie aber finden sich Zugvögel über Tausende von Kilometern zurecht? Tagzieher richten sich nach dem Sonnenstand, nach Gebirgen, Tälern, Flüssen und Küsten. Nachtzieher nutzen den Stand der Sterne zur **Orientierung.** Viele

Arten nehmen offenbar das schwache Magnetfeld der Erde wahr, das ihnen als Kompass dient. Vermutlich ist die Wahl der Zugwege zu den Überwinterungs- und Brutgebieten angeboren.

Es gibt aber auch viele Vögel, die im Herbst nicht solch lange Reisen unternehmen. Einige dieser Arten ziehen nur zum Teil aus ihrem sommerlichen Verbreitungsgebiet ab und weichen in Regionen mit milderem Klima aus. Zu diesen *Teilziehern* oder **Strichvögeln** gehören Arten wie Star, Rotkehlchen, Buchfink und Erlenzeisig. Durch ein milderes Klima in den letzten Jahrzehnten bedingt bleiben immer mehr Vogelarten auch im Winter bei uns. Vögel, die ganzjährig bei uns bleiben, nennt man **Standvögel**.

1. Nenne Gründe, weshalb verschiedene Vogelarten vor Einbruch des Winters ihr Brutgebiet verlassen.
2. Wie kann das Zugverhalten von Zugvögeln erforscht werden? Berichte.
3. Informiere dich über das Zugverhalten des Kuckucks. Zeichne eine Zugkarte des Kuckucks.
4. a) Informiere dich im Bioskop, auf welche Weise Enten, Kraniche und Stare ziehen.
   b) Bei der Flugformation der Kraniche wechseln die einzelnen Tiere immer wieder ihren Platz, sodass jeder mal vorn und mal hinten in der Gruppe fliegt. Welchen Vorteil hat das?
5. Welchen Gefahren sind Zugvögel ausgesetzt?
6. In den vergangenen Jahrzehnten konnte man beobachten, dass immer weniger Vogelarten im Winter wegziehen. Begründe diese Verhaltensänderung.

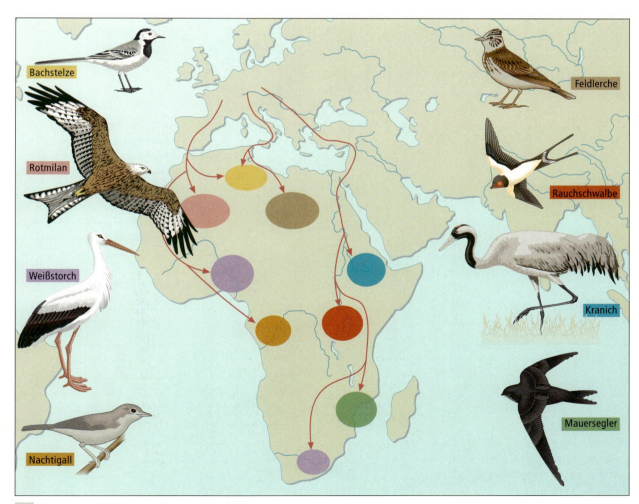

3 Zugwege und Winterquartiere von Zugvögeln

Überleben in harten Zeiten

Zugvögel

Flugordnungen bei Zugvögeln

Kette (Enten, Austernfischer)

Keil (Wildgänse, Kraniche)

Schwarm (Schwalben, Stare)

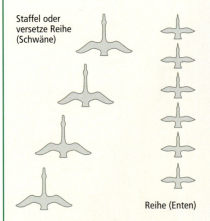
Staffel oder versetze Reihe (Schwäne)

Reihe (Enten)

Vogelzug auch im Internet!

Informationen zum Zug von Vögeln wie Weißstorch und Kranich erhält man u. a. über entsprechende Suchbegriffe im Internet.

Zugverhalten nah verwandter Vogelarten

Der Hausrotschwanz ist ein Kurzstreckenflieger, der Gartenrotschwanz dagegen ein Langstreckenflieger.

Hausrotschwanz

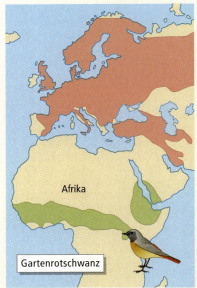
Gartenrotschwanz

- Brutgebiet
- Überwinterungsgebiet
- Brut- und Überwinterungsgebiet

Auf welchen Wegen ziehen Stare und Bachstelzen?

Wie weit fliegen Zugvögel?
(einfache Flugstrecke)

Star	1.400 km
Singdrossel	2.600 km
Zaungrasmücke	6.000 km
Kuckuck	9.000 km
Weißstorch	10.000 km
Rauchschwalbe	10.000 km
Küstenseeschwalbe	20.000 km

Wann kommen Zugvögel in ihr Brutgebiet zurück?

	Febr.	März	April
Star	■		
Misteldrossel	■		
Feldlerche	■		
Singdrossel		■	
Hausrotschwanz		■	
Zilpzalp		■	
Rauchschwalbe			■
Kuckuck			■
Mauersegler			■

Überleben in harten Zeiten

Zugrekord: Die Küstenseeschwalbe

Küstenseeschwalben brüten in Kolonien an den Küsten Nordeuropas. Ihr Überwinterungsgebiet liegt an der Antarktis. Sie legen also jedes Jahr etwa 35 000 bis 40 000 km zurück. Das ist Rekord! Während ihres Zuges und im Winterquartier leben die Vögel auf der hohen See. In der Antarktis bleiben sie zwei Monate. Während dieser Zeit geht die Sonne nicht unter. Auch im Brutgebiet ist es für sie die meiste Zeit über hell. Küstenseeschwalben erleben mindestens acht Monate im Jahr Helligkeit. Noch ein Rekord!

Küstenseeschwalbe

Pause für Zugvögel

Kraniche ziehen aus Skandinavien und Russland bis zu ihren Überwinterungsgebieten nach Südeuropa und Nordafrika. Auf dem Rückzug zwischen Mitte März und Anfang April legen 5 000 bis 8 000 Kraniche gleichzeitig einen Zwischenstopp an der mecklenburgischen Küste ein. Danach fliegen sie über die Ostsee. Die Vögel fliegen oft viele hundert Kilometer pro Tag und überwinden Entfernungen von insgesamt mehreren tausend Kilometern auf dem Weg in ihre Winterquartiere und zurück.

Am Wattenmeer

Watvögel erholen sich vom Vogelzug

Das Wattenmeer zwischen Dänemark und den Niederlanden ist im Frühjahr und Spätsommer das vogelreichste Gebiet Europas. Über zehn Millionen Vögel suchen dann hier nach Nahrung wie Würmer, Muscheln und Schnecken.
Etwa drei bis vier Millionen Zugvögel machen auf ihrem langen und kräftezehrenden Weg Rast, um zu fressen und sich zu erholen.

Die häufigsten Rastvögel

Vogelarten	Maximalzahl
Alpenstrandläufer	500.000
Knutt	390.000
Eiderente	215.000
Brandgans	200.000
Austernfischer	167.000
Pfeifente	160.000
Pfuhlschnepfe	160.000

Wie zählt man Vögel?

Rastvögel können nur bei Hochwasser gezählt werden. Bei Niedrigwasser sind sie weit verstreut auf den riesigen Wattflächen, um Nahrung zu suchen. Bei Hochwasser rasten sie auf dem nicht überfluteten Land. Sie werden mit Ferngläsern beobachtet und gezählt. Seit 1988 geschieht dies alle zwei Wochen an etwa 50 Orten im Wattenmeer.
Ansammlungen von Vögeln werden dabei – je nach Größe des Gruppe – mit Hilfe eines Handzählers in Zehner-, Hunderter- oder Tausenderschritten gezählt.

Rast der Kraniche

1 Standvögel. **A** Stieglitz; **B** Dompfaff; **C** Kohlmeise

3 Vögel, die im Winter bei uns bleiben

Viele Menschen hängen zu Beginn des Winters Futternetze auf oder füllen Futterhäuschen für Vögel mit Haferflocken, Sonnenblumenkernen und Rosinen. Zu der kalten Jahreszeit sind viele Vogelarten in ihr Winterquartier aufgebrochen. Trotzdem kannst du um das Futterhäuschen noch viele Vögel beobachten. Arten wie Sperlinge, Finken und Amseln finden sich dort ein. Aber auch Spechte oder Krähen sind über das ganze Jahr zu sehen. Solche Vögel nennt man **Standvögel**.

Für die meisten Vögel ist das größte Problem nicht die Winterkälte, sondern dass sie nicht mehr ausreichend Nahrung finden können. Vor Kälte schützt das Gefieder, das aufgeplustert auch bei starkem Frost noch warm hält. Standvögel verbringen den größten Teil des Tages bei der Futtersuche. Für *Stieglitz*, *Dompfaff* und *Grünfink* sind vor allem die Samen der stehen gebliebenen Stauden eine wichtige Nahrungsquelle. Sie leben überwiegend von Körnern, die sie auch während der kalten Jahreszeit finden. Einige insektenfressende Vögel wie der *Zaunkönig* suchen auch im Winter noch unter Falllaub, an Zweigen und unter Rinden nach Insekten. Andere Vögel stellen ihre Nahrung um. So ernähren sich *Amseln* und *Meisen* im Sommer hauptsächlich von Regenwürmern, Insektenlarven und kleinen Schnecken und im Winter von Beeren, Samen und Früchten.

Manche Vögel bleiben zwar im Winter bei uns, ziehen aber auf der Suche nach Nahrung weit umher. Man bezeichnet sie als **Strichvögel**. Dazu zählt der *Fichtenkreuzschnabel*. Seine Schnabelhälften sind gebogen und überkreuzen sich an der Spitze. Damit gelangt er an die Samen noch nicht geöffneter Fichtenzapfen. Diese Nahrung gibt es im Winter so reichlich, dass der Fichtenkreuzschnabel sogar in dieser Zeit brütet.

1. Informiere dich über Strichvögel und Standvögel. Erstelle ein Plakat zum Thema (siehe Methode „Ein Informationsplakat erstellen").
2. Beschreibe das Verhalten der verschiedenen Vogelarten an der Futterstelle.
3. Informiere dich über Vögel, die als Wintergäste bei uns leben. Erstelle einen Steckbrief (siehe Methode „Einen Steckbrief erstellen").

2 Erlenzeisige als Wintergäste

Hilfen für Vögel

Probleme mit Vogelfüttern

Viele Menschen in Deutschland füttern im Winter Vögel. Das ist notwendig, weil die Gärten und Felder im Herbst meist vollständig abgeerntet werden. Viele Vögel finden dann nur noch wenig Nahrung. Zudem wachsen in den menschlichen Wohngebieten nicht sehr viele Pflanzen, deren Samen Vögel im Winter fressen können. Bei der Fütterung von Vögeln im Winter müssen einige Regeln unbedingt befolgt werden, damit die Tiere keinen Schaden nehmen:

1. Man soll nicht einfach einen Haufen Vogelfutter auf den Erdboden schütten. Die Vögel fressen dieses Futter und geben dabei manchmal auch Kot darauf ab. So können sich Krankheitserreger ausbreiten. Wenn Vögel dieses verschmutzte Futter fressen, können sie sich anstecken.
2. Auf dem Erdboden liegendes Futter veranlasst Vögel, aus ihrer Deckung in Büschen herauszukommen. So können sie leicht die Beute von Fressfeinden wie etwa Hauskatzen werden.
3. Ein Futterhäuschen, insbesondere dessen Boden, sollte man regelmäßig säubern, um die Verbreitung von Krankheitserregern zu vermeiden.
4. Menschliche Essensabfälle soll man nicht verfüttern. Da sie oft gewürzt und gesalzen sind, eignen sie sich nicht als Vogelfutter.

Aufgabe: Lies den Text. Diskutiert in der Klasse über die richtige Art der Winterfütterung.

V1 Herstellen eines Fettfuttergemisches

Material: 400 g ausgelassener Rindertalg; 100 g Sonnenblumenkerne; 50 g Beeren, z. B. Korinthen, Vogelbeeren; 100 g Schrot von Haselnüssen, Weizenkleie oder Haferflocken; Topf; Rührlöffel; Waage

Durchführung: Erhitze den Talg, bis er flüssig wird. Rühre die Zutaten unter das Fett.

Aufgaben:
a) Für welche Vogelarten ist das Futtergemisch gut geeignet?
b) Bei welchen Witterungsbedingungen sollte man die Vögel füttern? Begründe deine Meinung.

V2 Herstellen eines Futternetzes

Material: Fettfuttergemisch (siehe V1); kleine Kunststoffnetze; Löffel; Bindfaden; Schere

Durchführung: Knete das noch nicht erkaltete Fettfuttergemisch zu kleinen, in die Netze passenden Ballen. Gib die Ballen in die Netze und schnüre diese zu. Hänge die Netze vor Katzen sicher an Sträuchern und Bäumen auf.

Aufgabe: Notiere, welche Vogelarten die Netze aufsuchen.

V3 Herstellen und Anbringen von Futterglocken

Material: Kleine Blumentöpfe aus Ton; Holzstäbe; Bindfaden; Schere; Reißzwecken; Futtergemisch

Durchführung: Stecke einen Holzstab durch das Loch im Blumentopf. Sichere den Stab vor dem Herausrutschen durch zwei Reißzwecken. Fülle dann das noch nicht erkaltete Futtergemisch ein. Hänge die Futterglocke nach dem Erkalten so an Bäumen oder Sträuchern auf, dass Katzen nicht herankommen.

Aufgabe:
a) Welche Vorteile haben Futterglocken gegenüber Futterhäuschen? Beschreibe.
b) Nenne weitere Möglichkeiten, Vögel zu füttern.

1 Tiere in der Sandwüste. **A** Dromedare; **B** Wüstenfuchs

4 Leben in extremen Lebensräumen

4.1 Leben in der Wüste

In Sand-, Fels- und Steinwüsten herrschen außergewöhnliche Lebensbedingungen. Mittagstemperaturen mit 50 °C wechseln mit nächtlicher Kälte nahe dem Gefrierpunkt ab. Oft regnet es jahrelang nicht. Wasserstellen sucht man meist vergebens. Kein Baum und kein Strauch spenden Schatten. Heiße Sandstürme scheinen alles Leben zu ersticken. Und doch kommen dort Pflanzen und Tiere vor, die unter diesen extremen Bedingungen leben können.

Der kleine **Wüstenfuchs** zum Beispiel ist diesem Lebensraum angepasst. Tagsüber zieht er sich vor der glühenden Hitze in seinen Erdbau zurück. Dort herrschen etwa gleich bleibende Temperaturen von ungefähr 30 °C. Sein gelbbraunes Fell schützt ihn sowohl vor Wärme als auch vor Kälte. Der Wüstenfuchs besitzt keine Schweißdrüsen und verliert daher auch kaum Wasser. Abkühlung geschieht durch Hecheln über die Zunge. Zumeist geht er nachts auf Jagd nach Kleinlebewesen. Da zum Beispiel die kleinen Wüstennager zu zwei Dritteln aus Wasser bestehen, genügt in der Regel die Flüssigkeit, die er mit der Nahrung aufnimmt.

Wie aber trotzt das *einhöckerige Kamel* oder **Dromedar,** das in den Wüstengebieten Nordafrikas beheimatet ist, der lebensfeindlichen Umwelt? Tagsüber schützt das dichte, zottige Fell den Körper vor den heißen Sonnenstrahlen, nachts dagegen hält es die Körperwärme zurück.

Lange Augenwimpern verhindern, dass Staub und Flugsand in die Augen gelangt. Die Ohrmuscheln sind nur klein und dicht behaart. Die schlitzförmigen Nasenöffnungen kann das Dromedar bei Sandstürmen schließen, so dass kein Sand in die Luftwege gelangt. Die beiden Zehen der tellerförmigen Füße spreizen sich beim Laufen. Deshalb sinkt das Tier nicht tief den Boden ein. Vor Verletzungen und dem bis zu 70 °C heißen Wüstenboden schützen dicke Hornschwielen. Sie befinden sich an der Brust, den Ellenbogen, den Knien und an den Füßen. Die klappmesserartig eingezogenen Beine halten beim Sitzen auch die Bodenhitze von der Bauchhöhle fern.

Das Dromedar ist auf pflanzliche Nahrung angewiesen. In der pflanzenarmen Landschaft genügen ihm für längere Zeit notfalls dorniges Gestrüpp und Salzpflanzen. Seine Oberlippe ist gespalten und kann auseinander- und zurückgezogen werden. So gelingt es ihm, mit seinen kräftigen, schaufelförmigen Schneidezähnen im Unterkiefer dornige Zweige zu erfassen, so dass es diese abbeißen und anschließend im Maul zermalmen kann, ohne sich dabei zu verletzen.

Trotz der großen Hitze kommt das Dromedar bis zu zwei Wochen ohne Trinkwasser aus. Ein Mensch hätte unter diesen Bedingungen enorm geschwitzt und wäre schon nach zwei Tagen verdurstet. Wie gelingt dem Tier aber diese Leistung? Die Körpertemperatur des Dromedars kann im Verlauf eines Tages zwischen 34 °C und 42 °C schwanken. Hat es gerade ausgiebig getrunken, schützt es seinen Körper vor Überhitzung, indem es wie der Mensch schwitzt. Dadurch bleibt die Wärme des Blutes bei etwa 34 °C bis 37 °C. Bei extremen Außentemperaturen dagegen muss das Tier an Körperflüssigkeit sparen. Es kann dann die Körpertemperatur auf 42 °C steigen lassen und beginnt erst dann zu schwitzen. Auf diese Weise geht das Dromedar mit Wasser sehr sparsam um und verliert nicht so viel Wasser am Tag. Bei anderen Säugetieren würde die Überhitzung des Blutes die Zellen im Gehirn zerstören. Das Dromedar jedoch besitzt in seiner Nase eine Art Klimaanlage. An den wie ein Labyrinth gebauten Gängen entziehen die Nasenschleimhäute der ausgeatmeten Luft das Wasser und kühlen damit das Gehirn.

Auch mit der Ausscheidung geht das Dromedar sparsam um. Wir Menschen verlieren viel Flüssigkeit, wenn wir Urin ausscheiden. Ein besonderer Bau der Nieren beim Dromedar dagegen ermöglicht es, dass viel Wasser aus dem Urin zurückgewonnen und dem Körper wieder zugeführt wird. Zusätzlich gibt es im Enddarm spezialisierte Zellen, die dem Kot den letzten Tropfen Feuchtigkeit entziehen und diese in den Organismus zurückführen. Wenn es an Wasser mangelt, kann das Dromedar sogar Wasser selbst bilden. Dafür dient ihm der Höcker auf dem Rücken, in dem Fett gespeichert ist. Beim Abbau des Fettes entstehen bis zu 40 l Wasser. Mit seinen scharfen Sinnen wittert das Dromedar Wasserstellen schon kilometerweit. Dort angelangt, kann es innerhalb weniger Minuten bis zu 130 l trinken. Sein Magen ist in der Lage, in zahlreichen großen Speicherzellen das Wasser zu lagern und bei Bedarf abzugeben.

1. Fertige eine Mindmap zum Thema „Wüste" an. Tragt zuvor gemeinsam alles zusammen, was ihr über das Thema wisst.
2. Nenne Anpassungserscheinungen des Dromedars an das Leben in der Wüste.
   a) Wozu braucht das Dromedar auch in der Wüste ein wärmendes Fell?
   b) Das Dromedar kann seine Körperfunktionen beeinflussen, um Wasser zu sparen. Beschreibe seine Möglichkeiten.
   c) Notfalls macht das Dromedar sein Trinkwasser selbst. Stimmt das? Begründe deine Antwort.
3. Warum nannten die Bewohner der Wüste ihre Dromedare „Wüstenschiffe"?
   Erkunde die Bedeutung der Tiere für Menschen, die in den Wüsten lebten.

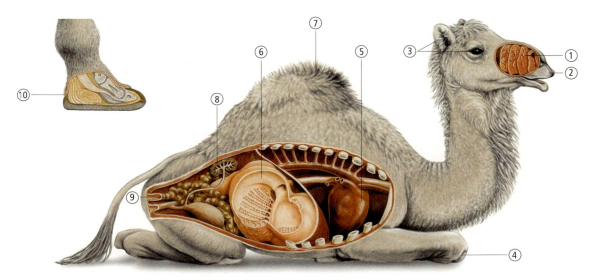

2 Dromedar – angepasst an extreme Hitze und Dürre. ① Nase; ② Oberlippe; ③ Augen und Ohren; ④ Knie; ⑤ Kreislauf; ⑥ Magensystem; ⑦ Höcker; ⑧ Nieren; ⑨ Enddarm; ⑩ Fuß

Überleben in harten Zeiten

1 Eisbären

2 Haar des Eisbären (EM-Aufnahme)

4.2 Leben unter dem Gefrierpunkt

Am Nordpol in der Arktis herrschen ein halbes Jahr lang Dunkelheit, strenger Frost und eisige Schneestürme. Erst im Frühjahr schmelzen die Ränder des vereisten Polarmeeres und riesige Eisblöcke treiben auf dem Wasser.

Hier hält sich der **Eisbär** vorwiegend an Eisrändern und auch auf Treibeis auf. Wenn eine Robbe an einem Eisloch auftaucht, um Luft zu holen, schlägt er mit seinen kräftigen Pranken zu und tötet sie. Mit diesem Fleischvorrat muss er sich für längere Zeit während des langen und kalten Polarwinters „mästen".

Vor der Kälte schützt die Bären ein dichtes Fell mit erstaunlichen Eigenschaften: Die weiß aussehenden dichten Haare sind wie durchsichtige Glasröhren gebaut. Diese Glashaare bündeln das Sonnenlicht und das oft spärliche Winterlicht und leiten es auf den „bäreneigenen Wärmespeicher". Das ist die schwarze Haut, die besonders viel Wärme aufnimmt. Eine bis zu vier Zentimeter dicke und bis zu 100 kg schwere Fettschicht unter der Haut schafft darüber hinaus eine gute Wärmedämmun für den Körper. Von der Fettschicht zehren die Eisbären in den Wintermonaten. Dann ziehen sie sich manchmal auch in selbst gegrabene Schneehöhlen zurück.

Am Rande der Arktis erstreckt sich die weitgehend baumlose Tundra. Lange, kalte und schneereiche Winter bestimmen alles Leben. Hier kommen z. B. **Moschusochsen** in kleinen Herden vor. Ein dichtes Fell wirkt wie eine Isolierschicht und schützt sie vor extremer Kälte. Dann rücken die Tiere eng aneinander, um so den Wärmeverlust zu verringern. Rund ein Dutzend Ochsen bilden einen Kreis, die gesenkten Köpfe nach innen gerichtet. Die Jungtiere nehmen sie dabei in die Mitte. Auf diese Weise schützen sie ihre empfindlichen Sinnesorgane gegen die Kälte.

3 Moschusochsen

4 Weddellrobbe

5 Pinguinkolonie (Kaiserpinguine)

Ein Leben von Säugetieren, die fast das ganze Jahr über unter einer Eisdecke leben, können wir uns kaum vorstellen. Und doch gibt es dies in der Antarktis: **Weddellrobben.** Sie jagen unter der Eisdecke nach Fischen. Zum Luftholen kommen sie an Atemlöcher, die sie mit ihren vorstehenden Zähnen in das Eis gesägt haben. Ein dickes Fettpolster unter der Haut hält den Körper warm.

In der Antarktis leben die **Kaiserpinguine.** Dieses Gebiet rund um den Südpol mit Temperaturen von –50 °C im Winter und eisigen Schneestürmen ist lebensfeindlich. Selbst im Sommer wird es meist nicht wärmer als –10 °C. Im Mai – also zu Beginn des harten Winters – wandern die Pinguine über das Eis und suchen ihre Brutplätze auf. In Kolonien mit bis zu 20 000 Tieren dicht aneinander geschmiegt wärmen sich die Vögel gegenseitig und widerstehen so den eisigen Stürmen. Es sind die Männchen, die das Brutgeschäft übernommen haben. Nach der Balz haben die Weibchen ein Ei gelegt und auf die Füße des Männchens geschoben. Von diesem wurde es sofort mit der wärmenden Bauchfalte bedeckt. 60 Tage harrt das Männchen stehend auf dem bis zu –30 °C kalten Eis aus, bis das Küken schlüpft.
Während dieser Zeit jagen die Weibchen im offenen Meer Fische. Die Füße sind mit Schwimmhäuten ausgestattet und dienen als Ruder. Auf dem Land können sie damit nur unbeholfen

6 Kaiserpinguine mit Jungen

watscheln. Der Körper ist mit kurzen, schuppenartigen Federn bedeckt, die kein Wasser an ihn heranlassen. Zusammen mit einer dicken Fettschicht unter der Haut bilden sie im Wasser und an Land einen wirksamen **Kälteschutz.**
Wenn das Küken geschlüpft ist, übernimmt das Weibchen die Brutpflege. In der folgenden Zeit versorgen die Eltern abwechselnd ihr Junges mit Nahrung.

1. Suche im Atlas die Polargebiete mit Arktis und Antarktis. Nenne einen auffälligen Unterschied.
2. Warum friert der Eisbär nicht? Beschreibe, wie der Eisbär an seinen Lebensraum angepasst ist.
3. Wie sind andere gleichwarme Tiere der Polargebiete dem Leben in Kälte, Eis und Schnee angepasst? Nenne Beispiele. Schau dazu im Internet nach. Berichte über Beispiele.
4. Informiere dich in diesem Buch, wie heimische Tiere den Winter überstehen, und nenne Beispiele.

Überleben in harten Zeiten

A1 Erkläre, wie folgende Tiere den Winter überdauern:
a) Eichhörnchen
b) Igel
c) Polarfuchs

A2 Wie soll man sich verhalten, wenn man im Winter in einer Höhle schlafende Fledermäuse entdeckt? Begründe.

A3 Erkläre den Unterschied zwischen wechselwarmen Tieren und gleichwarmen Tieren.

A4 Erkläre anhand von Beispielen, wie wechselwarme Tiere den Winter überstehen.

A5 Wie orientieren sich Zugvögel auf ihrem Weg in die Überwinterungsgebiete?

A6 Mit welchen Methoden kann man den Vogelzug erforschen?

A7 Ordne den dargestellten Flugordnungen die richtigen Bezeichnungen zu:
Schwarm, Kette, Reihe, Keil

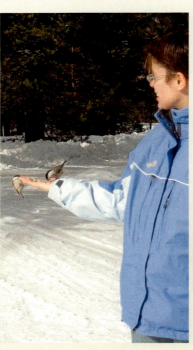

A8 Beschreibe die Bedeutung des Wattenmeeres für den Vogelzug.

A9 Welche Vögel sind Zugvögel, welche Standvögel?
a) Mauersegler
b) Sperling
c) Buntspecht
d) Weißstorch
e) Kranich
f) Kuckuck
g) Buchfink
h) Mehlschwalbe
i) Amsel
j) Fichtenkreuzschnabel

A10 Wie ernähren sich Meisen im Sommer, wie im Winter? Erkläre die Unterschiede.

A11 Manche Menschen möchten hungernden Vögeln im Winter helfen.
a) Beurteile die „Hilfe" auf der Abbildung. Was wird dort falschgemacht?
b) Wie kann man hungernden Vögeln wirklich helfen? Erläutere.

A12 Hitzewüsten und Eiswüsten sind extrem lebensfeindliche Regionen. Vergleiche die Lebensbedingungen.

A13 Erkläre, wie der Wüstenfuchs an das Leben in der Wüste angepasst ist.

A14 In Wüsten steht den Lebewesen sehr wenig Wasser zur Verfügung. Zeige an Beispielen, wie Tiere trotz Wassermangel in Wüsten überleben.

A15 Liste in einer Tabelle auf:
a) Tiere, die in der Arktis leben
b) Tiere, die in der Antarktis leben
c) Tiere, die an beiden Polen leben

A16 Wie ist der Eisbär vor Kälte geschützt?

A17 Beschreibe die Aufzucht der Jungen bei den Kaiserpinguinen.

A18 Moschusochsen bilden bei extremer Kälte einen Kreis mit den gesenkten Köpfen nach innen gerichtet. Begründe diese Verhaltensweise.

Überleben in harten Zeiten

Überwinterung von Tieren

- Im Winter finden einheimische Säugetiere oft wenig Nahrung.
- Die meisten heimischen Säugetiere bekommen durch Haarwechsel ein dichtes, wärmendes Winterfell.
- Füchse, Rehe und Maulwürfe sind winteraktive Tiere.
- Eichhörnchen sind Winterruher. Sie legen im Herbst in Verstecken Vorräte an.
- Igel, Fledermäuse und Siebenschläfer halten an geschützten Orten Winterschlaf.
- Im Winterschlaf sind Atmung, Herztätigkeit und Körpertemperatur herabgesetzt.
- Viele wechselwarme Tiere wie Blindschleichen oder Weinbergschnecken fallen im Winter in Kältestarre.

Vögel im Winter

- Die meisten bei uns heimischen Singvögel ziehen zum Winter fort. Es sind Zugvögel.
- Zugvögel fliegen zum Teil mehrere Tausend Kilometer in ihre Überwinterungsgebiete.
- Sie orientieren sich nach dem Sonnenstand, Landschaftsmerkmalen, dem Stand der Sterne oder dem Magnetfeld.
- Das Wattenmeer ist ein wichtiger Rastplatz für durchziehende Zugvögel.
- Durch Beringungen oder Radarbeobachtungen wird der Vogelzug erforscht.
- Vögel, die im Winter bei uns bleiben und auch Nahrung finden, sind Standvögel oder Teilzieher aus anderen Gegenden.
- Durch ein milderes Klima bleiben immer mehr Vogelarten im Winter bei uns.
- Durch richtiges Füttern können wir den Vögeln im Winter helfen.

Leben in der Hitzewüste

- In Hitzewüsten herrschen hohe Durchschnittstemperaturen. Zwischen Tag und Nacht gibt es große Temperaturunterschiede.
- Niederschläge sind selten.
- Pflanzen sind selten.
- Zu den Wirbeltieren der Hitzewüsten gehören u. a. Wüstenfuchs, Dromedar und Wüstenspringmaus.
- Ein dichtes Fell wirkt isolierend und schützt am Tage vor Überhitzung und in der Nacht vor Kälte.
- Über große, gut durchblutete Ohren geben Wüstentiere Wärme ab.
- Wüstentiere müssen Wasser sparen. Deshalb geben sie über Schweiß und Urin wenig Wasser ab.

Leben in der Kältewüste

- Die Polargebiete der Arktis und Antarktis sind von Eismassen bedeckt. Über das ganze Jahr herrscht dort Dauerfrost.
- Zu den Wirbeltieren der Polargebiete gehören u. a. Eisbär, Polarfuchs, Schneeeule, Moschusochse, Robben und Pinguine.
- Ein dichtes Fell oder Federkleid und ein Fettpolster unter der Haut schützen vor Wärmeverlusten.
- Tiere wie Kaiserpinguine und Moschusochsen stellen sich bei großer Kälte in Gruppen dicht zusammen, um Wärmeverluste zu vermeiden.

BIO KOMPAKT

Register

Seitenzahlen im **Fettdruck** verweisen auf Abbildungen. f. = die folgende Seite; ff. = die folgenden Seiten

A

Abfallfresser 166
Abiotischer Faktor **170**
Ableger 38
Afghanischer Windhund **69**
Ahorn 163
Ähre 46 f.
Aids 148
Alkohol 127
Alkoholiker 127
Alpen-Murmeltier **194**
Ameise 162
Ameisenfrucht 41
Amsel 160, 200
Anpassung 149
Antarktis 205
Anti-Baby-Pille **148**
Antibiotikum 85
Apfel **27**
Arbeitsgruppe 60
Arktis 204
Arterie **106** f.
Artenschutz 161
Artgerechte Tierhaltung 58 f.
Atmung **100** f.
Atmungssystem **18**
Auerochse 77
Ausläufer 38, 44
Ausstellung 61
Auswilderung 59

B

Bach **169** f.
Bachstelze **197**
Ballaststoff 113, 116
Bambus 37
Bandscheibe **93**
Bär **10**
Bärlauch 162
Basiskonzept 18, 121, 149
Bauchspeicheldrüse **124** f.
Baum 22
Baumschicht **162**
Baumwolle 43
Bauplan 90
Befruchtung 30 f., 80, **146**
Begonie 38
Bekassine 186
Beleuchtung **15**
Beringung **196**
Besamung 80
Bestäubung 28 f., **30**
Bestimmungsschlüssel 159
Bewegung 8 f., 12
Biber **185**
Biologie 8
Biologisches Gleichgewicht **167**
Biotischer Faktor 170
Birke **40,** 163
Bizeps **96**
Blatt **23,** 42
Blattader 23
Blattform **158**
Blattknospe **48**
Blattlaus **160**
Blattnarbe **48**
Blattsteckling 38
Blaumeise 160
Blaustern **50**
Blende **15**
Blindschleiche 161, 162
Blut **106 ff.**
Blüte 22 f., **26 ff.**, 42, **121**
Blütendiagramm **27**
Blütenknospe **48**
Blütenstand **40, 48**
Blutkörperchen
– weiß 108
– rot 108
Blutplättchen 108
Bodenhaltung **83**
Borkenkäfer 183
Brachvogel 182
Brombeere 160, 163
Brutblatt **38** f.
Brutgebiet 196
Brutpflege 66
Buche 163
Bullterrier **69**
Buntspecht 163
Buschwindröschen **27, 51,** 162

C

Charolais-Rind **77**
Chihuahua **69**
Chlorophyll 24, 49
Chloroplast **13**
Chow Chow **69**
Christrose 51

D

Dachs 163
Dalmatiner **69**
Darmzotte **125**
Dauergebiss **122**
Deckglas **16**
Demutsverhalten 64
Dendrit **132**
Deutsch Langhaar **69**
Diaphragma **148**
Dickdarm **18, 91, 124** f.
Dompfaff **200**
Dorngrasmücke **160**
Drohgebärde 64
Dromedar **202** f.
Dünndarm **18, 91, 124** f.

E

Eberesche **41,** 160, 163
Eiche 160, 163
Eichhörnchen 163, 192
Eichelhäher 163
Eidechse **160, 195**
Eierstock **143**
Eileiter **143**
Einzeller 13
Eisbär 58, **204**
Eisprung **143** f.
Eiweiß 112, 116, 125
Eizelle **30,** 38, 143
Embryo 32, 80, **146**
Empfängnis 146
Empfängnisverhütung 145
Endverbraucher 166
Energie 112, 116 f., 192 f.
Entwicklung 9, 32, 149
Enzym 124
Erbinformation 13, 149
Erdbeere 38
Erdkröte **160**
Erdspross 51
Erektion 141
Erlenzeisig **200**
Erregung 129 f.
Erstverbraucher 166
Erzeuger 166
Esche 163
Evolution 149
Exkursion 170

F

Falbkatze **72**
Faulbaum 163
Feldahorn **40,** 160
Feldhamster **194**
Feldhase **160**
Feldlerche **197**
Feldmaus **167**
Feldrand **157**
Fermentation 43
Fett 112, 116, 125
Fettwiese **182**
Fetus **146** f.
Feuchtwiese **182**
Feuerbohne **32 ff.**
Fichtenkreuzschnabel 200
Fischotter **185**
Fledermaus **193**
Fliege **129**
Flugordnung **198**
Fluss **169**
Flussregenpfeiffer **184**
Fortpflanzung 9, 12, 38
– geschlechtliche 38
Fotosynthese **24,** 166
Freilandhaltung **82**
Fremdbestäubung **28** f.
Froschbiss 172
Froschlöffel 172, **174**
Frucht 23, 31, 40 ff., 49
Fruchtblase 66, 146
Fruchtblatt **26**
Fruchtfleisch **31**
Fruchtknoten **26**
Fruchtschale **31, 46**
Fruchtstand **40** f.
Fruchtwand **31**
Fruchtwasser 146
Frühblüher 50 f., 164
Frühlingsplatterbse 162
Fuchs 163, **192**

G

Gabelweihe 163
Galle 125
Galloway **77**
Gartenhummel **195**
Gebärmutter **143**
Geburt **147**
Geburtshelferkröte **184**
Gecko **121**
Geflecktes Knabenkraut 182
Gehirn **18,** 129 ff., **133**
Geißblatt 160
Gejagter 167
Gelbbauchunke 185
Gelbrandkäfer **173**
Gelenk **96** f.
Gemüsebohne **35**
Gepard **73**
Gerste **47**
Gesamtvergrößerung 14
Geschlechtshormon

139, 142
Geschlechtskrankheit 148
Geschlechtsmerkmal
– primäres **140 ff.**
– sekundäres **140 ff.**
Geschlechtsorgan **140 ff.**
– männliches **140 f.**
– weibliches **143**
Geschlechtsverkehr 145 f.
Geschmacksverstärker 126
Gestalt 8 f., 12
Gewässer 168 ff.
Gewässergüte 177, 180 f.
Gewebe 18
Gibbon **58**
Glied **141**, 146
Gliedmaße 90, 92
Glutamat 126
Goldammer **160**
Goldkatze **58**
Grasfrosch **175**
Griffel **26, 30**
Großer Wegerich **157**
Großhirn **133**
Grünfink 200
Grünlilie **38**
Güteklasse 177

H

Haarwechsel 192
Habicht 163
Hackordnung 80
Hafer **47**
Hagebutte **31**
Hai **129**
Hainbuche 160, 163
Haltungsschaden 94
Hämoglobin 108
Hasel **29**, 163
Haselwurz 162
Haubentaucher **173**
Haustier 56
Haut **110 f.**
HECK, HEINZ und LUTZ 77
Heck-Rind **77**

Hecke **18, 160**
Heckenbraunelle 160
Heckenrose **31**, 160
Heidelbeere 163
Herbarium 158
Herz **18, 91, 106**
Hetzjäger **62 ff.**
Himbeere 163
Hirnhaut **133**
Hirse **47**
Hoden **141**
Hodensack **141**
Holz 22
HOOKE, ROBERT 13
Huf 74, 79
Huhn **80 ff.**
Hühnerei **81**
Hund **62 ff.**

I

Igel **160**, 162, **193**
Immergrüne Pflanze 164
Imponierverhalten 64
Ingwer **43**
Informationsplakat 105
Insektenbestäubung **28**
Intensivhaltung **82**

J

Jäger 167
Jaguar **84**
Jungfernhäutchen 143

K

Käfer 162
Kaiserpinguin **205**
Kaltblut **74**
Kältekörperchen **110**
Kälteschutz 205
Kältestarre 195
Kapillare **106 f.**
Karies **122 f.**
Kartoffel **44 f.**
Katze **70 ff.**

Keimblatt 32
Keimling **32 f.**
Keimpore 32
Keimspross 32
Keimung **33 ff.**
Keimwurzel 32
Kelchblatt **26**
Kennzeichen des Lebendigen 8 f., 12
Kiebitz 182
Kirsche **26 ff.**
Klatschmohn **40**
Kleiber 163
Kleie 46
Kleinhirn **133**
Klette **41**
Klettfrucht **41**
Kloake 80
Knospe **48**
Kohlenhydrat 46, 112, 116, 125
Kohlenstoffdioxid 24, 101, 106
Kohlenstoffmonooxid 102
Kohlmeise 160, 163, **200**
Kokospalme **43**
Komplexauge **129**
Kondensat 102
Kondom **148**
Konservierungsmittel 126
Konsument 166
Kopf 90
Körperpflege 141
Körpersprache **65 ff., 72**
Körpertemperatur 193, 203
Krähe 163, 200
Kralle **70 f.**
Kranich 186, **197, 199**
Kraut 22
Krautschicht **162**
Kreislauf **106 f.,** 109
Kreuzschnabel 163
Kreuzspinne **160**
Krokus **50**
Kronblatt **26**
Küken **81**
Kuckuckslichtnelke 182

Küstenseeschwalbe **199**

L

Landschaftsschutz 186
Landschaftsschutzgebiet 186
Laufkäfer **160**
Lauftier 74
Lebensraum **156 f., 160, 168 ff., 184 f., 202**
Leber **18, 91, 124 f.**
Leberblümchen 162
Lebewesen 8 ff., 12
Lederhaut **110**
LEEUWENHOEK, VAN 14
Legebild 27
Leittier 64
Leopard 58
Lerchensporn 162
Libelle **172,** 186
Liebe 145
LIND, JAMES 117
Linde **40**
Lockfrucht **41**
Löwe **59, 73**
Löwenäffchen 58
Löwenzahn **40**
Luftröhre **101**
Lunge **18, 91, 101**
Lungenbläschen **101**
Lungenflügel **101**
Lungenkraut 162

M

Mädesüß 182
Magen **18, 91, 124 f.**
Mais **47**
Mammutbaum **37**
Marder 163
Märzveilchen **50**
Massentierhaltung 83, 85
Mauersegler **197**
Maulwurf 192
Mäusebussard 163
Meerschweinchen 56 f.
Mehl 46
Meise 200
Mensch **8 f.,** 18
Menstruation **143 f.**
Mikroskop 13 ff., **15**
Milbe 162
Milch 76
Milchdrüse 66
Milchgebiss **122**
Milchstern 51
Mimose 12
Mindmap **104**
Mineralstoff 112, 116
Mischling 11
Missbrauch 150
Mittelhirn **133**
Modell **95, 99**
Moor **186**
Moorfrosch 186
Moosschicht **162**
Moschusochse **204**
Mund **18**
Muskel **96**
Mutterkuchen 146
Mutterpflanze 38

N

Nabelschnur 146
Nachtigall **197**
Nachtjäger 70
Nagetier 56
Nahrungskette **161, 173**
Nahrungsmittel **112 f.**
Nahrungsnetz **161**
Nährstoff 115
Narbe **26**
Nasentier 62
Nationalpark 186 f.
Naturschutz 170, 186
Naturschutzgebiet 186
Nektar 23, 28
Nervenfaser **132**
Nervenimpuls 129 f.
Nervensystem **132**
– peripheres **132**
– Zentral- **132**

Nervenzelle **132**
Nestflüchter 75, 81
Neuntöter **160**
Neurit **132**
Niere **91**
Nikotin 102
Nuss **31**

O

Oberflächen-
    vergrößerung 25
Oberhaut **110**
Objektiv 14 f.
Objektivrevolver **15**
Objekttisch **15**
Objektträger **16**
Ohrentier 62
Ökosystem 18, 149
Okular 14 f.
Optische Täuschung **131**
Orchidee **33**
Organ 18, **22 f.**, 90
Organismus 18, 90
Organsystem 90
Oryxantilope **59**

P

Paarhufer 79
Pantoffeltierchen **13**
Parasit 37
Park **157**
Perlhyazinthe 51
Perserkatze **73**
Pferd **74 f.**
Pflanze 12
Pflanzenfresser 78 f.
Pflanzenfressergebiss **75, 78**
Pflasterritze **156**
Pickel 120
Pilz 33
Plankton
– pflanzliches **173**
– tierisches **173**
Plattfuß **94**
Plötze **175**
Polarfuchs 192, **194**
Pollen 26, 30

Pollensack 26
Pollenschlauch **30**
Posthornschnecke **172**
Präsentation 61
Preiselbeere 163
Primel 51
Produzent 166
Projekt 60 f.
Protokoll
– Beobachtungs- **11**
– Versuchs- **114**
Przewalskipferd **75**
Pubertät 120, 139, 142, 145

R

Rabe 163
Rafflesia **37**
Rangordnung 64 f.
Raps **23, 27**
Rasse 65, 69, 77
Raubtier 62 ff.
Raubtiergebiss **62**
Rauchen 102 ff.
– Passiv- 102
Rauchschwalbe **197**
Rauchstraße **102**
Rebhuhn 160
Regenwurm **195**
Reh 163
Reis **47**
Reißzahn **62**
Reiz 129 f.
Reizbarkeit 9, 12
Reizquelle 129 f.
Revier 64
Rind **76 ff., 82**
Ringeltaube 160
Roggen **47**
Röhrichtzone 172, 174
Rohrkolben 172, **174**
Rollenspiel 105
Rosskastanie **48 f.**
Rötelmaus 162
Rotfeder **173**
Rotmilan **197**
Rotschenkel 182
Rotwild 163
Rübe **24**
Rückenschwimmer **173**
Rudel **64**

S

Salweide **28**
Salzsäure 124
Samen 22, 31 f., 40 ff.
Samenpflanzen 22 f.
Samenschale **32, 46**
Sammelnussfrucht **31**
Sauerklee 162
Sauerstoff 24, 101
Säugetier 67
Säugling **147**
Saurer Regen 183
Schachblume 182
Schamhaar **140, 142**
Schamlippe
– große **143**
– kleine **143**
Scharbockskraut **50,** 162
Schattenpflanze 164
Scheide **143**
Schiege **11**
Schimpanse 58
Schlange 162
Schleichjäger 70
Schnecke **160**, 162
Schneeglöckchen 41, **50**
Schneemaus **194**
Schönheit 120
Schulteich **168**
Schwalbe **196**
Schwarzbuntes Niederungsvieh **77**
Schwarzdorn 160
Schwarzer Holunder 160
Schwein **83**
Schwimmblattzone 172, 174
See **169**
Sehne **96**
Seidenspinner **129**
Seitentrieb **22 f.**
Siamkatze **73**
Siebenschläfer **193**
Silbermoos **157**
Sinn **128 f.**
Sinnesorgan 128 ff.
Skelett **92 f.**
Skorbut 117
Sommerfell 192

Sonnentau 186
Specht 200
Speicherorgan 50, 164
Speiseröhre **18, 124 f.**
Sperber **161**
Spermium 141, 146
Spermienerguss 141
Spinne 162
Spirale **148**
Spitzmaus **160**
Spitzschlammschnecke **175**
Spross 22 f.
Sprossachse **22 f.**, 42
Sprossknolle **44,** 51
Spurenelement 112
Stallhaltung **82**
Stamm 22
Stammhirn **133**
Standvogel 197, 200
Stängel 22
Stärke 24 f., 46, 50, 124
Stativ **15**
Staubblatt **26**
Stechmücke **175**
Steckbrief 84
Steckling 38
Steinfrucht **31**, 43
Stieglitz **200**
Stimmbruch 140
Stockwerke des Waldes **162**
Stoffkreislauf **166**
Stoffwechsel 9, 12
Strauchschicht **162**
Streufrucht **40 f.**
Strichvogel 197, 200
Strauch **18**
Streckungswachstum 33
Sumpfdeckelschnecke **172**
Sumpfdotterblume 182
Sumpfschafgarbe 182
System 18

T

Tampon **144**
Tannenmeise 163
Tasthaar 70
Tastkörperchen **110**

Tauchblattzone 173 f.
Tausendblatt **174**
Tee **43**
Teich **169**
Teichhuhn **175**
Teichlinse 172
Teichrose 172, **174**
Teilung 13
Teilzieher 197
Tiertransport **85**
Tiger **73**
Tochterpflanze 38
Torfmoos 186
Tragzeit 66
Traubenholunder 163
Traubenzucker 24
Triebrad **15**
Trittpflanze 157
Trizeps **96**
Trockenmauer **156**
Trockenrasen **182 f.**
Tubus **15**
Tulpe 51
Tümpel **169**
Tundra 204
Turmfalke 160

U

Überwinterungsgebiet 196
Uferschwalbe **184**
Ulme **40**
Umweltfaktor 170
Unpaarhufer 74
Unterhaut **110**
Usambaraveilchen **38 f.**

V

Vakuole **13**
Veilchen **41**
Vene **106 f.**
Venusfliegenfalle **12**
Verantwortung 145
Verbraucher **166**
Verdauung 124 f.
Verdauungsorgane **124 f.**
Verdauungssystem **18**
Vergrößerung 14 f.

Verhütungsmittel 148
Vermehrung 38
– ungeschlechtliche 38
Versuch 114
Victoria-Seerose **37**
Vielzeller 13
Vitamin 112, 116
Vogelfütterung 201
Vogelknöterich **157**
Vogelzug 196 ff.
Vollblut **74**
Vortrag 68

W

Wachstum 12 f., 35 ff.
Wahrnehmung **128 ff.**
Wahrnehmungsschema **130**
Wald 162 ff.
Waldbingelkraut 162

Waldkautz 163
Waldmaus 162
Waldmeister 162
Waldsterben 182
Warmblut **74**
Wärmekörperchen **110**
Waschbär 163
Wasserfrosch **172**
Wasserhahnenfuß **174**
Wasserläufer 172, **175**
Wasserschwertlilien 172
Wasserspinne **175**
Wechselkröte 185
Weddellrobbe **204 f.**
Wehe 147
Weinbergschnecke **195**
Weißbuche **40**
Weißdorn 160, 163
Weiße Seerose **174**
Weißstorch 182, **196 f.**
Weizen **46**

Wellensittich **56**
Welpe **66 f.**
Wiederkäuer 78 f.
Wiederkäuermagen **79**
Wiese **157**
Wiesel **160**
Wiesenknopf 182
Wiesensalbei **121**
Wiesenschaumkraut **27**, 182
Wildkatze **73**
Wildkraut 160
Wildpferd 75
Wildschwein 163
Windbestäubung **28 f.**
Winterfell 192
Winterling 51
Winterruhe 49, 192
Winterschlaf 193
Winterstarre 195
Wirbel **93**, **121**
Wirbelsäule **92 ff.**

Wolf **64 f.**
Wuchsform 22
Wurzel **22 f., 25,** 42
Wurzelhaar **22 f., 25**
Wurzelknolle 51
Wüste 202 f.
Wüstenfuchs **202**

Z

Zähmung 64, 77
Zahn **62, 122 f.**
Zahnwechsel **122**
Zaungrasmücke 160
Zaunkönig 160, 200
Zehengänger 62
Zehenspitzengänger 74, 79
Zeigerorganismus 177
Zelle 13, 18
– pflanzliche **13**

– tierische **13**
Zellkern **13**
Zellmembran **13**
Zellorganell 13
Zellplasma **13**
Zellwand **13**
Zentrales Nervensystem 90
Zersetzer 166
Zilpzalp 162
Zitronenfalter **195**
Zitze 66
Zoo 58 ff.
Zucht 65, 77
Zuckerrübe **24**
Zugvogel 196 ff.
Zusatzstoff 126
Zweitverbraucher 166
Zwiebel **50**
Zwitterblüte 27

Bildquellenverzeichnis

Titelbild: Murmeltier (Fritz Rauschenbach), Hummel (Maskot): mauritius images, Mittenwald,
6.1: Picture-Alliance, Frankfurt/M. (dpa/Bavel van Bokhoven); 6.2: Bildagentur Schapowalow GmbH, Hamburg (Huber); 6.3: OKAPIA KG, Frankfurt/M. (Gabriela Staebler); 7.1: Reinhard-Tierfoto, Heiligkreuzsteinach; 7.2: OKAPIA KG, Frankfurt/M. (Ferrero-Labat/Auscape/SAVE); 8.1: Avenue Images GmbH, Hamburg (Index Stock/Jon Riley); 8.2 (dpa/Tim Brakemeier), 9.1 (dpa/Andreas Altwein), 9.2 (dpa/Patrick Seeger): Picture-Alliance, Frankfurt/M.; 9.3: Michael Fabian, Hannover; 10.1: TopicMedia Service, Ottobrunn; 10.2: Reinhard-Tierfoto, Heiligkreuzsteinach; 10.3: Tierbildarchiv Angermayer, Holzkirchen; 11.1-3: Minkus IMAGES, Isernhagen; 11.4: Focus Photo- u. Presseagentur, Hamburg; 12.1 (K. H. Jacobi), 12.2 (W. Willner): TopicMedia Service, Ottobrunn; 12.3 u. 4: Peter Arnold, Berlin; 13.2: Dr. Joachim Jaenicke, Rodenberg; 13.3 (Dr. Nittinger), 13.4 (Dr. Sauer): Xeniel-Dia, Neuhausen; 14.1A-C oben: Minkus IMAGES, Isernhagen; 14.1A-C unten: Dr. Joachim Jaenicke, Rodenberg; 15.1: Olympus Europa GmbH, Hamburg; 17.1: Dr. Joachim Jaenicke, Rodenberg; 18.1: Joachim Dobers, Walsrode/Krelingen; 19.1: vario images GmbH & Co. KG, Bonn; 19.2: Keystone Pressedienst, Hamburg (Jochen Zick); 19.3: TopicMedia Service, Ottobrunn (Wedler); 19.4: Minkus IMAGES, Isernhagen; 19.5: Picture-Alliance, Frankfurt/M. (ZB/Jens Kalaene); 20.1: OKAPIA KG, Frankfurt/M. (Werner Schubert); 20.2: F1online digitale Bildagentur GmbH, Frankfurt/M. (Profimedia); 20.3: Picture-Alliance, Frankfurt/M. (Hans Reinhard/OKAPIA KG); 20.4: Minkus IMAGES, Isernhagen; 21.1 (Karl Gottfried Vock/OKAPIA KG), 21.2 (ZB/Jens Büttner), 21.3 (Bildagentur Huber): Picture-Alliance, Frankfurt/M.; 22.1: TopicMedia Service, Ottobrunn (Günter); 24.1: OKAPIA KG, Frankfurt/M. (Büttner/Naturbild); 24.2, 25.1: Behrens, Lehrte-Arpke; 25.2: OKAPIA KG, Frankfurt/M. (Harold Taylor, ABIPP/OSF); 26.1: Picture-Alliance, Frankfurt/M. (dpa/Uwe Zucchi); 27.1-4: Dr. Joachim Jaenicke, Rodenberg; 27.5: Picture-Alliance, Frankfurt/M. (ZB/Patrick Pleul); 28.1: Dr. Joachim Jaenicke, Rodenberg; 29.1: TopicMedia Service, Ottobrunn (Nill); 30.1: Ernst Klett Verlag GmbH, Stuttgart (Jung); 31.1: Rolf Wellinghorst, Quakenbrück; 31.2 u.3: Dr. Joachim Jaenicke, Rodenberg; 31.4: TopicMedia Service, Ottobrunn (Janes); 31.5: OKAPIA KG, Frankfurt/M. (Förster); 32.1: mauritius images, Mittenwald (Botanica); 33.6: TopicMedia Service, Ottobrunn (Dr. Voß); 37.1: Joachim Dobers, Walsrode/Krelingen; 37.2 (Alain Compost/BIOS), 37.3 (Pott): OKAPIA KG, Frankfurt/M.; 37.4: Tierbildarchiv Angermayer, Holzkirchen (Ziesler); 38.1: Behrens, Lehrte-Arpke; 38.2: OKAPIA KG, Frankfurt/M. (Hans Reinhard); 39.1 u.2: Behrens, Lehrte-Arpke; 39.3 u. 4: Dr. Joachim Jaenicke, Rodenberg; 39.5: Behrens, Lehrte-Arpke; 39.6: Bildarchiv Sammer, Neuenkirchen; 40.1: Picture-Alliance, Frankfurt/M. (ZB/Hans Wiedl); 40.2: OKAPIA KG, Frankfurt/M. (Hans Reinhard); 40.3: Dr. Joachim Jaenicke, Rodenberg; 41.1: OKAPIA KG, Frankfurt/M. (A.u.H.-F.Michler); 41.2 u. 3: Tönnies, Laatzen; 42.1: TopicMedia Service, Ottobrunn (H. Heine); 42.2: Joachim Dobers, Walsrode/Krelingen; 43.1: OKAPIA KG, Frankfurt/M. (Ernst Schacke/Naturbild); 43.2: Behrens, Lehrte-Arpke; 43.3 (Sibylle Müller), 43.4 (Hans Reinhard): OKAPIA KG, Frankfurt/M.; 44.1: vario images GmbH & Co. KG, Bonn; 44.2 u. 3: Behrens, Lehrte-Arpke; 45.1: akg-images GmbH, Berlin; 46.1: bildagentur-online, Burgkunstadt (T. Klassen); 49.2: Rolf Wellinghorst, Quakenbrück; 49.3: TopicMedia Service, Ottobrunn (Wothe); 50.1: Tönnies, Laatzen; 50.2: OKAPIA KG, Frankfurt/M. (Oliver Giel); 50.3: Picture-Alliance, Frankfurt/M. (Herbert Kehrer/OKAPIA KG); 50.4: Christoph & Friends/Das Fotoarchiv, Essen (Frank Kroenke); 50.5: Picture-Alliance, Frankfurt/M. (OKAPIA KG); 51.1: Dr. Thomas, Göttingen; 51.2 u. 3: Tönnies, Laatzen; 52.1: OKAPIA KG, Frankfurt/M. (Erich Geduldig); 52.2: Rolf Wellinghorst, Quakenbrück; 53.1: OKAPIA KG, Frankfurt/M. (Nigel Cattlin/Holt Studios); 53.2: Picture-Alliance, Frankfurt/M. (KPA/Wawrzyniak); 54.1: Keystone Pressedienst, Hamburg (Stefan Oelsner); 54.2: Matthias Broneske; 54.3: OKAPIA KG, Frankfurt/M. (J-L Klein & M-L Hubert); 54.4: Wildlife Bildagentur GmbH, Hamburg (J.Mallwitz); 55.1: BilderBox Bildagentur GmbH, Thening; 55.2: Reinhard-Tierfoto, Heiligkreuzsteinach; 55.3: Juniors Bildarchiv, Ruhpolding; 56.1: TopicMedia Service, Ottobrunn (Wothe); 57.1: Reinhard-Tierfoto, Heiligkreuzsteinach; 58.1: Behrens, Lehrte-Arpke; 58.2: ddp images GmbH, Hamburg (Geisheimer); 59.1: Glammeier, Hannover; 59.2: TopicMedia Service, Ottobrunn (Hanneforth); 60.1-3, 61.1-3: Minkus IMAGES, Isernhagen; 62.1: Caro Fotoagentur GmbH, Berlin (Bastian); 63.1: argus Fotoarchiv GmbH, Hamburg (Peter Frischmuth); 63.2: mauritius images, Mittenwald (Rosenfeld); 63.3: OKAPIA KG, Frankfurt/M. (J-L Klein & M-L Hubert); 63.4: Zollkriminalamt, Köln; 63.5: Dr. Manfred Keil, Lichtbild-Archiv, Neckargemünd; 63.6: Picture-Alliance, Frankfurt/M. (dpa/Justin Lane); 63.7 (Steimer), 63.8 (Klein& Hubert): OKAPIA KG, Frankfurt/M.; 64.1: F1online digitale Bildagentur GmbH, Frankfurt/M. (Johnér); 65.1: TopicMedia Service, Ottobrunn (Wothe); 66.1-3: Monika Wegler, München; 69.1: TopicMedia Service, Ottobrunn (Lange); 69.2: OKAPIA KG, Frankfurt/M.; 69.3: mauritius images, Mittenwald (Lacz); 69.4 (Vogeler), 69.5 (Vedie/Cogis), 69.6 (Lanceau/Cogis): OKAPIA KG, Frankfurt/M.; 70.1: TopicMedia Service, Ottobrunn (Zenz); 71.1 u. 2: Juniors Bildarchiv, Ruhpolding; 71.3 u. 4: Dr. Manfred Keil, Lichtbild-Archiv, Neckargemünd; 72.1: OKAPIA KG, Frankfurt/M. (Balfour); 73.1 u. 73.2: Tierbildarchiv Angermayer, Holzkirchen (Ziesler); 73.3: TopicMedia Service, Ottobrunn (Pölking); 73.4: Monika Wegler, München; 73.5: OKAPIA KG, Frankfurt/M. (Shah); 73.6: Tierbildarchiv Angermayer, Holzkirchen (Ziesler); 74.1: TopicMedia Service, Ottobrunn (Irsch); 74.2: Caro Fotoagentur GmbH, Berlin (Frank Sorge); 74.3: Jürgen Christ, Köln; 74.4: Tierbildarchiv Angermayer, Holzkirchen (Lange); 74.5: Wolfgang Deuter, Germering; 74.6: Caro Fotoagentur GmbH, Berlin (Frank Sorge); 75.1: Tierbildarchiv Angermayer, Holzkirchen; 75.2: OKAPIA KG, Frankfurt/M. (Lenz); 75.3: TopicMedia Service, Ottobrunn (Lenz); 75.4: mauritius images, Mittenwald (Fritz); 76.1: TopicMedia Service, Ottobrunn (Lenz); 77.1: ullstein bild, Berlin (Archiv Gerstenberg); 77.2: Tierbildarchiv Angermayer, Holzkirchen; 77.3: Wildlife Bildagentur GmbH, Hamburg (J. Mallwitz); 77.4: alamy images, Abingdon/Oxfordshire (John Lens); 77.5: mauritius images, Mittenwald (Photononstop); 78.1: Tierbildarchiv Angermayer, Holzkirchen; 78.3: TopicMedia Service, Ottobrunn (Lane); 79.1: Reinhard-Tierfoto, Heiligkreuzsteinach; 80.1: Dr. Manfred Keil, Lichtbild-Archiv, Neckargemünd; 80.2 (Reinhard), 80.3 (Großmann): OKAPIA KG, Frankfurt/M.; 81.1: Dr. Manfred Keil, Lichtbild-Archiv, Neckargemünd; 81.2: TopicMedia Service, Ottobrunn (Pavenzinger); 81.3 (Parks), 82.1 (Weiland), 82.2 (Berg): OKAPIA KG, Frankfurt/M.; 82.3: TopicMedia Service, Ottobrunn (Kerscher); 82.4, 83.1(Berg): OKAPIA KG, Frankfurt/M.; 83.2: agrar-press, St. Goar (Schiffer); 83.3: Caro Fotoagentur GmbH, Berlin (Riedmiller); 83.4: i.m.a - information.medien.agrar e.V., Bonn; 84.1: Blickwinkel, Witten (H. Schmidbauer); 85.1: Behrens, Lehrte-Arpke; 85.2: Picture-Alliance, Frankfurt/M. (Perrey); 87.1: TopicMedia Service, Ottobrunn (Lenz); 87.2: Dr. Manfred Keil, Lichtbild-Archiv, Neckargemünd; 87.3: Reinhard-Tierfoto, Heiligkreuzsteinach; 87.4: OKAPIA KG, Frankfurt/M. (van Damsen); 87.5: TopicMedia Service, Ottobrunn (Scholz); 87.6: OKAPIA KG, Frankfurt/M. (Schwirl); 88.1: Minkus IMAGES, Isernhagen; 88.2: mauritius images, Mittenwald (Photononstop); 88.3: picturemaxx AG , München (Caro/Oberhäusner); 88.4, 89.1: Minkus IMAGES, Isernhagen; 89.2: alamy images, Abingdon/Oxfordshire (Picture Partners); 89.3: mauritius images, Mittenwald (Stock Image); 90.1: TopicMedia Service, Ottobrunn (Pelka); 91.1 u.2: Minkus IMAGES, Isernhagen; 92.1: Kruse, Wankendorf; 93.1, 94.1 u. 2: Minkus IMAGES, Isernhagen; 94.3: Behrens, Lehrte-Arpke; 96.1: Minkus IMAGES, Isernhagen; 97.1, 99.1: Behrens, Lehrte-Arpke; 100.1-3, 102.1: Minkus IMAGES, Isernhagen; 105.1: Döhring, Uetze; 105.2: Agenda 21 Berlin - Projektstelle Lokale Agenda 21 Berlin bei der GRÜNEN LIGA Berlin e.V., Berlin; 106.1: Worm; 108.1 (Willis), 108.2 (NAS Biophoto Associates): OKAPIA KG, Frankfurt/M.; 108.3 u. 4: Hans Tegen , Hambühren; 110.1: Picture-Alliance, Frankfurt/M. (dpa/Grimm); 112.1-3, 114.1, 115.1, 2, 4: Hans Tegen , Hambühren; 116.1 u. 2, 120.1: Minkus IMAGES, Isernhagen; 120.2: mauritius images, Mittenwald (Helmut Peters); 120.3: Picture-Alliance, Frankfurt/M. (Eva Oertwig/SCHROEWIG); 121.1: Minkus IMAGES, Isernhagen; 121.2: TopicMedia Service, Ottobrunn; 121.3: Wildlife Bildagentur GmbH, Hamburg (W. Simlinger/4nature); 121.4: Focus Photo- u. Presseagentur, Hamburg (Andrew Syred/SPL); 122.1: vario images GmbH & Co. KG, Bonn; 126.1: Behrens, Lehrte-Arpke; 127.1: Minkus IMAGES, Isernhagen; 128.1: STOCK4B GmbH, München ; 129.1: Focus Photo- u. Presseagentur, Hamburg (Meckes); 129.2: Tierbildarchiv Angermayer, Holzkirchen (Pfletschinger); 129.3: TopicMedia Service, Ottobrunn (Aitken); 130.1, 131.1: Minkus IMAGES, Isernhagen; 132.1: OKAPIA KG, Frankfurt/M. (Biophoto Associates/Science Source); 133.1 (Phototake), 136.1 (Fiona Fergusson), 136.2 (imagebroker/Dietmar Plewka): mauritius images, Mittenwald; 136.3: bildagentur-online, Burgkunstadt; 136.4: ddp images GmbH, Hamburg (Iris Maurer); 137.1: mauritius images, Mittenwald (age); 137.2: vario images GmbH & Co. KG, Bonn (Tetra Images); 137.3: F1online digitale Bildagentur GmbH, Frankfurt/M. (Mike Watson Images); 138.1, 139.1-3, 140.1: Minkus IMAGES, Isernhagen; 140.2: Lemke Peters + Partner GmbH, Ratingen/Lindtorf (Lemke); 142.1: Minkus IMAGES, Isernhagen; 142.2: Lemke Peters + Partner GmbH, Ratingen/Lindtorf (Lemke); 144.1, 145.1 u. 2: Minkus IMAGES, Isernhagen; 146.1: Wissenschaftliche Film- und Bildagentur Karly, München; 146.2 u. 3: mauritius images, Mittenwald; 147.1: Dr. med. Lothar Reinbacher, Kempten; 147.2: OKAPIA KG, Frankfurt/M.; 147.2: mauritius images, Düsseldorf; 148.1-5: Minkus IMAGES, Isernhagen; 148.6: Behrens, Lehrte-Arpke; 149.1: Christoph & Friends/Das Fotoarchiv, Essen (Manfred Vollmer); 150.1, 151.1, 152.1 u. 2: Minkus IMAGES, Isernhagen; 154.1: Lonely Planet Images, Berlin (Gunther Michel/BIOS); 154.3: JOKER Fotojournalismus, Bonn (Peter Albaum); 154.4: Minkus IMAGES, Isernhagen; 155.1: Picture-Alliance, Frankfurt/M. (W.Klaeber/Helga Lade); 155.2: Panther Media GmbH, München; 155.3: vario images GmbH & Co. KG, Bonn; 156.1: Aerophot Demuss , Pattensen; 156.2: OKAPIA KG, Frankfurt/M. (F. Hecker); 156.3: TopicMedia Service, Ottobrunn (D. Bühler); 156.4: OKAPIA KG, Frankfurt/M. (Eberhard Morell); 157.1 (Mallaun), 157.2 (Hackenberg): mauritius images, Mittenwald; 157.3: OKAPIA KG, Frankfurt/M. (H. Reinhard); 160.1: mauritius images, Mittenwald (Beck); 161.1-4: Collage: Blume: (Bühler), Käfer: (Bühler), Rotkehlchen: (Giel) alle Topic Media Service, Ottobrunn, Habicht: Tierbildarchiv Angermayer, Holzkirchen; 164.1: OKAPIA KG, Frankfurt/M. (Björn Svensson); 164.2, 165.1: Tönnies, Laatzen; 165.2: Picture-Alliance, Frankfurt/M. (Klett GmbH/Aribert Jung); 167.1: TopicMedia Service, Ottobrunn (Lenz); 168.1: laif, Köln (Teichmann); 168.2: OKAPIA KG, Frankfurt/M. (Hans Reinhard); 169.1: TopicMedia Service, Ottobrunn; 169.2: Helga Lade Fotoagentur GmbH, Frankfurt/M. (N. Fischer); 169.3: Tierbildarchiv Angermayer, Holzkirchen (H. Pfletschinger); 169.4 (W. Schirdewahn), 169.5 (F. Hanneforth): TopicMedia Service, Ottobrunn; 170.1: Minkus IMAGES, Isernhagen; 172.1: TopicMedia Service, Ottobrunn (Buchhorn); 172.2: Tierbildarchiv Angermayer, Holzkirchen (H. Pfletschinger); 172.3: TopicMedia Service, Ottobrunn (W. Willner); 172.4: OKAPIA KG, Frankfurt/M. (H. Zettl); 172.5: mauritius images, Mittenwald (Blume); 173.1: Picture-Alliance, Frankfurt/M. (OKAPIA KG/Frank Hecker); 173.7: Tierbildarchiv Angermayer, Holzkirchen (H. Pfletschinger); 174.1: mauritius images, Mittenwald (Keyphotos); 174.2 (K. Bogon), 174.3 (Naroska): TopicMedia Service, Ottobrunn; 174.4: Tierbildarchiv Angermayer, Holzkirchen; 174.5: TopicMedia Service, Ottobrunn (W. Hurst); 174.6: mauritius images, Mittenwald (Reinhard); 175.1: (R. Schmidt), 175.2 (H. Pfletschinger): Tierbildarchiv Angermayer, Holzkirchen; 175.3: mauritius images, Mittenwald (Eckart Pott); 175.4: Tierbildarchiv Angermayer, Holzkirchen (H. Reinhard); 175.5: OKAPIA KG, Frankfurt/M. (NAS/H. Eisenbeiss); 175.6: Tierbildarchiv Angermayer, Holzkirchen (H. Pfletschinger); 175.7 (L. Martinez), 175.8 (L. Martinez): TopicMedia Service, Ottobrunn; 178.1 u. 2, 179.1 u. 2: Hans Tegen , Hambühren; 180.1: Manfred Simper, Wennigsen; 181.1: HANNA Instruments Deutschland GmbH, Kehl am Rhein ; 182.1: TopicMedia Service, Ottobrunn (Rausch); 182.2: OKAPIA KG, Frankfurt/M. (Schäfer); 182.3: Minkus IMAGES, Isernhagen; 183.1: Blickwinkel, Witten (F. Perske); 183.2: Tönnies, Laatzen; 183.3-5: Gesellschaft für ökologische Forschung e.V., München (Ossi Baumeister); 184.1 (Gebhard), 184.2 (Nill): TopicMedia Service, Ottobrunn; 184.3: Picture-Alliance, Frankfurt/M. (dpa/Jan v. Holten); 184.4: OKAPIA KG, Frankfurt/M. (Martin Woike); 184.5: Picture-Alliance, Frankfurt/M. (Hans Dieter Brandl/OKAPIA KG); 185.1: TopicMedia Service, Ottobrunn (Brockhaus); 185.2 (Reinhard), 185.3 (Reinhard): Tierbildarchiv Angermayer, Holzkirchen; 186.1 u. 2: Joachim Dobers, Walsrode/Krelingen; 187.1: alimdi.net, Deisenhofen (Kurt Moebus); 187.2-4: Bildagentur Schapowalow GmbH, Hamburg (Huber); 188.1 (Hans Reinhard/OKAPIA KG); 188.2 (ZB-Fotoreport): Picture-Alliance, Frankfurt/M.; 189.1: Dr. E. Philipp, Berlin; 189.2: Tönnies, Laatzen; 189.3: mediacolors Bildagentur & Produktion, Zürich (dia); 189.4: Uwe Schmid-Fotografie, Duisburg; 190.1: OKAPIA KG, Frankfurt/M. (Stefan Meyers); 190.2: Wildlife Bildagentur GmbH, Hamburg (M. Harvey); 190.3: Minkus IMAGES, Isernhagen; 191.1: Juniors Bildarchiv, Ruhpolding; 191.2: OKAPIA KG, Frankfurt/M. (Fritz Poelking); 192.1: Picture-Alliance, Frankfurt/M. (Picture Press/Manfred Danegger); 192.2: Blickwinkel, Witten (McPhoto/Erich Thielscher); 193.1 (Berger), 193.2 (Wothe), 193.3 (Nill): TopicMedia Service, Ottobrunn; 194.1: Tierbildarchiv Angermayer, Holzkirchen (Reinhard); 194.2: Blickwinkel, Witten (Schmidbauer); 194.3: TopicMedia Service, Ottobrunn (Usher); 194.4: OKAPIA KG, Frankfurt/M. (Layer); 195.1: Tierbildarchiv Angermayer, Holzkirchen (Pfletschinger); 195.2: Blickwinkel, Witten (G. Stahlbauer); 195.3: Reinhard-Tierfoto, Heiligkreuzsteinach; 195.4: OKAPIA KG, Frankfurt/M. (Heinz Schrempp); 195.5: Wildlife Bildagentur GmbH, Hamburg (D. Harms); 196.1: OKAPIA KG, Frankfurt/M. (Stefanovic); 196.2: Max-Planck-Gesellschaft zur Förderung der Wissenschaften e.V., München (Filser); 199.1: Picture-Alliance, Frankfurt/M. (dpa/Hinrich Bäsemann); 199.2: Arco Images GmbH, Lünen (C. Huetter); 199.3: Picture-Alliance, Frankfurt/M. (dpa/Stefan Sauer); 200.1: OKAPIA KG, Frankfurt/M. (R. Groß); 200.2: OKAPIA KG, Frankfurt/M. (M. Danegger); 200.3: TopicMedia Service, Ottobrunn (E. Thielscher); 200.4: Wildlife Bildagentur GmbH, Hamburg (E. Neffe/4nature); 201.1: OKAPIA KG, Frankfurt/M. (S. Danegger); 201.2: TopicMedia Service, Ottobrunn (Berger); 202.1: Picture-Alliance, Frankfurt/M. (Siwik/Helga Lade); 204.1: OKAPIA KG, Frankfurt/M. (Kathy Watkins/P. Arnold, Inc.); 204.2: Focus Photo- u. Presseagentur, Hamburg (Andrew Syred/SPL); 204.3 (NAS/Jeff Lepore), 204.4 (M. Carwardine/Still Pictures): OKAPIA KG, Frankfurt/M.; 205.1: TopicMedia Service, Ottobrunn (Wisniewski); 205.2: Tierbildarchiv Angermayer, Holzkirchen (Reinhard); 206.1: Reinhard-Tierfoto, Heiligkreuzsteinach; 206.2: Wildlife Bildagentur GmbH, Hamburg (E. Arndt); 207.1: Arco Images GmbH, Lünen (J. de Cuveland); 207.2: Juniors Bildarchiv, Ruhpolding; 207.3: OKAPIA KG, Frankfurt/M. (NAS/Tom McHugh); 207.4: Wildlife Bildagentur GmbH, Hamburg (N.Benvie); hinterer Vorsatz: Mammutbaum: F1online digitale Bildagentur GmbH, Frankfurt/M., Zwergwasserlinse: Christian Fischer, Dannenberg, Eisenhut: Arco Images GmbH, Lünen (H. Reinhard), Grannenkiefer: alimdi.net, Deisenhofen (Christian Handl), Hartriegel: OKAPIA KG, Frankfurt/M., Riesenschildkröte: Wildlife Bildagentur GmbH, Hamburg (Harpe), Wanderfalke: Wildlife Bildagentur GmbH, Hamburg (N. Benvie), Hummelfledermaus: OKAPIA KG, Frankfurt/M., Pfeilfrosch: Wildlife Bildagentur GmbH, Hamburg (B. Kenney), Giraffen: Arco Images GmbH, Lünen; Titel hinten: Murmeltier: mauritius images, Mittenwald (Fritz Rauschenbach).

Trotz entsprechender Bemühungen ist es nicht in allen Fällen gelungen, den Rechtsinhaber ausfindig zu machen. Gegen Nachweis der Rechte zahlt der Verlag für die Abdruckerlaubnis die gesetzlich geschuldete Vergütung.

Biologische Rekorde

Höchster Baum

Der höchste Nadelbaum der Erde ist der **Küstenmammutbaum** mit einer Höhe von 120 Meter und einem Stammdurchmesser von 5 Meter. Ein 1995 gefälltes Exemplar wurde 2002 Jahre alt.
Ein 1872 in Australien gefällter *Rieseneukalyptus* hält den Rekord des höchsten Baumes. Er wurde 132 Meter hoch und hatte einen Stammdurchmesser von 5,5 Meter.

Kleinste Blütenpflanze

Mit nur 1–1,5 Millimeter „Größe" ist die **Zwergwasserlinse** die kleinste Blütenpflanze der Erde. Ihre winzigen Blüten bestehen jeweils nur aus einem Staubfaden und einem Griffel. Die Pflanzen treiben auf der Wasseroberfläche und besitzen keine Wurzeln.

Älteste Pflanze

Der Sämling einer **Grannenkiefer** in Kalifornien wuchs schon beim Bau der Pyramiden in Ägypten! Grannenkiefern wachsen in einer Höhe von 2000 bis 4300 Meter. Bei einer in den 60er Jahren gefällten Kiefer wurde beim Auszählen der Jahresringe ein Alter von 4844 Jahren gezählt.

Giftigste Pflanze

Der **Blaue Eisenhut** ist die giftigste Pflanze Europas. Seine Giftwirkung erlangte schon im Altertum als „Mordgift" eine traurige Berühmtheit. Das Gift der 50–150 Zentimeter hohen Staude kann einen Menschen töten. Die tödliche Menge liegt bei 1–10 tausendstel Gramm pro kg Körpergewicht.

Schnellste Pflanzenbewegung

Der **Kanadische Hartriegel** besitzt Staubblätter, die ähnlich wie ein mittelalterliches Katapult gebaut sind. Die Blüten des Gewächses springen explosionsartig in weniger als 0,5 Millisekunden auf. Dabei beschleunigen sie die ausgeworfenen Pollen auf eine maximale Geschwindigkeit von 6,7 Metern pro Sekunde.